刘大可 著

认同与符号

闽台客家民众的精神世界

九州出版社 JIUZHOUPRESS | 全国百佳图书出版单位

图书在版编目（CIP）数据

认同与符号：闽台客家民众的精神世界 / 刘大可著
. -- 北京：九州出版社，2023.11
ISBN 978-7-5225-2431-3

Ⅰ．①认… Ⅱ．①刘… Ⅲ．①客家人－风俗习惯－研
究－福建②客家人－风俗习惯－研究－台湾 Ⅳ.
①K892.457②K892.458

中国国家版本馆CIP数据核字(2023)第205232号

认同与符号：闽台客家民众的精神世界

作　　者	刘大可　著	
责任编辑	陈文龙	
出版发行	九州出版社	
地　　址	北京市西城区阜外大街甲 35 号（100037）	
发行电话	(010)68992190/3/5/6	
网　　址	www.jiuzhoupress.com	
印　　刷	北京捷迅佳彩印刷有限公司	
开　　本	710 毫米 ×1000 毫米　16 开	
印　　张	21.75	
字　　数	294 千字	
版　　次	2023 年 11 月第 1 版	
印　　次	2023 年 11 月第 1 次印刷	
书　　号	ISBN 978-7-5225-2431-3	
定　　价	68.00 元	

目　录

绪　论

　　本书是国家社会科学基金项目"闽台客家民间信仰的互动发展与文化认同研究"（12BZJ034）的结项成果，力图将民间信仰放在中华文化的大背景下，尤其放置于两岸交流的背景下，选择台湾社会对中华文化认同程度较高的客家人进行实证研究，对闽台客家民间信仰的形成、发展、传播及在不同的时空背景所呈现出来的同中之异与异中之同，进行深入细致的审察对比，借此论证闽台文化的共同母体渊源与承递关系；对改革开放以来闽台客家民间信仰交流的现状、特点、作用，进行比较系统的总结，为进一步促进两岸民众的文化认同提供学术支撑和决策参考。

　　本书具体研究闽台客家神明崇拜、祖先崇拜、圣贤崇拜以及自然崇拜的历史渊源关系和神缘交流的现状、特点及作用，揭示在不同的社会背景和政治构架下民间信仰的规律与特点，为深入开展两岸文化交流提供对策建议；分析台湾客家民间信仰各要素的大陆客家根源，从客家民间信仰的角度审视台湾文化与中华文化的关系；通过台湾客家的信仰认同嫁接两岸同胞的文化情感，进而发展为文化的认同，从而促进心灵契合，使之成为两岸和平发展、最终走向统一的重要基础。

　　客家、民间信仰以及闽台文化的研究都属于综合性的学术领域，因此，本书采用历史学、人类学、社会学、宗教学科际整合的方法，对闽台客家民间信仰进行多角度、多层面的比较研究。本书着重用历史学考证的方法追溯其源流，用宗教学的方法探寻其宗教背景与宗教情感，用社会学的方法分析其活动的组织形式、运行机制与两岸交流的现状，特别是采用人类学田野调查的方法，进入前人没有或很少有人进入的现场进行观察、参与、访谈、体验、感悟，将文献的记载与鲜活的口头传统有机地结合起来。在资料收集方面，本书在用历史学的方法从各种文献中挖掘出大量罕见史料的同时，还深入实地进行田野调查，获得民俗记忆、口头传说、民间文献以及碑、牌、匾等实物资料，形成独特的资料系统。多学科的交叉运用、多渠道的资料取材、多层面的理论视角构成了本书的一大特色。

基于上述理论与方法的要求，本书主体由闽台客家神明崇拜、祖先崇拜、圣贤崇拜、自然崇拜四部分组成，另有附录一篇。

第一章"闽台客家的神明崇拜"，以闽台客家民间信仰中最为著名的神明——定光古佛、惭愧祖师、三山国王、民主公王、义民爷为基本线索，在从历史到现实的时间推进、从福建到台湾的空间拓展中，论述闽台客家神明崇拜形成、发展、播迁及互动发展与文化认同的过程；探讨闽粤台客家惭愧祖师信仰的互动发展与文化认同，并对闽台客家定光古佛与惭愧祖师信仰展开比较研究，从个案的角度和比较的视野就闽粤客家地区惭愧祖师信仰、定光古佛信仰的来历、在台湾的传播与变迁，以及两岸互动与文化认同等问题进行新的探索。

第二章"闽台客家的祖先崇拜"，探讨的是闽台客家姓氏的始祖崇拜与文化认同和闽台客家祖训家规的传承与文化认同。前者以闽西与闽西南客家迁台人数较多的张、李、丘、江等姓氏为中心，从总体上就闽台客家姓氏始祖崇拜的产生与演变、崇拜的形式和活动及社会功能等问题，进行比较全面系统的探讨，揭示闽台客家姓氏始祖崇拜发生的文化基因及其发展的动力源泉，指出这种崇拜在群体性格形成和文化认同中的功能与价值。后者则从祖训家规这一特殊的祖先崇拜形式展开分门别类的探讨，指出两岸客家民众共守祖训、共修族谱、共享宗族亲情，理应成为一种共有的精神家园，这种精神家园更应成为在新的历史时期两岸客家民众交流交往的重要纽带与宝贵资源。

第三章"闽台客家的圣贤崇拜"，探讨的是固始传说与闽台民众的文化认同和闽西客家的闽王王审知信仰。针对闽台地区的族谱普遍声称其先世来自河南光州固始这一文化现象，本章第一节从人类学的角度追溯这种现象的成因及其在现实生活中发挥的社会功能。固始传说的生成除了与享受帝王故里的政经特权、中原正统观念影响有关外，还与地缘关系建构、圣贤崇拜心理等因素密切相关，具有群体凝聚、文化认同、精神教育、文化交往的功能与作用。在这一认识的指导下，第二节就闽王王审知信仰在闽西客家地区的宫庙分布、活动情况以及发挥的社会功能展开新的探讨。

第四章"闽台客家的自然崇拜"，对"伯公（树、石等）崇拜""槟榔文化"和"'打石仗'儿童游戏"展开实证研究，所论并不全为客家文化事象，但亦可见闽台两地以自然崇拜为载体的"伯公信仰""儿童游戏"和"槟榔文化"所呈现出的文化同源性。闽台两地事事相同，基于共同的地缘、血缘及自然生态，闽台地区可以进一步衍生出共同的物缘文化与区域文化。

本书在深入探讨的基础上，集中提出了以下几方面的认识：其一，闽台客家民间信仰和闽台文化具有共同的母体渊源和承递关系，所谓"台湾民间信仰的主体性"和"台湾文化的自主性"在最低限度上是不能成立的。其二，台湾客家民间信仰多从大陆客家分灵、分香而来，其故事传说的母题、信仰方式、组织形式直接脱胎于大陆客家，但在信仰态度、社会功能、人群区分方面又做了某些适应性的调整。这种既传承又变迁的双重轨迹，是台湾客家民间信仰的显著特征。其三，闽台两地事事相同，连以树、石崇拜为载体的"伯公信仰"、儿童游戏"打石仗"和以槟榔崇拜为载体的"槟榔文化"、民俗文化也基本相同，由此不难发现，基于共同的地缘、血缘及自然生态，闽台地区可以进一步衍生出共同的物缘文化与区域文化。其四，台湾客家民间信仰在历史上往往成为移民同乡的纽带、团结斗争的旗帜、祖籍原乡的象征和日常生活的守护神。而在当下，其则成为两岸交流的新载体、文化认同的新符号。其五，客家民间信仰是闽台文化的重要组成部分，为两岸同胞所认同。群体信仰的认同有助于两岸民众的文化认同，而民众的文化认同则构成了两岸和平发展、祖国统一的重要基础，应进一步合理引导闽台客家民间信仰的交流交往。

附录研究报告《实施闽台五大亲情延续工程，促进两岸同胞心灵契合》提出：福建和台湾具有地缘近、血缘亲、文缘深、商缘广和法缘久的"五缘"优势，应充分把握，实施闽台五大亲情延续工程，将"两岸一家亲"理念切实贯彻在具体对台工作中，促进两岸同胞心灵契合。一是"乡音唤乡亲"工程，在漳州市东山县建立"两岸闽南乡亲交流合作先行区"，在龙岩市上杭县设立"闽台客家始祖园"；二是共享宗族亲情工程，建设闽台族谱大平台，延续闽台共修族谱传统，建立寻根谒祖活动的常态化机制；三是姻亲延续工程，鼓励闽台通婚，壮大推进两岸关系和平发展的力量，出台系列政策措施，为闽台婚姻家庭提供便利；四是信众亲近工程，将民间信仰交往打造成为增强两岸民众亲情的桥梁，扩大闽台小众民间信仰交流，做深做细特定区域基层民众工作；五是根亲文化建设工程，一方面在福州市、漳州市分别建立豫闽台寻根文化交流合作基地，另一方面在固始县整合中原固始根亲文化资源，做大做强"中原固始根亲文化节"，推动两岸民众寻根活动的发展，从而进一步加深和密切两岸民众的同胞亲情。

改革开放后，台湾客家乡亲到大陆祖庙进香、参与神诞祭奠、演戏酬神，表现了认同大陆、认同中华文化的倾向，密切了两岸关系，但某些涉台民间信仰活动引导不力，又造成了社会问题乃至政治事件。本书将学术的视野延伸到前人较少关注的闽台客家民间信仰，着力于两岸交流的现状，揭示其意义，并将其置于两岸的比较对照之中，从闽台客家民间信仰的历史，分析台湾客家文化要素的大陆根源；从闽台客家民间信仰交流现状，揭示闽台客家同出一源与"神缘"纽带关系无法割舍的事实。其所论虽为"闽台客家"，实乃"两岸"；所述虽为两岸源与流的关系，实质是对台湾文化的中华属性作出肯定。因而，本书的研究有助于增进两岸民众的文化认同，增强台湾同胞的向心力，有助于审视和处理好两岸之间特殊的社会问题，为相关部门提供决策参考。

第一章 闽台客家的神明崇拜

第一节　台湾客家神明崇拜的传承与变迁

关于台湾客家的神明崇拜，学界已有不少探讨，针对其中某一种信仰的个案研究更是积累丰厚，但将这些信仰置于一个族群整体及相互比较的视野展开讨论的还比较缺乏。现在前人研究的基础上，就台湾客家神明崇拜的基本情况、台湾客家神明崇拜对大陆客家神明崇拜的继承与发展等问题进行新的探索。

一、台湾客家神明崇拜概况

客家是台湾的第二大族群，伴随着闽粤客家人移居台湾，客家神明崇拜也传播到台湾。在众多的客家神明崇拜中，又以三山国王、定光古佛、义民爷、惭愧祖师、民主公王等信仰最为兴盛。

（一）三山国王信仰

台湾的三山国王信仰，大致分为三大系统。一是以宜兰县大兴振安宫为首的"三山国王宫庙联谊会"系统。大兴振安宫坐落于宜兰县冬山乡大兴村 16 号，据说始建于清康熙二十三年（1684），由名叫陈振福的垦首率领三十六位族人和一尊三山国王，从台北越过三貂岭古道，进入宜兰平原。由于受到噶玛兰人的抵制，他们便一路往南寻找可以安身立命之所，最后终于在火烧围找到垦地，并建草屋供奉三山国王。因而振安宫不仅是宜兰地区最早的三山国王庙，更是宜兰地区历史最悠久的庙宇。创于 1988 年的"台湾三山国王宫庙联谊会"正是以其为中心，目前全台湾有一百三十三座庙宇加入该联谊会。

二是以彰化县员林广宁宫为中心的"七十二庄"系统。《员林广宁宫宫志》记："广宁宫三山国王庙是员林地区历史最为悠久的庙宇，肇始于清康熙五十年（1711）……至雍正四年丙午（1726）蒲月完竣，迎请三山国王金身入火安座，神威灵赫，辖有武东保、武西保、燕雾下保等七十二庄（相当于现今之员林、大村、埔心和社头等乡镇），香火鼎盛，万民崇仰！"[①] 关于这座广宁宫，还有两则鲜为人知的历史：一是据耆老说，奉祀的妈祖神像，是清代原籍福建漳州的先民渡台时，从湄洲祖庙奉迎而来。同船的正好是广东籍的人士，他们奉迎的是三山国王的王爷。在鹿港登陆后，两尊神像都寄奉在天后宫庙宇。先民在员林开垦立下根基后，将之一同奉迎到员林来。二是相传广宁宫三山国王庙初建时名为广福宫，位于员林大街中段，庙中供三山国王和妈祖，三山国王是客家人供奉的，妈祖则是福建漳州人奉祀的。两神合祀在一起，乃因垦拓之初，人口较少的客家人和漳州人，为了共同抵抗人多势众的泉州人，形成了结盟的关系，他们的信仰也混合而一。但随着客、漳两籍人口益多，生活习俗和语言的差异问题日益凸显，彼此间因为利益问题产生纷争，甚至还衍生成正面冲突，最终导致广福宫一分为二。福建人另建"福宁庙"（后改为福宁宫），主祀天上圣母，分到二妈膜拜；广福宫原址改为"广宁宫"，分到天上圣母大妈与三山国王膜拜。

三是以彰化县溪湖镇霖肇宫为中心的"荷婆仑"系统。霖肇宫坐落于彰化县溪湖镇的三块厝，即该镇荷婆仑中山里大溪路一段 623 号，俗称"荷婆仑霖肇宫"或只称"荷婆仑"。关于这座庙的来历，也有一则颇有意思的传说。某年，广东揭阳县客家人马义雄、周榆森，带着霖田祖庙三山国王香火跨海来台，经过此地时三山国王突然起乩，要在山仑上建庙。因山仑附近有许多荷田，他们名此地为"荷婆仑"。庙盖成之后，附近慢慢聚居了不少客家人。无奈当地泉州人势大，他

---

① 台湾寺庙整理编委员会编辑部主编：《员林广宁宫宫志》，1993，第 10 页。

们为了赶走这些客家人，乃断绝水源。客家人生计艰难，只得廉价让出土地，全部迁移到埔心、旧馆等地讨生活。[①]

据《荷婆仑霖肇宫志》载，该宫分香自广东揭西县霖田祖庙，是三山国王开台祖庙，除辖区跨溪湖、埔心、永靖及田尾四乡二十一村里外，分庙分香遍及全台各地，经年香火兴旺，声誉日隆，使荷婆仑成为善信圣地。该宫主神为巾山、明山、独山三位"国王"，以及神农大帝、财神爷等神，为全台及下列五角头信众共建共祀：

（1）大王角：奉祀巾山国王，建角头庙霖兴宫于旧馆，辖旧馆、新馆、南馆、大华、仁里、湳墘、同安、同仁八村。

（2）二王角：奉祀明山国王，建角头庙霖肇宫于巫厝，辖东溪里巫厝、芎蕉村杨庄、独鳌、敦厚四村。

（3）三王角：奉祀独山国王，建角头庙沛霖宫于海丰仑，辖海丰、陆丰、柳凤、竹子、福兴、四芳、仑美、罗厝等八村。

（4）祖牌角：奉祀祖牌，书"勒封三山国王神位"，建角头庙霖凤宫于芎蕉，辖芎蕉村。

（5）神农大帝角：奉祀神农大帝，建角头庙泽民宫于三块厝，辖中山里三块厝。[②]

这三大系统的中心庙振安宫、霖肇宫和广宁宫均具相当规模，信众广大，分庙众多，且影响深远。

（二）定光古佛信仰

定光古佛信仰最早传入台湾的时间大致是在闽西客家人迁台之初。从闽西武平县岩前镇新发掘的"台湾府善信乐助建造佛楼重装佛菩萨碑"的捐款人数和捐款金额看，迁台的闽西客家人及其后裔对重

---

① 参见刘还月：《台湾的客家族群与信仰》，常民文化事业股份有限公司，1999，第 46 页。

② 参见曾庆国：《荷婆仑霖肇宫志》，1996 年勒石，立于庙左厢。

修定光古佛佛像的捐款是十分踊跃和虔诚的。再结合碑文落款"大清雍正十一年岁次癸丑孟春月三房主持僧盛山、得济、远铎各捐金拾两往台释子宏滋得升吉旦立"可知，清雍正十一年（1733），三房住持僧盛山、得济、远铎，之所以会各捐金拾两往台，是基于这样的一个背景：在当时居住南岩一带的居民与移居台湾的闽西客家人有着比较密切的往来，经常互通信息。他们确知在台湾的闽西客家人对定光古佛仍然保持坚定的信仰，甚或比在原乡时更为虔诚，所以对为重修佛寺而往台湾化缘一事有较大的把握。否则，他们断不会既花钱又冒风险前往台湾募捐。由此不难发现，定光古佛信仰当时已在台湾形成一定规模。考虑到由迁台家户零星奉祀定光古佛到定光古佛信仰在台湾形成风气或一定规模尚需要一个时间段，则定光古佛信仰最初传入台湾的时间还应据此上溯，至少可推至康熙年间，甚至更早。

台湾的定光古佛信仰虽然在清康熙、雍正，甚至顺治时期即已传入台湾，但直到乾隆以后才开始形成兴盛的局面，这与闽西客家人大规模迁移台湾的历程是一致的。其兴盛的典型的标志就是台中彰化、台北淡水先后建起了专门祭祀定光古佛的寺庙。

彰化的定光古佛庙，又称汀州会馆。《彰化县志》载："定光庵，在县治内西北，乾隆二十六年（1761）永定县士民鸠金公建，道光十年（1830）贡生吕彰定等捐修。祀定光古佛。"[①]道光二十八年（1848），定光庵遭受地震灾害，张连喜等又鸠资修复。该庙定光古佛塑像庄严，尺度高大，为台湾省神像少有之例，殿内陪祀有天上圣母、境主公王、福德正神等多位神像。该庙现存的古物，除殿前的狮子和殿内的佛像、神像外，还有乾隆二十六年（1761）立的"西来化雨"匾、乾隆三十八年（1773）立的"济汀渡海"匾、乾隆四十一年（1776）

---

① [清]周玺纂辑:《彰化县志》卷五《祀典志》,《台湾文献丛刊》第156种,台湾大通书局, 1984, 第157—158页。

立的"光被四表"匾、乾隆时立的"瀛峤光天"匾、嘉庆十八年（1813）立的"昙光普照"匾和道光五年（1825）立的"智通无阻"匾，均为金碧辉煌的巨匾。主要对联计有："是有定识拔救众生；放大光明普照东海。道光十年""古迹溯鄞江换骨脱身空色相乎圆光以外；佛恩施台岛灵签妙谛示吉凶于前定之光""定危有赖推移力；光被方堰造化心""活百万生灵迹托鄞江留一梦；觑三千世界汗挥线地有全人。道光十四年端阳月，永定巫宜福、禊敬题"。[1] 此庙不只是汀州人供奉守护神之所，更是汀州移民供同乡聚会、暂住，甚至是会议、论事的会馆。[2]

淡水的鄞山寺，也叫汀州会馆，位于淡水镇淡街芋攀林家庄，为闽西永定县[3] 移民罗可斌、罗可章兄弟首倡，闽西客家八县移民共同捐资修建。道光三年（1823），闽西客家移民分香迎定光古佛到该寺，以定光古佛为主神。鄞山寺坐东朝西，主要由前殿、正殿及两侧的护龙构成。前殿和正殿之间的天井，左右各有走廊连接，龙柱雕刻线条强劲有力。此处据说是淡水镇风水最佳的宝地，属于蛤蟆穴，可旺后代子孙。寺庙大厅上悬有道光四年（1824）立的"足发彼岸"和"大德普济"匾，以及同年张鸣冈立的古联刻字"捍患御灾功昭宋代；庇民护国法显皇朝"，另有光绪十九年（1893）的"鄞山寺石碑记"和光绪甲午年（1894）立的"分彼东宁"匾。[4] 关于鄞山寺的缘起，据

---

[1] 参见关山情主编：《台湾古迹全集》第二册，户外生活杂志社，1980，第182页。

[2] 参见庄敏信：《第三级古迹彰化定光古佛庙调查研究》，力园工程顾问股份有限公司，1996，第23页。

[3] 2014年，永定县改设为龙岩市永定区。本书所涉多为改区前之永定，故仍以县称之。

[4] 参见 [清] 陈培桂撰：《淡水厅志》卷一三《考三·古迹考》，《台湾文献丛刊》第172种，台湾大通书局，1984，第346页；关山情主编：《台湾古迹全集》第一册，第223页。

说是清道光年间，从福建省汀州府八县迁来台湾的移民，多半都是经由海路在淡水港上岸，但淡水并没有固定的落脚之处，殊感不便。恰巧此时福建省有人倡议，准备把八县人总镇守的定光古佛迎到永定县鄞山寺，于是就由汀州人罗可赋（斌）、罗可荣（章）兄弟为发起人，向迁来台湾的八县人募捐一万多元，从福建等地购买建材建寺，寺成之后迎来定光古佛本尊。最后又用剩余的数百元募款购买附近的土地，以作寺产，开垦之后种植五谷。后来虽然几经变迁，这些土地仍属鄞山寺所有。[①]

这两座寺庙的兴建，标志着定光古佛信仰在台湾进入比较兴盛的时期。这两座寺庙每年正月初五、初六都会定期祭祀，寺庙之间也会"互相庆贺"，这又进一步促进了定光古佛信仰的兴盛，其他寺庙也开始配祀定光古佛。如台北县板桥市的普陀山接云寺以观音佛祖为本尊，定光古佛位于配祀之首。[②] 桃园县大溪的福仁宫，"宫内正殿主祀开漳圣王，左龛祀定光古佛……左边为龙边，其位阶高于右边的虎边。定公古佛位居正殿左龛，可知他在福仁宫的地位仅次于开漳圣王。"[③] 而私家供奉定光古佛则更为普遍，以至于"台北一带汀州人聚落，如淡水阿里薈沿岸，家户均供定光佛"[④]。

（三）义民信仰

义民爷的信仰也分为两个中心：一是屏东县竹田乡西势村的忠义祠。朱一贵事件后，闽浙总督觉罗满保拨付专款，厚葬死难的义民，

---

① 参见 [日] 铃木清一郎：《台湾旧惯习俗信仰》，高贤治、冯作民编译，台湾众文图书公司，1978，第 301 页。

② 参见 [日] 铃木清一郎：《台湾旧惯习俗信仰》，第 472 页。

③ 蓝植铨：《大溪的诏安客——从福仁宫定公古佛谈创庙的两个家族》，台湾"中央大学"客家文化研究中心编：《客家文化研究通讯》第 2 期，1996 年 6 月。

④ 陈香编著：《台湾的根及枝叶》，台北"国家出版社"，1983，第 34 页。

并兴建义民亭祭祀之。由于这座庙为官方捐建，祭祀的仪式大都采用官式的"三献礼"，一般民众参与较少。二是新竹县新埔镇枋寮里的义民庙。该庙所葬的都是林爽文事件中的义民，其创建缘于民间的力量，而其创建过程中更流传着一则义民自觅风水的传说：

> 相传林爽文事件后，死难义民尸骨曝于旷野，地方人士林先坤、刘朝珍、陈资云等乃出面到新竹、竹北一带收集了两百多副骨骸，分装在十几部牛车上，准备运到湖口地区安葬，没想到牛车行至现今义民庙庙址处，打死也不肯再走。经地方人士掷筊请示义民后，才知义民自选葬身此处，于是先建义冢集葬尸骨，隔年又在冢前建庙奉祀，乃成义民庙。

这个流传久远且颇为盛行的传说，再加上历史的因缘与族群的情感，使得义民爷和民间的结合相当紧密。清道光以降，原仅新埔、枋寮、六家等地祭祀的义民爷，因附近地区客家人"我群意识"的滋生，湖口、关西、芎林等地也开始轮流祭祀。至光绪初年，相邻的客家聚落更纷纷加入，终于扩大为十四个轮值区，此后还进一步扩增为十五区，每年由一个区负责祭祀事宜。而各轮值区间的竞争，又使得祭祀的规模越来越大。

在新埔义民庙祭祀圈形成与扩大的同时，有些较偏远的地区则以分香的方式传播了义民爷信仰。桃园县的平镇，苗栗县的三湾、大湖、头份、狮潭，南投县的埔里、国姓、中寮、水里，高雄市三民区，高雄县的旗美，以及花莲县的凤林、富里、玉里等地，也都因客家人的迁徙或者义民信仰的需要而建有分香庙。在诸多因素的共同作用下，新埔的义民庙崇祀成为台湾客家最重要且最具代表性的信仰，其规模与意义，甚至凌驾于三山国王之上。

与义民庙相类似的，还有义民祠。彰化县的义民祠至少有四处。

（1）彰化市富贵里怀忠祠。此系为清代十八义民而建的庙，"十八义民者，能知亲上死长之民，而舍生以取义也。雍正年春，大甲西社番林武力等聚为乱……淡水同知张宏章，适带乡勇巡庄……逆番突出围之，枪箭齐发，矢簇如雨。宏章所带乡勇，半皆溃散，几不能脱。时阿束近社村落，皆粤人耕佃所居，方负耒出……即呼庄众，冒矢冲锋，杀退逆番，宏章乃得走免。是时战阵亡者，曰黄仕远、黄展期、陈世英……共一十八人。乡人悯其死，为负尸葬诸县城西门外，题其冢曰：'十八义民之墓'。逆番既平，大宪以其事闻。上深嘉许，赐祭予恤。……饬有司购地建祠，春秋祭享，以慰忠魂"①。

（2）永靖乡永西村英烈祠。该祠当地人称为"好汉爷庙"，其中所葬之人，相传为在道光六年（1826）永靖街福佬、客家械斗事件中死难的客家八十二位壮丁。事后，地方士绅感念他们的奋勇精神，乃建祠供奉。同时，这也使周围的客家人产生了联庄保卫的想法，直接促成了永靖、社头、埔心、员林、田尾、田中等地的七十二个村落的联庄自保。

（3）独鳌村恩烈祠。该祠供奉十三位"恩公"。相传光绪年间，因难以承受当地官吏的苛税暴敛，这十三位"恩公"偷偷潜到福州去告官。他们死后，村人乃建祠供奉之。

（4）埔心乡忠义庙。该庙原系建在高寮的妈祖庙，日本殖民统治时期，义民借居的土墼厝倒塌，埔心、永靖、田尾、溪州四乡三十三个角头的信众，希望集资建庙，却为官方所不许，只得变通以供奉"忠义之士"的名义建立忠义庙，庙成后则同祀圣四妈和忠义公。后来又为圣四妈另建了五湖宫，忠义庙才名实相符，成了真正供奉忠义公的庙宇。据载，这些"忠义之士"都是当时挺身组织自卫武力的人士，事后为皇帝所封，赐生存者为"褒忠"，战死者旌"忠义"。

---

① ［清］周玺纂辑：《彰化县志》卷八《人物志》，第 263—264 页。

（四）惭愧祖师信仰

台湾的惭愧祖师信仰以南投县为主要传播地区。据瞿海源、李添春《重修台湾省志》载，南投县祭祀惭愧祖师的庙宇有 34 座，其中南投市有 2 座，中寮有 6 座，埔里有 1 座，集集有 1 座，鱼池有 8 座，竹山镇有 6 座，鹿谷有 10 座；外县市部分，仅台中县东势镇有 1 座。[①] 但据其他学者估计，台湾供奉惭愧祖师的地方公庙、部分的民宅公神及私人神坛，约有 85 处，其中南投县一地有 67 座。[②] 可以说，南投县是拥有惭愧祖师寺庙与信众最多的县份。南投供奉惭愧祖师的主要寺庙有南投县中寮村的长安寺、鹿谷村的灵凤庙、凤凰村的凤凰山寺等。

关于台湾惭愧祖师的由来，有多种不同的说法。相传，清雍正年间，永定县下洋太平村十四世祖曾衍崇（愧三公）与乡亲团队从乐真寺迎请、携带惭愧祖师神像一起渡海，来到台湾南投县竹山、鹿谷乡新寮一带开荒垦殖，他们搭建简单的茅草寮，形成大大小小的草寮聚落。该地由此形成以"寮"命名的地方特点，如中寮、乡亲寮、后寮、分水寮、十八股寮、田寮等，而中寮就是聚落中心转运点。后愧三公因故返回永定故里，第二次来台时，与同乡从彰化越过八卦山，沿樟平溪、平林溪，辗转迁到中寮村垦拓立基，将神像安奉于草寮之中。此时，全境隶彰化县南北投管辖。据台湾南投县中寮村史料载：二百多年前的中寮村四周野兽出没，瘟疫时起，特别是"生蕃出草"杀人抢劫不断。人们共同开垦荒地，搭寮轮值，看守作物。而每当有不祥之兆时，惭愧祖师必示神迹，或托梦救人，禁止信众入山垦

---

① 参见瞿海源、李添春编纂:《重修台湾省通志》卷三《住民志·宗教篇》，台湾省文献委员会，1992，第 1087—1380 页。

② 参见谢重光:《惭愧祖师身世、法号、塔号、信仰性质诸问题及其在台湾传播的特点试析》，《世界宗教研究》2012 年第 4 期。

作，以保平安，降福桑梓，村民同沾。如《云林县采访册》载："在大坪顶漳雅庄，祀阴林山师祖。……凡有凶番'出草'杀人，神示先兆……动作有违者，恒为凶番所杀。故居民崇重之，为建祀庙。"[1] 基于殊胜法缘，信众遂诚心筹建一座庙宇安奉惭愧祖师，名为长安寺。因惭愧祖师显灵显圣，护佑百姓，长安寺香火鼎盛，成为中寮村的信仰中心。

至乾隆二十二年（1757），福建漳州南靖人邱国顺分香在鹿谷新寮建灵凤庙，供奉惭愧祖师。灵凤庙内悬挂的《恩主邱国顺功绩事录》有云："渡台开垦恩主邱国顺于乾隆廿二年来台，并奉请惭愧祖师金像。……在小半天开垦时，亦奉请惭愧祖师金像供奉。"但鹿谷乡凤凰村凤凰山寺有不同说法："清康熙年间，庄姓先祖率其伙数十人，由福建渡海来台，至顶城庄……开荒垦拓，并安奉随队携带之惭愧祖师香火以为守护神，设座礼拜。"[2] 民间信仰具有很大的模糊性，很难说究竟哪一家说法确实，如果凤凰山寺的说法成立，那么惭愧祖师信仰早在清康熙年间就已传到南投。

上述诸庙的建庙缘起大致可归纳为两种模式，一种为原乡奉请惭愧祖师金像而建，另一种则是由原乡携带惭愧祖师香火而建。奉迎金像和分香，是台湾南投等地惭愧祖师信仰传播的两种基本形式。

（五）民主公王信仰

台湾的民主公王信仰以台北三芝乡最为兴盛，在陈厝坑溪与新庄溪合流处建有一座富丽堂皇的民主公王庙。该庙初建于清乾隆二十六年（1761），系由圆窗开基祖江由兴从永定高头渡海到台开垦，迎民主公王护佑随行，次年建祠坐镇于水口。该庙还于1993年进行了

---

[1] ［清］倪赞元辑纂：《云林县采访册》，台湾成文出版社，1983，第151页。

[2] 谢重光：《惭愧祖师身世、法号、塔号、信仰性质诸问题及其在台湾传播的特点试析》，《世界宗教研究》2012年第4期。

重修。这座历史悠久、名字却很现代的民主公王庙，在当地有不少传说。据说，大约距今二百多年前，有一批开垦新庄子的闽西客家移民，"民主公王"就是指这些移民而言。因为他们是当地的垦拓者，当地民众感激他们筚路蓝缕、开创基业的恩德，并将这些恩德传之子孙，以及为了祈保平安幸福，就建了一座四尺方的乡间小庙，称为"土地公庙"。道光年间，从福建永定来了一位叫巫宜福的翰林到台湾各地观光。有一天，他路过新庄子休息时，对于土地公庙所在地的秀丽风光赞赏不已，就嘱令当地人以后要把这座庙称为"民主公王庙"，当地人信而从之。① 其实，"民主公王"之名在福建永定、连城、南靖等地久已有之，是永定、连城、南靖等地的村落保护神。这座"民主公王庙"，则是永定高头一带江姓移民从永定原乡分灵而来。该庙正殿祀民主公王，左边陪祀依次为三官大帝、观音佛祖，右边依次为吕仙祖师、福德正神，上方左边为民主公王神位，右边为保生大帝神位，下方则为中坛元帅神位。

此外，我们在台北三芝乡田野调查时，在一位江姓人的家中还抄得一张神龛的神位表，题头为"金玉满堂富贵春"，两边对联曰："灯焰光辉呈瑞色；香烟盘绕结祥云"。中间神位为南无大慈大悲观音佛祖莲座，左右两边依次为……圆应定光古佛、高头民主公王、伯祖东峰公太。

凡此种种，说明以上四种信仰是台湾客家最普遍的神明崇拜，它们或为移民同乡的纽带、团结斗争的旗帜，或为祖籍原乡的象征、日常生活的保护神，或为族群整合的新标志、族际交往的新载体，均在台湾客家社会生活中发挥了举足轻重的作用。

---

① 参见 [日] 铃木清一郎：《台湾旧惯习俗信仰》，第 397 页。

二、两岸客家神明崇拜的异同

由于移民的原因，台湾客家的神明崇拜大致承袭了大陆原乡的信仰特色，两岸客家神明崇拜表现出共同的特征。

第一，台湾客家信仰的神明多从大陆客家地区分香而来。乾隆九年（1744）《三山明贶庙记》载："三山国王者，吾潮合郡之福神。自亲友佩炉香过台……"①《荷婆仑霖肇宫志》亦记：本宫分香自广东揭西县霖田祖庙，是三山国王开台祖庙。中寮村的长安寺、鹿谷村的灵凤庙、凤凰村的凤凰山寺，由大陆客家原乡奉请惭愧祖师金像或携带惭愧祖师香火而建。三芝乡祀奉的民主公王则传说是圆窗开基祖江由兴从永定高头渡海到台开垦时，迎民主公王护佑随行，次年建祠坐镇于水口。淡水鄞山寺的定光古佛则以汀州人罗可斌、罗可章兄弟为发起人，向迁到台湾的闽西客家八县人募捐一万多两，在福建等地购买建材建寺，落成之后又从永定鄞山寺迎来定光古佛本尊。彰化的定光庙亦"古迹溯鄞江"。

第二，台湾客家神明崇拜故事传说的母题与大陆原乡大体相同。移民的过程也是移神的过程，同时也是相关民间故事的传播过程，随着大陆客家神明崇拜传播到台湾，一些故事传说也传播到台湾岛内。前述新埔义民庙创建过程中义民自觅风水的传说，其母题显然源自大陆客家原乡神明的故事传说，如：

> 相传，南宋淳熙年间，汀州太守吕翼之为便于祈祷，将定光古佛遗骸从武平均庆寺迎至长汀。均庆寺僧人多次请求让定光古佛回家，太守不好拒绝，许之。然而，当轿夫抬定光古佛遗骸进入武平地界后，忽然感到轿子十分沉重，虽百人亦抬不

---

① 黄典权编：《台湾南部碑文集成》，《台湾文献丛刊》第218种，台湾大通书局，1987，第37页。

定，寸步难移。轿夫认为，这表示定光古佛不愿回家（均庆寺），便掉头而行。回头的路上，轿子又变轻了，不一会儿即回到长汀。此后，定光古佛遗骸便不再返回武平的均庆寺。[①]

某年，桃溪村旱灾特别严重，村民十分着急。张屋人遂牵头去岩前狮岩请定光古佛来桃溪清醮一日。打醮后，果然十分灵验，上天降下了及时雨。桃溪村各姓人氏便更加敬重定光古佛，一时香火极旺。不知不觉，定光古佛来桃溪已有不少时日了，该送它回岩前了。但当菩萨抬至桃地坳时，新轿杠断掉了，虔诚的弟子们觉得事出有因，便通过僮子拜请问佛。古佛说，桃溪的香火很旺，它愿意在桃溪落下。于是，张姓十五世祖嵩磷公前往岩前协商。征得同意后，嵩磷公付给 50 个银圆，请岩前人另施一尊佛像。从此，岩前的这尊定光古佛像便留在桃溪东林寺，接受当地子民的崇拜。[②]

比较这些神明传说，不难发现闽台客家神明故事前后因循的痕迹。类似的情况还见于淡水鄞山寺的传说：据说鄞山寺所在地如果就风水观之，正好位于所谓"水蛙穴"，也就是庙后面的两口井相当于蛙眼，而庙前半月形水池则相当于蛙口，在这种地点建庙必然特别灵验，居民将受到周全的保佑，所以闽西客家人就计划在这里盖庙。然而，草厝尾街居民认为他们这条街在风水上讲恰好是一条蜈蚣，假如让"水蛙"开始活动，草厝尾街就会受到影响而归于衰落。因此，他们就闽西客家人的计划进行交涉，但闽西客家人置之不理，照建不

① 参见 [元] 刘将孙:《养吾斋集》卷二八《定光元应普慈通圣大师事状》，清乾隆年间翰林院抄本。

② 参见刘大可:《闽西武北的村落文化》，国际客家学会、法国远东学院、海外华人资料研究中心，2002，第 343—344 页。

误。果然，鄞山寺建成后，草厝尾街居民不断发生灾祸，陷入极度不安之中，于是他们就去请教高明的风水先生。风水先生为之想出对策，即钓鄞山寺之蛙的方法：先在草厝尾街高高立一根钓竿，每天夜晚在竿头点火作为钓饵，然后鼓乐齐鸣，频频念咒。结果，闽西客家人大为恐慌，担心"蜈蚣"来袭，就通宵警戒，全力保卫水蛙，可是最后还是被"蜈蚣"袭击，其标志就是鄞山寺后的一口井水变得混浊。如此，闽西客家人就更为恐慌，赶紧举行盛大祭典，最后总算保住了"水蛙"的另一只眼，但"水蛙"终成为病蛙。就因为如此，据说该庙的管理人员，即便不死也要罹患重病。①

在大陆客家形势派风水观念中，水井象征某种动物眼睛是一种通例。如宁化县店上山的双忠庙，其庙旁的两口水井就被当作"螃蟹"的两只眼睛，双忠庙的地形在风水上亦为"螃蟹形"，一个"风水发外"的风水宝地，所以外地香客前往朝拜的甚多。但当地居民不乐意，认为自身的利益受损，就把其中一口井填掉，其用意就是不让"螃蟹"爬得太远，从而留住风水。据说，连城县的马屋村由于后龙山正穴有一条很有灵气的地龙，所以马姓人一时出了不少大人物。后来由于男人外出做官了，在家的女主人难当寂寞，就请风水先生在后龙山的正穴挖了两口井，结果使得这条地龙双目失明，在外地做官的男人纷纷被罢官还乡，以后马屋村再也没有出什么大人物。可见台湾客家人原乡的传统观念，仍然长久地体现在他们的社会生活和记忆中。②

第三，台湾客家神明崇拜的信仰方式直接脱胎于大陆客家原乡。从宫庙建筑形式看，台湾三芝乡的民主公王庙位于陈厝坑溪与新庄溪

---

① 参见 [日] 铃木清一郎：《台湾旧惯习俗信仰》，第 301—302 页。

② 参见杨彦杰：《淡水鄞山寺与台湾的汀州客家移民》，《福建省社会主义学院学报》2001 年第 3 期。

合流处，连城县姑田镇的民主公王庙也位于上堡村口两溪汇合处，永定县湖坑乡洪坑村、南靖县书洋乡塔下村的民主公王庙，也都建在村头、村尾水口。我们在台湾彰化定光庙、淡水鄞山寺田野调查时看到的定光古佛神像，其造型、神态，特别是"上额皱纹浮现"，与我们在闽西武平县岩前镇均庆寺、梁野山白云寺、永定县金谷寺所见的定光古佛像如出一辙，让人一眼便可识别。

从祭祀活动看，每年正月初六，闽西各地都要祭奠定光古佛生日。在台湾，同样也是在这天祭祀定光古佛。《台湾旧惯习俗信仰》云："位于淡水镇淡水街芊榛林字庄的鄞山寺，是以定光古佛为本尊，正月初五和初六是例行祭日。"[①]台南市北区开元寺的《神佛诞辰碑记》亦云："（正月）初六日，定光佛圣诞。"[②]

民主公王的祭祀活动亦是如此。民主公王是闽西连城姑田镇上堡、中堡、华垄人最为敬仰的神祇，其最主要的活动有正月举行的庙会和正月十五的"游公王"。从乾隆五十六年（1791）起，上堡的陈、赖、桑三姓在溪边庵组织了一个"公爹会"，这三姓人规定一姓游一年。"游公王"时，由两个小孩擎旗开道，旗后是一棚锣鼓，随后是一顶只有香炉没有菩萨的"香火轿"，由两个人抬，接着就是四个人抬的"公爹轿"，最后又是一棚锣鼓。一路上锣鼓喧天，香烟缭绕，历经各居民点后才将"公爹"抬回公王庙。

在台湾，每年正月十五日亦为三芝乡民主公王盛大的祭典之日。正月十五日，民主公王庙备有米糕、猪公等供信徒求乩携回，次年再还愿。时至今日，这些习俗仍然存在，甚至规模比以前更大，如2005年农历一月十日至十五日，就在民主公王庙举行了为期六天的规模盛大的活动，具体项目有：鸡年点灯、客家美食、文物文献展

---

① ［日］铃木清一郎：《台湾旧惯习俗信仰》，第 301 页。

② 黄典权编：《台湾南部碑文集成》，第 711 页。

览、踩街活动、民俗舞蹈、传统技艺展演、客家蓝染展示、大会开锣、迎古董阵、客家音乐会、传统民谣合唱、客家蓝染体验、传统布袋戏、文化讲座、客家传统习俗拜年（走春）、猜灯谜、客家舞蹈和地方戏曲。可见，台湾民主公王祭祀活动在内容实质上与闽西客家原乡并无二致，只不过随时代变迁增添了一些新的形式而已。

第四，台湾客家神明崇拜组织形式及发挥的社会功能与大陆原乡基本类似。如三山国王信仰以彰化员林广宁宫为中心，辖有武东保、武西保、燕雾下保等七十二庄（相当于现今之员林、大村、埔心和社头等乡镇）。荷婆仑霖肇宫除辖区跨溪湖、埔心、永靖及田尾四乡二十一村里外，分庙遍及全台各地，该宫主神巾山、明山、独山三位"国王"和神农大帝等，分别为五角头信众共建共祀，如前述霖兴宫奉祀巾山国王，辖旧馆、新馆、南馆、大华、仁里、浦墘、同安、同仁八村；霖肇宫奉祀明山国王，辖东溪里巫厝、芎蕉村杨庄、独鳌、敦厚四村；沛霖宫奉祀独山国王，辖海丰、陆丰、柳凤、竹子、福兴、四芳、仑美、罗厝等八村。[①]

这样的组织与功能显然承袭自闽粤客家地区。武平县北部的"四大名寺"——亭头太平寺、湘坑宝林寺、龙坑福田寺、昭信田心寺等，均辖有相邻若干村落或几个宗族。如亭头太平寺又被称作"十乡太平寺"，这"十乡"分别是：亭头、田雁、鲁溪、定坊、江坑、大兰园、火夹域、大水坑、老阿山、社上十个自然村落；昭信的田心寺则为昭信钟屋、唐屋（村）郑屋、打狗坑王屋、马坑曹屋、龙归磜李屋、下陂马屋、恬下郑屋、磜背张屋等"七姓八屋"人所有。这些寺庙均自武平县梁野山白云寺分香而来，主祀定光古佛，并祀定光古佛五个化身——大古佛、二古佛、三古佛、四古佛、五古佛；或主祀定光佛，外加一二尊分身像，或干脆只有一至二尊分身像。

---

① 参见曾庆国：《荷婆仑霖肇宫志》，1996 年勒石立于庙左厢。

颇有意思的是，台湾三山国王"三位王爷"的分工也与闽西定光古佛五兄弟的身份有异曲同工之趣。在台湾大兴振安宫，据说明山国王因做风水、地理、深井勘验百发百中而闻名，巾山国王擅长医理及日理，独山国王则长于驱邪及押煞。而闽西武平县梁野山的定光古佛五兄弟，其身份据说分别是长工、医生、武将、学者和道士。

但另一方面，台湾客家的神明崇拜作为一种民俗文化，也随着移民社会的演变而发生了某些适应性的改变，而呈现出自己的信仰特点。

第一，对待神明崇拜态度的改变。在大陆原乡，祖先崇拜和神明崇拜是传统客家社会运作的两大动力。但相对而言，对祖先更为亲近，对神明则敬而远之。如闽西客家的祠堂、厅堂神龛供奉的主要是祖先的神主牌，依世系、房份及后尊前卑、左高右低的顺序排列。仅在神龛左侧下方或祠堂主体建筑背后，单独供奉土地公，而很少见有其他神明。传统客家村落的神明多供奉在水口寺庙或神坛，或离聚落中心有一定的距离，与居民住家划分得很清楚。在祭祀时间上，也体现了祖先优先的原则。我们在闽西客家地区田野调查时，发现很少有寺院宫庙建在村落的中心，即便偶有所见，其地理位置也是今日的中心、昔日的边缘，是社会变迁的结果。

但流传久远的"祖在家，神在庙"大陆客家社会观念，在台湾客家社会出现了动摇。在台湾移民社会中，移民基于祖籍地缘、族群认同、姓氏方言亲近等因素，组成了不同的聚落，但聚落间交往与交流互动是不可或缺的。他们既有冲突，也有融合；有通婚、移居，更有经济交往、亲友互访。客家村落不可避免地受到强势福佬文化的影响。福佬人热衷于神明崇拜的做法，也潜移默化地渗透到台湾客家社会。每逢神诞庙会，福佬人往往大操大办，以彰显神明的威灵。为了祭拜的方便，他们还通常分香回家中供奉，甚至有些福佬人的厅堂神龛同时供奉了很多神位，其大厅神龛犹如一座小型宫庙。在神明与祖先的排位方面，神明稳坐正中大位，祖先的牌位却退居右侧一角，有的甚至不供奉祖先牌位。受福佬文化影响，部分台湾客家民众逐渐放弃原有的信仰传统，开始在家中供奉神明，起初或许仅让出厅堂供桌之一角，但慢慢地神明后来居上，进入中心，祖先退居边缘角落。台湾客家迎神赛会的规模也越来越大。

台湾客家神明崇拜观念的不同，还见于台湾南北客家人信仰的不同。台湾南部客家落户台湾较早，历经朱一贵、林爽文事件，形成了战斗、团结、自保的族群性格，较不易受外来文化的影响；中、北部地区部分地方的客家人虽也经历林爽文事件，但这些地区移民较迟，且客家移民多居住在规模较小的垦地，单打独斗的垦户亦较缺乏群体的观念，对于不同文化的接受程度自然较高。时至今日，南部客家人的厅堂中，还多供奉祖先牌位，祭祀方式上更注重"晨昏须顾祖炉香"；北部的客家聚落，大约于20世纪60年代开始往神庙分香回家，大规模的迎神赛会也于此时勃兴。以竹北为例，建于20世纪60年代的天后宫，其祭典除了农历三月二十三日主祀天上圣母的神诞庆典盛大活动、演戏酬神之外，农历三月二十日还往北港进香。1970年以后，客家聚落的大型迎神进香活动进一步增多，中坜仁海宫、观音甘泉寺、新埔义民庙、五指山灶君堂、苗栗玉清宫等每年都固定举行大型的神诞庆典。1988年，新埔义民庙举办的庆祝两百周年祭，更是举行了一个长达十天，出巡新竹、桃源十五联庄的绕境大典。

第二，台湾客家神明崇拜发挥的社会功能不同。闽粤地区的客家村落，一般都以血缘为基础，聚族而居。这种地缘与血缘相统一的村落社会，至今仍然随处可见，所以神明崇拜多扮演宗族或村落保护神的角色。而台湾的客家社会极少有单姓的血缘村落，特别是后期开发的北部和东部，其村落大多是多姓村落。这主要是因为台湾是移民社会，移民自大陆渡台时，不可能整个宗族甚至还很少举家移民入台，亦即不太可能由寥寥数丁而占据一块广阔土地，构成单姓的血缘村落。移民既不能聚族而居，又来自不同的省、府、县，在语言、习俗、信仰上存在差异，于是便依籍贯、区域族群而类聚，构成以地缘关系为主的地缘村落。所以，台湾客家的神明崇拜在许多地方虽仍然带有某些宗族、聚落保护神的色彩，但更多的是发挥移民整合的功能，扮演区域、族群保护神的角色。

清初虽有"渡台禁令"的限制，但仍有部分客家人以各种渠道到台，他们势单力薄，常遭别籍人士欺负："……地方安靖，闽每欺粤，凡渡船、旅舍，中途多方搜索钱文。"[①]潮汕地区的客家人，乃兴建会馆以安置一时无处落脚的同乡，同时供奉地区的角头神为守护。清乾隆年间，盖在港口海边的几座三山国王庙大多扮演这样的角色。鹿港三山国王庙中原立的"奉宪示禁碑"，就是清乾隆五十五年（1790）二月，客籍监生徐道、廖霖、徐英和、邱子标联名呈请台湾兵备道所立，以禁止海关人员欺负客家人，任意索取红包。台南的三山国王庙，又叫潮汕会馆，清季时也一直扮演着重要的会馆角色，"正殿有三开间，筑有花瓶形月门，以通左右殿……旁有半楼式客栈……后殿有客房五间，两侧筑有独立的进出口，是清代潮汕商贾投宿的客栈"[②]。

台湾定光古佛寺庙亦是闽西客家移民入台的落脚点，社会文化活动的中心。无论淡水的鄞山寺，还是彰化的定光庵，都有"汀州会馆"的性质。以鄞山寺为例，《鄞山寺碑记》云："昔汀人……建造庙宇，名为鄞山寺，供奉定光古佛，为汀人会馆。"鄞山寺在平时就成为闽西客家同乡初抵台湾时期的安顿栖息之所和闽西客家人的议事中心，兼具仲裁同乡争执之务，而在战争或械斗发生时，鄞山寺就变成

---

① [清] 陈同瑛等：《台湾采访册》，《台湾文献丛刊》第 55 种，台湾大通书局，1984，第 34 页。

② 关山情主编：《台湾古迹全集》第三册，第 133 页。

保护同乡妇孺及商订作战计划、发号施令的中心。此外，该寺还是闽西客家人重大喜庆、祭祀的重要场所。鄞山寺《善后章程条款》碑文云："鄞山寺系台北汀众公建……应由本地汀人办理……亦由本地汀众集合议决"；"公议鄞山寺对于各庙，本有互相庆贺之举……至于在地绅董实心办理……若有喜庆，应行恭贺……""公议董事必由汀众公议遴选殷实老练之人，秉公办理……""公议每年春季祭典之时……汀众亦然"。[①] 这些章程虽然主要是针对鄞山寺的管理和日常活动而言，但通过鄞山寺的管理与活动及定光古佛信仰，在台北的"汀众"已紧密地联系在一起，因此其他重大事项在此商议，其他重大活动在此举行，应属当然之举。

　　另一种功能的不同是神性与神功的转变。台湾惭愧祖师信仰虽源于大陆原乡，但闽粤客家地区惭愧祖师的神功与神性主要体现在枯鱼复生、石莲开花渡河、卓锡泉和江西立券塑像、蓬辣滩救难、避寇，以及祈晴祷雨等方面，而台湾的惭愧祖师信仰流传最多的是每当"生蕃出草"有不祥之兆时，惭愧祖师示神迹、托梦救人、禁止信众入山垦作保平安和行医问药。其中行医问药是台湾惭愧祖师神功、神性极为重要的一个方面。相传，潘氏三兄弟自幼习文练武，学医成道，他们常年奔走于偏僻山区，悬壶济世，远近闻名。每当患者恢复后，向他们表达感谢之意，他们总是连连拱手，谦虚地说："惭愧！惭愧！"（见笑之意）某年，平和县芦溪乡瘟疫流行，潘氏三兄弟赶紧采药配方，医治救活大量病患，控制了瘟疫的蔓延。乡人感念其德，联名赠送他们"华佗再世"的匾额。三兄弟一再表示受之有愧，说："为乡亲效力，本是天职，我们奉献甚少，获取太多，深感惭愧。"因而，大家尊称其为"惭愧公"。这一故事传说和这种现象符合神明崇拜的

---

① 《鄞山寺碑记》与《善后章程条款》均转引自杨彦杰：《淡水的鄞山寺与台湾的汀州客家移民》，《福建省社会主义学院学报》2001 年第 3 期。

地方化特征，即其在地方化过程中既保留了母文化主体，又因环境的变化，乃将其中部分改变为适应新生活所需的文化，这一新的文化内涵既与母文化并行不悖，又与母文化有所不同。

与之相应，惭愧祖师的形象也发生了变化。在外在形象上，闽粤客家地区的惭愧祖师为潘了拳一人，其造型为身披袈裟、手执拂尘的得道高僧形象；而台湾的惭愧祖师父名达，母葛氏，长子达孔、次子达德、三子达明，三兄弟当地居民又称大公、二公、三公，造型为黑面无须，头戴王冠，身着文武装，赤脚跣足，右手持宝剑，左手掐道指，端坐于山头之上。在内在形象上，闽粤客家地区的惭愧祖师为弘扬佛法兼具祈晴祷雨禳灾求福的禅师；而台湾惭愧祖师三兄弟一生仗义疏财，淡泊名利，民众相信他们非同凡响，在其生前就以"惭愧公"尊称，去世后则为之立庙塑像，香火奉祀。因其得道于阴林山，故又称"阴林山惭愧祖师"。

第三，台湾客家神明崇拜具有族群区分的含义。以义民信仰为例，清代台湾地区动荡不安，造成了许多"民激于义则为兵"的义民，且福佬、客家和漳、泉、汀、潮各籍及当地少数民族皆有，林爽文事件之后，清廷为宣扬义民之功，"特赐匾额，用旌义勇"，分别颁给泉籍义民"旌义"、粤籍义民"褒忠"、漳籍义民"思义"、当地平埔族社义民"效顺"等匾额。可见义民的崇祀在清代台湾地区是一种普遍现象。时至今日，义民信仰成为台湾客家最具象征性、也最有代表性的一种信仰，其原因就在于历史上的闽、客冲突与纷争。

从神格看，义民有类于闽南有应公之类的战死孤魂。台湾移民之初，由于水土不服，路倒病殁者甚多，加上"三年一小反，五年一大反"的兵燹战祸，使得岛上的有应公信仰相当盛行，但其地位甚低，一直未能被列入正神之列。这种情况亦类似于大陆客家原乡的义冢，其地位亦低下，一般位于村落水口，建筑简陋，仅有一块平头大石碑，上刻"义冢"二字。抵抗太平军战死的"团勇"则是在其他庙中竖一碑，也并无专祀之庙。如民国《武平县志》载："清咸丰八年，因洪秀全余党窜入濯田，势将侵入我邑，该义士张文益等，桑梓关怀，慷慨请缨，督率北区团练乡勇往黄峰崊拒寇，因众寡不敌，致有三十人殉难。……地方人士钦其忠烈，在北区团练后局，立木主以崇祀。"[①] 类似的例子，还有闽西永定的义勇祠，"开邑以来死事之兵弁而祀之祭，附于厉坛。一在金丰洪川。明嘉靖间草寇张连等，聚众万余劫乡里，林孟明、林孟九、林葵逊、林葵宇四人，率子弟乡勇力御之，乡赖以安，后人感其功，为祠祀焉"[②]。

但台湾客家的义民信仰则不然，他们并不认为义民爷的神格类似于有应公、团勇，而且不断地进行建构和提升，其中以1987年的"九献大礼"最为典型。依照《客家风云》杂志的说法，经过"九献祭祀大礼之后，义民爷是正神阳神，不再是阴神了"。显然，"九献大礼"并不只是祭祀的目的和需要，当地客家人希望通过传统用来祭祀天神的"九献大礼"来提升义民爷的神格。客家人极力提升义民爷地位的做法，源自历史上与福佬人冲突时的好胜心态。在与福佬人的斗争中，客家人无论在人力、武力还是在经济能力方面都远逊于福佬人。两籍人士或为土地，或为其他经济利益，常生冲突，但几乎每一次都是福佬人获胜，台中地区的垦拓史是如此，北部地区的开发史亦是如此，甚至客家人建成客家村落之后，仍不时受到福佬人的挑衅。因此，客家人总是想方设法，希望有机会能够扳回一城。所以当朱一贵、林爽文、戴潮春事件爆发后，客家人莫不高举清廷旗帜，和官兵联合围攻"变民"，借官军之力打击福佬人，以报久积之仇。这正是所谓"治时闽欺粤，乱时粤侮闽"。

---

① 丘复主纂：《武平县志》卷一八《祠祀志》，福建省武平县志编纂委员会整理，1986，第406页。

② 张超男总纂：《永定县志》卷一四《祠祀志》，第467页。

　　历次的民变冲突，其实都是两败俱伤。如朱一贵事件，"六堆军的部将计涂文煊等死伤一百十二人，贼军残将陈福寿……抢得小舟浮海，逃至琅峤（恒春），幸免一死，其他生还者仅数百人而已"。及至林爽文事件，"右堆（今美浓、高树地区）派兵迎击，却陷于危局，被杀七十余人之外……"新竹地区的客家人于"征战中，牺牲成仁义军先烈达两百余人"。①尽管如此，客家人毕竟赢得了"最后的胜利"，这样的结果在台湾客家史上本身就值得"大书特书"，再加上乾隆御笔的"褒忠"敕旨，这更成为客家人的一种"文化资源"，每每被拿来当作胜利的"标本"。因此，今日义民爷在台湾客家人心目中享有崇高的地位，就不难理解了。

　　第四，台湾客家神明崇拜的符号性特征更为明显。不同的神明信仰及其相关活动也是群体符号的一个来源。信仰也是群体认同中作为区分依据的重要因素。在群体内部，共同的信仰是一种强大的凝聚力；在群体之间，不同的信仰则是区分"我群"和"他群"的重要因素。在台湾客家地区，定光古佛是闽西客家人最崇拜的民间神祇，是闽西客家认同的一种符号，因而也就成为闽西客家同乡凝聚的纽带、团结斗争的旗帜，也是祖籍原乡的象征、日常生活的守护神。②

　　三山国王信仰的族群性是颇具争议的一个话题。但是，大凡有三山国王庙的地方都与客家人有莫大的关系，如"罗东北城、冬山丸山、大兴、得安、顺安等地，庄庙中都有粤籍开拓先贤牌位"③。前述三王角的沛霖宫，早期在建构角头的祭祀圈时，便有邻近地方因居住族群的不同而退出的例子。富丽堂皇的国王庙，左侧前壁嵌有一块小石碑，上写道："我海丰仑沛霖宫主祀三山国王，当时八庄联合以为保护之

① 参见刘还月：《台湾的客家族群与信仰》，第236页。
② 参见刘大可：《闽西客家人迁台与定光古佛信仰》，《台湾研究》2003年第1期。
③ 参见邱彦贵：《宜兰溪北地区的三山国王信仰》，"宜兰研究"第二届国际学术研讨会论文，台湾宜兰，1997，第266—303页。

神。迨至光绪二十七年议建庙宇之时，三十张犁不能同意，唯彭家一族参加而已，慢悠悠兹……长为七庄因缘。"亦即修建大庙之前的海丰仑独山国王，信众共有海丰仑、陆丰（仑仔尾）、柳凤、竹仔脚、福兴庄、四芳、罗厝以及三十张犁（今仁里村）等八庄，光绪二十七年（1901）才少了三十张犁。为什么三十张犁坚持要退出，三十张犁的彭姓家族却坚持要参加呢？据说三十张犁居住的大多为福佬人，只有彭姓家族为客家人，三十张犁的大多数居民早就不想参加海丰仑的祭典，却一直没有机会，终于趁着盖大庙时，纷纷推说没钱，借机退出。自此以后，沛霖宫三山国王就只剩下客家人的村庄共同祭拜。

民主公王信仰的符号性特征则更为明显。从1993年民主公王庙重建的捐款看，重建寺庙的资金即为所有闽西客家人所捐献。再从2005年农历一月十日至十五日，在民主公王庙举行的为期六天规模盛大的活动看，其节目中多有客家美食、客家蓝染展示、客家音乐会、客家文物及文献展览、客家传统习俗拜年（走春）、客家文化讲座、客家舞蹈和地方戏曲等。不难发现，民主公王成为当地客家人的重要精神支柱之一，民主公王庙成为当地客家人社会活动的重要场所，民主公王信仰活动也成为客家文化传承的重要方式与渠道，民主公王庙与民主公王信仰活动从而成为当地客家人的一种象征与符号。

三、走向族群融合的台湾客家神明崇拜

但是，台湾客家神明崇拜表现的族群性，又并非完全呈现族群的对抗性。如惭愧祖师信仰就是典型的例子。日本殖民统治时期，南投郡、竹山郡、能高郡、新高郡四郡，属于台中州管辖之区域，如今皆属南投县辖区范围。据《台湾在籍汉民族乡贯别调查》得知：南投郡总人口67400人，其中客家人2300人，闽南人65100人；竹山郡总人口32900人，其中客家人1800人，闽南人31100人；新高郡总人口

18600 人，其中客家人 1200 人，闽南人 16000 人，其他则为 1400 人；能高郡总人口 28700 人，其中客家人 11200 人，闽南人 12100 人。[①] 统计上述四郡的人口，可以得知南投县的汉人中，以漳州人为多数，客家人为少数。然而，来自福建永定、南靖、平和、诏安和广东嘉应州的少数人的原乡惭愧祖师信仰，却成了以闽南人占多数的南投县特有的神明崇拜。

定光古佛信仰也是一例。台北县板桥市的接云寺，以观音佛祖为本尊，配祀有定光古佛、注生娘娘、开漳圣王等。其例祭日各不相同，本尊观音佛祖是二月十九日、六月十九日、九月十九日，定光古佛为正月初六日，开漳圣王则是二月十五日。桃园县大溪的福仁宫，正殿主祀开漳圣王，左龛祀定光古佛，右龛祀玄坛元帅等。定光古佛与其他籍移民的保护神（如开漳圣王等）置于同一寺庙中，甚至出现在以闽南漳州籍人为主的寺庙中，共享香火，共同举行各种祭祀活动。这就表明定光古佛信仰已经成为台湾客家移民对外交流交往的一条渠道，因而又具有跨族群的功能。

三山国王信仰更是如此。前述漳州人与客家人共建广福宫就是一例。与此类似，还有永靖街上的永安宫。该庙中石柱对联曰："永保七十二庄年年清吉；安桃三百六日事事亨通"，平安符的符头则写有"永靖永安宫永保七十二庄"等字，均印证了永安宫为七十二庄祭祀中心的说法。关于七十二庄的来历，据说是道光年间，附近的漳、泉两籍人士械斗，弱势的漳州人不敌，希望找客家人出来调停，没想到泉州人以为漳州人搬来救兵，不分青红皂白就予以袭击，客家人只得与漳州人一同对抗泉州人，并且联合了当时武西、武东、东螺东、东螺西等保的客家人和漳州人，组成七十二庄，涵盖的范围约今之埔

---

① 参见邱荣裕：《台湾客家民间信仰研究》，翰芦图书出版有限公司，2014，第103 页。

心、员林、永靖、社头、田中、田尾六个乡镇的大部分地区，并分成开基祖妈、湄州妈、大妈、武东保大二妈、武西保大二妈、武西保二妈、旧二妈、太平妈（圣三妈）、三妈九个神明会，借着信仰的力量，凝聚地方上的力量，形成联保的自卫团体。[①] 八个祭祀圈中，都以妈祖为主神，但属于客家庄的组织，依旧以三山国王为主神，像是永靖陈厝、五汴头、浮圳等庄所形成的武西保二妈，以及永靖瑚琏、水尾和永靖庄所形成的太平妈，再加上以埔心地方为主的武西保大二妈，都是典型客家庄的角头，信仰中心自然在永安宫。在宜兰地区，三山国王庙为数众多，而客家人口所占的比例则都很低，甚至有些分香庙主事者还是福佬人。

浊水溪以北的彰化平原，通常被认为是一个福佬人聚居的地方，开基拓业的历史往往也是偏重漳、泉两籍人，似乎与客家人无关。但通过对民间信仰寺庙的考察，我们能发现客家人在此活动的痕迹与流下的汗水。《彰化县志》载："三山国王庙：一在县治南街，乾隆年间，粤人公建。一在鹿港街，一在员林仔街，皆粤人公建。……凡潮人来台者，皆祀焉。"[②] 再从员林的广宁宫来看，从清康熙中叶开始，就有粤东镇平县詹志道、刘延魁等人，饶平县的黄可久、黄实贤等人，以及陆丰县的梁文开等人前来开垦；康熙末年，施世榜又招来许多闽、粤两籍垦民。[③] 这足以说明广宁宫的初建与客家人的密切关系。《员林镇志》还提到，康熙以后仍有不少客家人移垦员林地区，其中比较突出的有：雍正年间，诏安县黄盛漳、饶平县朱天寿等人；乾隆

---

① 参见许嘉明：《彰化平原福佬客的地域组织》，《"中央研究院"民族学研究所集刊》第 36 期，1975 年 2 月；曾庆国：《"七十二庄"考》，载彰化县文化中心编：《源泉水，历史情——八堡圳传奇》；刘还月：《台湾的客家族群与信仰》，第 43—44 页。

② [清] 周玺纂辑：《彰化县志》卷五《祀典志》，第 157 页。

③ 参见张义清编：《员林镇志》，彰化员林镇公所，1990，第 25 页。

年间，诏安县游宗赐、饶平县张布强等族人。甚至迟至晚清、嘉庆之后，仍有饶平张鹏程等人相继入垦。时至今日，张姓仍是当地第一大姓，只不过全成了操福佬口音的"福佬客"了。

埔心乡忠义庙与忠义公墓园通常被视为粤籍客家人的庙或墓园，但与百姓公代、有应公、万人爷代表闽籍河洛（福佬）人有所区别。它们虽代表彰化平原一大群粤籍客家人，在埔心乡及附近的永靖、田尾、社头、员林等这一大片连接地区移垦、奋斗、生存，但这批人数达十万以上的客家人，已完全闽南化，被学界称为"河洛客"（"福佬客"），堪称全台最福佬化的客家人、族群融合的模范生。[①]它从另一面说明了台湾客家神明崇拜的族群融合程度之高。

这就很自然地牵涉到台湾的三山国王是否属于客家人专有的保护神问题。谢重光先生曾说，三山国王是广东潮州境内巾山、明山、独山之神，是包括客家、福佬和畲族在内粤东各族群共同的民间信仰。[②]台湾学者邱彦贵先生亦说："十八九世纪时，三山国王是主要分布于潮州府全境及惠州府、嘉应州部分地区的地域性信仰，信徒包括福佬和客家两种，似乎并无方言群/族群的区隔。"[③]此外，除了潮州、揭西、梅县泮坑山等地和闽西南少数客家村落居民视三山国王为守护神之外，其他大多数的客家地区都不见此神。

那么，三山国王何以到了台湾之后，在许多地方被认为是客家人的守护神呢？其实，这里存在着一个误解。在台湾早期的移民社会中，台湾的福建移民以闽南人（福佬人）为主体，同时还包括了部分客家人，如汀州八县的客家人和漳州南靖、平和、诏安的客家人；台

① 参见曾庆国：《埔心乡忠义庙》，载《彰化县口述历史一》，彰化县文化中心，1995，第77—88页。
② 参见谢重光：《三山国王信仰考略》，《世界宗教研究》1996年第2期。
③ 邱彦贵：《粤东三山国王信仰的分布与信仰的族群——从三山国王是台湾客属的特有信仰论起》，《东方宗教研究》1993年第3期。

湾的粤籍移民以客家人为主体，但同时也包括了部分福佬人，如潮州、汕头的福佬人。在现实生活中，移民的群体归属，往往结合方言、地域、族籍等多方面的因素，不仅仅以省籍为限。林树梅《与曹怀朴明府论凤山县事宜书》载："……其东南下淡水溪北，自刺仔寮至哗吱尾、附山一带，悉粤籍民，居八十余庄；离埠城远者六十里，近者二十里余，皆闽籍漳、泉之民。而闽之汀州与粤连界，亦附粤庄。"[①] 闽浙总督觉罗满保亦言："潮属之镇平、平远、程乡三县，则又有汀州人自为守望，不与漳泉之人同伙相杂。……（义民李三直等）纠集十三大庄、六十四小庄，合镇平、程乡、平远、永定、武平、大埔、上杭各县之人，共一万二千余名于万丹社，拜叩天地竖旗……"与此相映成趣的是，"潮属之潮阳、海阳、揭阳、饶平数县，与漳泉之人语言声气相通"[②]，以致"漳人党漳，泉人党泉，粤人党粤，潮虽粤而亦党漳[③]。粤籍移民中的潮州福佬人在台湾也往往依据族群认同归附"闽人"。

但是，在一般观念里，特别是文献记载中，广东移民的聚居地一概被称为"粤庄"或"客庄"。清人林树梅《与曹怀朴明府论凤山县事宜书》有"粤庄"之名，陈梦林《诸罗县志》则载："俗称粤人所居曰客庄。"又载："佃田者……潮人尤多，厥名曰客；多者千人，少亦数百，号曰客庄。""自下加冬至斗六门，客庄、漳泉人相半……斗

---

① [清] 林树梅:《啸云文钞》卷二,《啸云诗文抄》,陈国强校注,厦门大学出版社,2013,第19页。

② [清] 余文仪等主修,[清] 王瑛曾总纂:《重修凤山县志》卷一二上《艺文志·题义民效力议叙疏》,台湾成文出版社,1983,第339—340页。

③ [清] 姚莹:《答李信斋论台湾治事书》,《东溟文集》卷四,《续修四库全书》第1512种,上海古籍出版社,2001,第407页。

六以北客庄愈多……"① 如此，包括潮州、汕头的福佬人在内的所有广东的移民都被称为"粤人"，进而被称为"客家人"。反映在神明崇拜方面，大陆潮汕福佬、客家共有的三山国王信仰，传播到台湾后继续保持着原先的福佬、客家共有的信仰特色，三山国王并未完全变成客家人特有的保护神。由于上述观念，特别是文献记载将所有粤人界定为客家人，粤人特有的保护神终被误认为是客家人特有的保护神。

事实上，由于三山国王在大陆原乡就是潮汕福佬人的信仰之一，"潮虽粤而亦党漳"的族群认同，使得漳泉福佬人也容易信仰三山国王，如此三山国王信仰就成为福佬与客家交流融合的重要纽带和族群文化的过渡地带。因此，全台湾除了前述兼具会馆功能的三山国王庙外，其他近一百四十座三山国王庙中，有三分之二左右的比例都不是落户在现今的客家村落，而是分布在福佬人的居住地或客家人原本就分布较少的地方，如嘉义、宜兰等地。三山国王庙分布数量最多地区的首推宜兰县，共有二十六座，但宜兰县的客家人却仅占少数。据陈淑均《噶玛兰厅志》载："……编查兰属三籍户口，有漳人四万五千余丁，泉人二百五十余丁，粤人一百四十余丁。"② 此外，三山国王庙分布最多的地带，也正是"福佬客"地区或福客交界地区，如彰化、云林、嘉义等县境内的近四十座三山国王庙，都分布在福佬客区；六堆地区佳冬乡有四座三山国王庙，但这里却是福客冲突与纷争明显的地区之一。反观在许多客家聚居地，如桃、竹、苗及屏东六堆地区，竟找不到一座三山国王庙。由此不难发现，三山国王虽然是台湾客家信仰中分布最为普遍的神祇，但并不是所有客家人的守护神或客家人专有的守护神。

---

① ［清］周钟瑄主修，［清］陈梦林总纂：《诸罗县志》卷八《风俗志·汉俗》，台湾成文出版社，1983，第429—430页。

② ［清］陈淑均总纂，［清］李祺生续辑：《噶玛兰厅志》卷二下《赋役》，台湾成文出版社，1983，第279页。

凡此种种，说明作为一个弱势族群，台湾客家人在漫长的历史岁月中，一方面顽强地保留了自己的文化传统与信仰特色，另一方面也融合了其他族群的文化成分，对自身文化做了某些适应性的调整。这种既传承又变迁、既保留又吸收的双重轨迹，是台湾客家神明崇拜的显著特征，同时也是台湾客家人在新的社会环境中相互交融和理性选择的结果。

第二节 闽粤台客家惭愧祖师信仰的互动发展与文化认同

惭愧祖师信仰是闽粤台客家民间信仰研究中相对薄弱的领域，以往的研究多偏重惭愧祖师信仰的由来、造型与社会功能等，而对其在两岸交流中的变迁、互动发展以及相关的文化认同问题探讨不多。本节在田野调查的基础上，结合相关历史文献，就闽粤客家地区惭愧祖师信仰的来历、在台湾的传播与变迁以及两岸互动与文化认同等问题进行新的探索。

一、闽粤客家地区惭愧祖师的身世辨析

惭愧祖师又叫荫林祖师，关于其身世来历，目前占主流的说法是：福建省沙县人，在粤东游历，阴那山修道。康熙《程乡县志》载："唐惭愧祖师，名了拳。福建沙县人。自托胎以至坐化。"[①] 该志《艺文志》又载明末清初程乡县（今梅县）人李士淳的《惭愧祖师传》：

惭愧为阴那开山第一祖，俗姓潘，名了拳，别号惭愧，闽之连平

---

① [清] 刘广聪纂修：(康熙)《程乡县志》卷八《杂志·仙释》，程志远、王洁玉、林子雄等整理，广东省中山图书馆，1993，第246页。

县人。父名德彰，母丘氏……生之夕，有祥云盖其家，时唐宪宗元和十二年三月二十五日也。初生，左手拳曲父因名拳。越三日，一僧至家，父抱儿出示僧，僧问父："儿取名否？"父曰："已名拳矣。"僧以笔书"了"字于拳，指忽自伸，因名了拳。僧摩儿顶曰："是儿不凡，他日当成佛作祖。后十七年，当复相见，幸善视之。"幼即断荤，颖悟异人。及七八岁，常从众牧，辄居石上，闭目跌（趺）坐，寂如老僧。以杖画地，牛竟不出，众异之。年十二，连失父母，依叔德明，婶不能容。十七岁，至潮之大埔洋梓村，佣黄姓者牧牛。主母食以淡菜，师终不言。……其人有省，归召师与众同食。食菜皆淡，怒而骂其妇，妇终不改。师因辞去，往阴那坑乘石渡河，石开莲花，合存江浒，其形宛然。至刘家，其子与师同庚，因以母事之。一日，师欲浣衣，母言水远，师卓锡一井，中有石龟，至今存焉。虽极旱亢，其泉不涸。母晒谷，命师守之。适骤雨至，点水不濡，人以为神。师于地结茅为庵……师至阴那山，诣昔神僧作别，问僧所往，僧曰："子若渴时逢梅熟。"程乡原名梅州，阴那山隶梅州地界，而五指峰森列如拳，应生曲之光，故决计居之。手植三柏，以识其地，今各大数围许，苍翠参天，神所护之也。方师来时，刘母携茶追之，至飞帘壁，峻不能下，倾茶于坑，至今坑泉尚赤。常以抄化至蓬辣坑，洗鞋于池，池水忽清，游鱼鳞甲，濯濯可数，今因名为洗鞋泉。路经南福村，会人春社，道渴求茶。有戏之者曰："若斋人也，能去荤则得茶。"师遂以苇隔锅，烹茶饮之，故其乡今有隔鼎社。因建庵其地，名"灵山亭"，师像存焉。……住山三十载，日与乡人及其徒说法，众多不解……师一日告其众曰："从前佛祖，皆弘演法乘，自渡渡人，了此弘愿。予未能也，心甚愧之。吾今当寂，尔等可守吾清远见。七日后，藏骸于塔号惭愧，示现此地众僧。"因偈云："四十九年无系无牵，如今撒手归空去，万里云开月正圆。"语毕，端坐而逝。因众铸铁塔以藏其骸，复刻像于庵祀之，今灵光寺大殿佛像其遗也。师寂四十九年，其岁为唐懿宗咸通辛巳二年。又三年，师化身至江西抄化，与王府匠人立卷造寺。匠如期至，问守庵者，云："师已坐化三年矣。"匠谒师，见师遗像，宛如前僧，遂祷于师。因寝座下，是夜梦师语："已券在此，可起取之"。匠觉，见师衣襟微露一纸，取而视之，则前立合同也。众异其事，因共捐金建寺。寺成，额曰"圣寿庵"，县志改"灵光寺"。自是，师灵日著，四方祈禳者，叩之随应。或岁旱魃，邑令率众祷之，其应如响。……每遇诞辰，是日常有雷雨，俗传以为洗殿。善男女肩摩进香，岁不下数千人，寺不足容众，因于寺后山脊，复建一寺，今因名圣寿寺。……适侍御梅出巡于潮，至蓬辣滩，滩水汹涌，舟沉者半矣。师现身舟中，舟立卢，侍御神之。访于人，知为师灵，因命官督造焉。嘉靖元年，督学魏命学博张尽毁岭南诸寺，张登山至伽蓝庵，有大蛇长丈许盘旋于道，张心异之，祝蛇："吾今往彼礼佛，誓不毁寺。"蛇遂蜿蜒而去。张至寺，遽忘前语，取诸佛像，用刑讯治。忽狂风拔木，檐瓦飘击张所，须臾，水深数尺。张心动，礼忏而去，寺得不毁。又嘉靖四十一年，时三饶寇发，上命兵部侍郎张皋等督兵征之。道经山下，居民入山避兵。蹑之至山，雾露四集，咫尺不辨旌旗，兵迷入路，众赖以活……①

由于此文记载惭愧祖师事迹较详，刊行时间较早，传播范围甚广，其后诸多记载多以之为本，今日所见关于惭愧祖师身世来历、名号的解释及其相关故事传说，大多渊源于此，并在此基础上不断增益附会。兹举二例，以见大概。

其一，清乾隆《嘉应州志》载：

---

① ［清］李士淳：《惭愧祖师传》，载［清］刘广聪纂修：（康熙）《程乡县志》卷七《艺文志》，第225—227页。

惭愧姓潘，名了拳。福建沙县人。生于唐宪宗时，初生，左手拳曲，有僧至，抚之，书"了"字于拳，指忽伸，因名。八岁牧牛，枯坐石上如老僧，以杖画地，牛不逸去。稍长，往阴那山，乘石渡河，石开莲花，遂结茅山中，闭关习静，自号"惭愧"。或饷以枯鱼，投涧中复活。住山三十年，一日谓众曰："吾今当寂，尔等可守吾清规。"端坐而逝。今藏骸塔存圣寿寺。[①]

其二，乾隆《潮州府志》对惭愧祖师亦有介绍：

阴那山距县西九十里……山下即阴那坑，有祖师寺，即了拳僧道场处也。……了拳，阴那开山祖，俗姓潘，别号惭愧，闽之沙县人，元和十二年丁酉（817）三月二十五日生。初生，左曲拳，因名"拳"。弥月，一游僧至，父抱儿示之，僧书"了"字于拳，指立伸，更名曰"了拳"。……住阴那三十余年，一日语其徒曰："从前佛祖皆宏演法乘，自度与度人，我未能也，心甚愧之，圆寂后，藏我骸于塔，当颜其额曰惭愧。"因偈云："四十九年，无系无牵，如今撒手归空去，万里云开月在天。"语毕，端坐而逝，时懿宗咸通二年辛巳（861）九月二十五日也。[②]

从田野调查看，相关民间传说多与此大同小异，但细节更为具体。据福建省沙县报告人说，荫林祖师是唐代高僧潘了拳，现今福建省沙县夏茂镇洋元村人，生于农历三月二十五日，从小父母双亡，为婶母不容，十二岁时在当地崇圣庵出家，法号了拳，后又到沙县淘金

---

① [清] 王之正纂修:（乾隆）《嘉应州志》卷八《杂纪部·方外》，程志远、王洁玉、林子雄等整理，广东省中山图书馆古籍部，1991，第397页。

② [清] 周硕勋纂:《潮州府志》卷三〇《人物下·释》，乾隆二十八年珠兰书屋刻本。

山佛光洞修炼悟道，十七岁时离闽赴粤弘扬佛法，是广东阴那山万福寺、灵光寺的开山祖师，于唐咸通六年（865）农历九月二十五日圆寂，神迹众多，声名远播闽粤台地区。①

沙县报告人还说，潘了拳在阴那山中住了三十年，每当他讲经说法，信众都听不明白，他曾叹道："行脚腰包廿载游，一天花坠雨成秋。指禅未觉羞拳了，顽石因何不点头。"他想到从前佛祖弘扬佛法，都能自度度人，自己却无法度人，心中实在惭愧。一天，他召集徒众说："我今天将要圆寂归西，你们要恪守清规戒律，七天后，将我的骸骨葬于塔中，号为惭愧。"说完端坐而逝，后人遂称其为"惭愧祖师"。有人曾在灵光寺题有一副楹联："生闽地化粤地金身从万劫中离色色空入慧慧定惭愧实不惭愧；溯唐朝迄明朝佛法经千载后禳灾灾息祈福福临祖师真是祖师"，总结了惭愧祖师一生功绩。②

据广东省大埔县报告人萧学法说，惭愧祖师俗姓潘，名了拳，福建沙县人。初生时，左手拳曲，故名为"拳"。相传弥月时，一游僧至其家化缘，父抱出让僧看，僧在其拳上写一"了"字，其拳指立即伸开，故又名"了拳"。了拳12岁时，父母先后去世，靠叔母抚养。17岁离家，流落到今广东省大埔县西河镇上黄砂村，被寡妇游氏收养为子。了拳行动与众迥异，每天与数牧童放牛于赤蕨岭山麓，登岭巅默然遥望，若有所得，常闭目趺坐于岭左溪泽大石上。因他喜爱赤蕨岭山水清幽，后人遂在此建成灵觉寺。养母去世后，了拳便往茶阳，抵今青溪镇上坪沙楠树坑，依一袁姓人家暂住。后离开袁家南行，见远方阴那山五峰蝉联、耸峙入云，即心驰神往，抵阴那坑，择一高处结庵住下。后又见五指峰并列如拳，悟为自己出生时拳曲之

---

① 报告人潘水生，男，67岁，沙县夏茂镇粉干曲村人，退休前为夏茂镇干部。
② 参见胡赛标：《永定乐真寺：闽台佛教文化交融的历史见证》，《福建史志》2012年第3期。

兆，遂决心建一寮为道场。潘了拳居大埔、阴那山三十多年，经常聚众说法，但众人多不能领悟。一日，他忽对众徒说："昔佛祖广释佛法，自度而且度人，我却不能做到，心中极感惭愧，圆寂后你们可将我的骨骸藏于塔内，塔匾当题'惭愧'。"随即念偈道："四十九年，无系无牵，如今撒手归空去，万里云开月在天"，端坐而逝。潘了拳去世后，被徒众尊奉为阴那山灵光寺开山祖师。①

惭愧祖师的身世和名号由来，文献记载有所不同。康熙《永定县志》载："了拳，唐时金丰东洋人。初生左手拳曲，有僧抚之，书'了'字于掌中，指忽伸，因名'了拳'。……年十二，往广东阴那坑……称为惭愧祖师。""阳岩。……潘祖师成道处。""莲花嶂。在金丰里东洋村。唐惭愧祖师诞生处。""掷鱼潭。惭愧祖师幼牧牛，其嫂饷以焦鱼，师不食，放之潭中，鱼遂活。至今产鱼，一体而半焦半润。"②乾隆《汀州府志》载："了拳，永定人。初生，左手拳曲，有僧抚之，书'了'字于掌中，指遂伸，因名'了拳'。八岁牧牛牯，坐石上，如老僧，以杖画地，牛不逸去。年十二，往广东阴哪坑，乘石渡，河开莲花，遂往阴那山，称为'惭愧祖师'。"③民国《永定县志》则载："潘了拳者，唐时人也（按唐作明），生于永定天德乡山羊寨，幼随母居于天德水口外大埔车上村，稍长结茅庵于所居之山顶赤蕨岭，晚更结庵于嘉应州之阴那山，清修得道，自号惭愧。手植柏树二株，至今犹存。

---

① 参见萧学法:《粤东大埔县民间部分神明崇拜述略》，载房学嘉主编:《梅州地区的庙会与宗族》，国际客家学会、海外华人研究社、法国远东学院，1996，第151—152页。

② [清]赵良生、李基益修纂:《(康熙)永定县志》卷八《人文志》、卷二《封域志》、卷二《封域志》，福建省地方志编纂委员会整理，厦门大学出版社，2012，第168、25、27页。

③ [清]曾曰瑛修，[清]李绂纂:《汀州府志》卷三六《方外》，王光明、陈立点校，方志出版社，2004，第682页。

今三处寺所奉为惭愧祖师者是也。凡祈晴祷雨禳灾求福亦见应验（此事见旧省志，县志驳去，具见有识。按永定、大埔、嘉应皆明时所置，此僧必明时人也。今姑存之，以待博考之士）。"①而乾隆《汀州府志》记载永定县的阳岩、阴岩时云："俱在丰田里，潘道人修真处。"②在广东省梅州市大埔县的田野调查报告中，也有惭愧祖师为永定县人一说。③

这些关于惭愧祖师潘了拳的口头传说与文献记载，一方面反映了清初以来惭愧祖师信仰在永定县的传播情况，另一方面则提出了关于惭愧祖师潘了拳出生地与生活年代的不同说法。

而关于惭愧祖师的名号，前人和今人也曾对流行的说法提出过质疑。明末大埔县人饶燈所撰《重建赤蕨岭灵觉寺记》云，"惭愧"之号典出佛经《大般涅槃经·圣行品》："有七圣财，所谓信、戒、多闻、惭、愧、智慧、舍离，故名圣人。"④又见《大宝积经》云："所谓圣财，云何圣财？谓信、戒、闻、惭、愧、舍、慧，如是等法，是谓圣财"；"净信尸罗与惭愧，正闻舍施般罗若。为彼分别广敷显，无尽七财之法藏"。⑤正如佛教史家所说："惭者，惭天。愧者，愧人。谓既能惭愧，则不造诸恶业，以为成佛之资。"⑥"了拳"之名亦源自佛经。《大智度论》曰："我坐道场时……空拳诳小儿，以度于一切。"⑦《大宝积经》云："如以空拳诱小儿，是言有物令欢喜。开手拳空无所见，

---

① 张超男总纂：《永定县志》卷三四《方外传》，第 1230 页。

② [清] 曾曰瑛修，[清] 李绂纂：《汀州府志》卷三《山川》，第 62 页。

③ 参见萧学法：《粤东大埔县民间部分神明崇拜述略》，载房学嘉主编：《梅州地区的庙会与宗族》，第 151 页。

④ 参见谢重光：《惭愧祖师身世、法号、塔号、信仰性质诸问题及其在台湾传播的特点试析》，《世界宗教研究》2012 年第 4 期。

⑤ [唐] 菩提流志译：《大宝积经》，《大正藏》第 11 册，第 248—249 页。

⑥ 丁福保编：《佛学大辞典》"七法财"条，文物出版社，2002，第 58 页。

⑦ 龙树菩萨著，鸠摩罗什译：《大智度论》卷二〇，《大正藏》第 25 册，第 211 页。

小儿于此复号啼……"① 据此，学界已有比较一致的认识，即"了拳"取义于佛经，意为明了"空拳止啼"之教。"惭愧"与"了拳"之义均见于《大宝积经》。②

惭愧祖师的故事与传说，多为生前灵异和死后显化之类，如枯鱼复生、石开莲花、乘石渡河、卓锡井泉，以及江西立券塑像、蓬辣滩救难、消除疾疫、避寇捍患、祈雨救旱等，而其名号则有一定的佛典依据。明清以还，惭愧祖师信仰的形成与发展，主要依赖官绅、信众对惭愧祖师灵验传说的口耳相传和诗文吟诵。惭愧祖师信仰中佛教的成分少，民间信仰的成分大，它是一种披着佛教外衣的民间信仰。③

二、闽粤客家地区惭愧祖师寺庙的典型形态

闽粤客家地区主祀惭愧祖师的寺庙亦有不少。就目前所知，比较著名的有福建省沙县的报恩寺，永定县的乐真寺、双水庙、圣福堂，南靖县的罗山寺，以及广东省梅州市境内的灵光寺、灵觉寺、翠竹庵、清泉庵、宁迹宫、高滩寺、龙安寺、洪宝寺、万福寺、清泉寺、东龙寺、清水寺、灵岩寺、宝月寺、万福寺等。就寺庙的地位、性质而言，大致可分为三种类型。

第一种类型是惭愧祖师信仰缘起的祖庙，以福建省沙县报恩寺和广东省梅州阴那山灵光寺为代表。报恩寺位于福建省沙县夏茂镇

① ［唐］菩提流志译：《大宝积经》，《大正藏》第 11 册，第 519 页。
② 谢重光：《惭愧祖师身世、法号、塔号、信仰性质诸问题及其在台湾传播的特点试析》，《世界宗教研究》2012 年第 4 期。
③ 参见张志相：《惭愧祖师生卒年、名号与本籍考论》，《逢甲人文社会学报》第 16 期，2008 年 6 月；《闽粤志书所见惭愧祖师寺庙与信仰探考》，《逢甲人文社会学报》第 18 期，2009 年 6 月。谢重光：《惭愧祖师身世、法号、塔号、信仰性质诸问题及其在台湾传播的特点试析》，《世界宗教研究》2012 年第 4 期。

洋元村粉干曲自然村。据当地报告人说，广东的圆彻法师根据相关记载，从1990年开始在沙县到处寻访惭愧祖师潘了拳的出生地。但由于他的口音极为难懂，说要找一千多年前广东阴那山的开山祖师潘姓高僧的出生地，当地人不知他说是找姓"彭"还是姓"范"的高僧，所以他一直未能如愿。直到1993年，圆彻法师再次到沙县时，用笔写下了"潘"字，当地人才帮他在夏茂镇洋元村粉干曲自然村找到潘姓聚居地。① 圆彻法师参谒了该村的"客厅坪""孩儿庙"和崇圣寺，认定惭愧祖师诞生地就是此地，故与广东梅州阴那山灵光寺潘了拳的第十八世传人、现住持释瑞基法师资助人民币100万元，在当地修筑硬化水泥公路1.2公里，修建寺院，塑造释迦牟尼佛等佛像和惭愧祖师像。②

圆彻法师参谒的崇圣寺据说始建于唐代，现在的建筑为1990年所翻修。我们在田野调查时发现旧梁上尚存有"清嘉庆十五年重建"字样，可见该寺已几经重建和翻修。据当地报告人说，崇圣寺观音像前有一位站着敲木鱼的小孩像，本地人叫"老佛"，就是小时候的惭愧祖师。而"孩儿庙"的建立，据说是由于潘了拳小时候被一位大师带走，下落不明，其父母便日夜跑到水口哭泣，后来村民为了纪念他，就在村口建了这座孩儿庙。每年的十月初十日，报恩寺都会举行念经活动，有来自四面八方的五六十人参加，同时还会举行惭愧祖师的换衣活动，换下的"旧衣服"往往成为企业老板的"传家宝"。③

但是，我们在沙县县城田野调查时听到了不同的说法。据一位长期追踪惭愧祖师信仰的退休公务员说，历代的沙县县志和相关文献从

① 报告人潘水生，男，67岁，沙县夏茂镇洋元村粉干曲自然村人。

② 中共沙县夏茂镇委员会、沙县夏茂镇人民政府编：《夏茂镇志》（内部资料），2009，第238页。

③ 报告人林秀春，女，45岁，沙县夏茂镇洋元村主任。

未有关于惭愧祖师的记载，直到广东高僧圆彻法师前来考察后，当地人才知道有惭愧祖师的存在。[①] 时至今日，沙县民众对惭愧祖师仍有一些模糊的认识。如有人在介绍沙县县情时还说：沙县历史悠久，唐代高僧惭愧法师发明的"潘了拳"，名扬天下。[②] 错把惭愧祖师的名号当成拳术的一种，从一个侧面说明惭愧祖师在沙县一地影响并不大。因此，从某种程度上说，惭愧祖师潘了拳在沙县的经历和传说，是往事已越千年后通过寻根反向传播而来的。

灵光寺相传始建于唐代，大殿正中供奉着惭愧祖师坐像。因惭愧祖师潘了拳在此驻锡，其被认为是开山祖庙。清康熙年间曾勘定寺庙界址 [③]，到清代中叶，灵光寺逐渐衰落，大量土地被流转到当地的巨姓大族。改革开放后，灵光寺得以修复扩建，前往捐献、朝拜的善男信女和海内外游客源源不断，年接待量达 20 万人次。据当地报告人说，在灵光寺所在地灵村，每到春节前后，家户都会前往朝拜，感谢过往的神恩，并祈求来年的保佑。尤其是除夕之夜，村民们早早地前往"守岁"，争先恐后地抢烧新年的头炷香。近几年，随着旅游开发，抢烧头炷香之风更是盛行。

除了抢烧新年头炷香外，惭愧祖师的神诞庙会也隆重热烈。三月二十四日晚上，灵光寺举行"换袍"仪式，由僧人恭请惭愧祖师神像下位，将其衣袍、鞋袜脱下，然后替其沐浴更衣。此时，各地善信及村中老人已等候良久，一俟大门打开便鱼贯而入，在神像面前顶礼膜拜，乞求"圣水"（洗神像的水）。次日，村中老人还将再次赶到庙里参加庆生法会。他们焚香点烛，虔诚膜拜，有的擦洗神坛，有的焚化

---

① 报告人 LZC，男，78 岁，沙县人大常委会退休干部。

② 参见林建棋：《宋代陶瓷俑：器微工艺精》，《时代三明》2014 年第 4 期。

③ 参见 [明] 李士淳编撰：《阴那山志》卷六，钟东点校，中华书局，2006，第130 页。

纸衣、纸钱，深信惭愧祖师对本地信众具有特别的护佑与偏爱。[①]

第二种类型是台湾惭愧祖师信仰的福建祖庙，以福建省永定县乐真寺和南靖县罗山寺为代表。乐真寺坐落在永定县下洋镇太平村乐真山上，是一座以惭愧祖师为主神的寺庙。康熙《永定县志》载："乐真山，在金丰里太平寨。初为道观，至崇祯年间，僧洞明改立禅宗。仍名。"[②] 相传，惭愧祖师潘了拳的徒孙起初在此建起了简朴的禅圣寺，香火虽然寥落，却也淡泊优游。明万历三十六年（1608），下洋镇太平村曾氏十世祖曾宏鼎，与堂叔名元和僧人福从、佩真等人，各出资财，在已毁坏的禅圣寺原址上兴建佛寺，并更名为"乐真寺"，寺里的两扇大门仍留刻"禅关圣域"四字，寺内安奉惭愧祖师雕像。因惭愧祖师灵验，周边信众十分敬仰。

时至今日，乐真寺不但香火极旺，而且有专门的理事会参与管理。我们在乐真寺田野调查时，曾在两个地方发现不同时期的理事会名单。其中一份是张贴于寺内的由顾问、主任、副主任、会计、财务、文书、联络及委员组成的"第四届乐真寺理事会理事名单"，另一份则是新建三层楼墙上"碑志"中的落款"本届理事会成员"详细名单。由此可见，乐真寺在日常生活中已有比较规范的管理。不仅如此，今日的乐真寺由于香客云集、游人纷至，还修筑了从太平村至溪山庵，宽 3.5 米、长 2.5 公里的水泥路，从土楼角至乐真亭，宽 1.5 米、全长 1.6 公里的水泥路，建成了面积近 350 平方米的两层三混结构房及配套设施。

罗山寺坐落于漳州南靖县南坑镇新罗村大坪顶"罗山"上，占地面积将近 3000 平方米，重建于 2006 年。寺内供奉着惭愧祖师公、广

---

① 参见黄平芳:《旅游语境下的客家民间信仰重构——以粤东灵村的惭愧祖师信仰为例》,《赣南师范大学学报》2016 年第 5 期。

② [清] 赵良生、李基益修纂:《（康熙）永定县志》卷二《封域志》, 第 25 页。

应圣王等。据当地报告人说，该寺惭愧祖师公香火源于阴那山灵光寺，他们一般每隔三五年去灵光寺进香一次。惭愧祖师公俗名"潘觉"，为阴那山惭愧祖师爷的养子。

关于罗山寺的香火来历，据当地报告人说，广东省大溪有李姓商人带着惭愧祖师金身法像出门经商，当他路过新罗村境内时，因突降暴雨，过河时不慎将惭愧祖师法像掉落水中。惭愧祖师法像随后漂流到新罗村的大磜自然村，被一村民捡起供奉在家中。后来，惭愧祖师像来到新罗上洋参加打醮，因佛缘玄机，不再回大磜。自此，惭愧祖师像在新罗上洋安座居下，后来又因缘际会迁至新罗大坪顶，受百姓朝拜。据说，这是当地惭愧祖师来自阴那山最早的香火。由于惭愧祖师灵验，有求必应，惭愧祖师在百姓中口耳相传，信众不断增多。之后惭愧祖师又分香到南靖全县各地，邻县平和、永定及其他地区，形成了惭愧祖师的角色分工：南靖罗山寺为惭愧祖师公（潘觉），广东阴那山灵光寺为惭愧祖师爷（潘了拳）。[1]

而关于惭愧祖师公潘觉亦有一段传说：

> 潘了拳十七岁离开家乡后，云游四方，认广东省大埔县黄河乡车上村游姓寡妇为义母。游氏去世后，潘了拳决定再次出游。但他一出家门就见到一个小孩因双手攥拳不张，坐在地上啼哭不止，便大发慈悲，连念"阿弥陀佛"，小孩双手竟慢慢舒展。潘了拳顿悟其"了拳"之意，便收为养子，取名"觉"，将这天（农历二月初六日）定为他的生日。当他们途经茶阳镇坪沙楠树村时，一姓袁人家安排他们在一个清闲之处修行。袁家主人见潘觉有佛性，便央求潘了拳让其收潘觉为义子。三年后，潘了拳前往阴那山结茅修行，便留潘觉于袁家。有一年，村里

---

[1]　报告人曾顺昌，男，48岁，南靖县南坑镇新罗村罗山寺管委会主任。

出现瘟疫，潘觉在灶旁研读医书，寻求救治之方。义母做饭时见没柴可烧，便要潘觉去捡柴。此时，他对瘟疫的钻研刚进入境界，不愿中途而废。义母只好自己去捡柴，随口留下一句"没柴烧时，你就把脚放进灶中当柴烧"。不料，他竟当真，把脚伸进灶里当柴火烧，把饭煮熟了。不久，潘觉离开袁家，开始打着"惭愧祖师"的旗号为民众祈福禳灾。当他途经广东大溪时，天上突下大雨，山洪暴发，民居房舍瞬间被毁坏无数。潘觉在洪水中救出多人后，因体力不支而被卷入洪水之中，随即天上祥云盖顶，洪水中一道金光升腾而上。当地百姓认为这是佛祖降世、祖师化身，便用檀木塑成"头戴王冠、身穿战袍、双手攥拳、光着双脚"的法像，尊为"惭愧祖师"，并置于村庙供奉祭拜。每逢农历二月初六、十一月初六，举行规模盛大的祭典活动。①

随着时间的推移，当地信众又在现今罗山寺之址建造起惭愧祖师公庙。罗山寺初建时间不详，但平整庙基时曾发现貌似禅台的"天然灵光宝石"台座，应验了此前"从平地上浮出一座寺庙"的传说。寺庙重修时，惭愧祖师公起乩以"轿角"命名为"罗山寺"。2014年，惭愧祖师公又上轿起乩，要求在罗山寺后山的蝴蝶峰尖顶塑一尊惭愧祖师公法像。据当地报告人说，罗山寺自落成以来，因惭愧祖师公"上轿写"特殊神迹，又因其灵验，声名四播，各方信众纷纷前往朝拜，香火十分兴旺。2008年农历十一月六日，罗山寺举行了首届惭愧祖师公民俗文化节，规模浩大，有成千上万的信众参与。②

第三种类型是多个村落共建的中心村庙，以永定县的双水庙、圣

---

① 报告人曾万全，男，81岁，曾为南靖县南坑镇新罗村罗山寺管理人员。
② 报告人曾顺昌，男，48岁，南靖县南坑镇新罗村罗山寺管委会主任。

福堂和广东省大埔县的龙安寺为代表。双水庙位于永定县湖坑镇实佳村两溪汇合处，始建于民国十年（1921），供奉惭愧祖师。据当地报告人说，之所以称作"惭愧祖师"，有多种说法。其中一种说法是，惭愧祖师49岁去世前，觉得生前没做什么好事，心里感到惭愧，所以经常对人说"惭愧！惭愧！"，后人便称其为"惭愧祖师"。还有一种说法是，惭愧祖师17岁时认游姓寡妇为义母，有一天义母想吃鲜鱼，他就用石头筑起一道堤坝，把溪里的水拦住，然后便下水抓鱼，鱼抓到后就顺手将堤坝撤了。不料，这时他的义母正在下游洗衣服，堤坝一撤，下游水势大增，她就被大水冲走了。惭愧祖师深感惭愧，后便被称为"惭愧祖师"。①

关于这座庙的来历，当地亦有多种说法。据当地报告人说，隔壁的平和县芦溪镇联峰村老百姓在此求神拜佛很是灵验。有一人外出做工路过这里，正好遇到狂风大雨，他就在此避雨，看到惭愧祖师显灵，于是就手拿香火，许愿说如果发财了，他一定报答神恩。后来，他果真发财了，便根据惭愧祖师的模样花钱雕了一尊菩萨，放在老楼（东月楼）。惭愧祖师有求必应，村里的老人家感到很灵验。民国十年（1921），一位地理先生路过此地，认为现在双水庙这个地方风水很好，适合建庙，村民们就在这里建起了庙。村里有个叫江衍荣的，家里很穷，他想过番，但走到村口时仍恋恋不舍，于是来到庙里烧香许愿，祈求惭愧祖师保佑他此去南洋发财、添丁。历尽千辛万苦到南洋后，他真的就发财了，并且生了三个儿子。所以，他回来后就积极建学校、建医院、修寺庙。

双水庙在"文化大革命"期间被毁坏成一片废墟。"文化大革命"后，有一天，村民江林恩梦见一位白须老大对他说："这里的庙要建回去，大家才会平平安安。"于是，他和村中好几位热心人士一起集

---

① 报告人江洪禧，男，56岁，永定县湖坑镇双溪村村民。

资，于 1982 年重修双水庙。由于白蚁蛀食，庙里有些设施被蛀坏，1990 年又重修了一次。现在，有专门人员负责双水庙的日常事务，每天会前往庙里扫地、添油等。

惭愧祖师的祭祀活动，实佳村每年至少举办两次。一次是在三月二十五日，惭愧祖师生日，另一次则是十月秋收后选一个日子，演剧、打醮等。据当地报告人说，活动的经费来源一般有两种：一是按人丁收费，每丁 10 元；二是自由捐款，1000、500、100 元不等。每次活动都会有盈余，但并不太多。此外，每隔三年还会举行一次为期三天的大规模"集福"。第一天要吃斋，此后两天则要供奉全牛、全羊、全猪。从 2019 年开始，会期改为五天。"集福"当年，一开春就开始筹备，根据跌珓选一个福首，三月二十五日还要组织队伍到广东梅州阴那山进香。进香的队伍浩浩荡荡，扎有狮、龙彩车，举行"装故事"等活动。每逢初一、十五，都有人来庙里烧香；谁家出门、结婚、嫁女、生孩子、开工等，也会来庙里烧香、供奉。外出前忘了烧香的人，即使已走到相邻的湖坑镇，也会回来烧了香再走。[①]

圣福堂位于永定县湖山乡桂坪村三岔路口。据当地报告人说，这里原来有一座老庙叫"上坪庵"，供奉惭愧祖师。庙修得富丽堂皇，其右侧还有两间平房。"破四旧"时，工作队把庙砸烂，夷为平地。我们现在见到的这座庙建于 2009 年，是村里的外出打工人员在老人家的倡议下，集资 20 多万元建起来的。庙殿正中供奉弥勒佛、惭愧祖师、吉祥哥等。惭愧祖师像有一大一小两尊，大的坐台，小的可以抬出去巡游。每年的四月初五至初八做醮，此外还有三年一次的"做大福"。[②]四月初五至初八各村会将惭愧祖师像抬出去巡游，分别在万安、坑头（元东）、上坪（石下、山下、圳背）等村巡游，一天巡

游一个自然村，最后一天回到庙里，举行仪式。每年的总理通过跌三次筊产生，他要出最多的钱。每个自然村落都有人担任理事，而几乎每家每户都会有人参与活动。据说，以前的惭愧祖师生性十分活泼，四月初八出巡时，人们扛着彩旗，敲锣打鼓，放鞭炮，惭愧祖师左右摇摆，不时翻身打圆圈。每到一座楼房前巡游时，主人都会放鞭炮迎接，然后烧香、供奉。有新生幼儿的，还会抱着孩子烧香，而后抬轿者会将惭愧祖师的轿子抬高一点，好让他们抱着孩子钻过去。据说如此可以让惭愧祖师保佑孩子不生病。当地报告人说，旧时湖山乡缺医少药，但由于供奉了惭愧祖师，本地的妇女无论在山上、路上还是家中生小孩，很少有难产的。此外，平时初一、十五和龙华日也会有不少人来这里烧香。[1]

龙安寺位于今广东省大埔县百侯镇武塘管理区的青子凹。据当地报告人说，相传唐代惭愧祖师潘了拳曾经过此地，后人因而在此建寺塑神像祀奉。民国十三年（1924）重修，曾有"香公"管理寺庙，1949年后曾停止相关活动。改革开放后，该村村民苏乾坤接手管理寺庙事务，苏乾坤病故后，大东镇富溪管理区石门岭人杨兆同接任。该寺建在深山坳里，占地虽仅60平方米，但香火很旺，来此烧香、许愿、还愿的海内外信众络绎不绝。村民每年把惭愧祖师神像抬到各村去许愿化斋三次，正月和二月的叫"许福"，七、八两月的称作"暖福"，而十一、十二月的则叫作"完福"，场面十分隆重热烈。去迎神酢福的有百侯、大东两个镇几十个村的村民。每年的老年底，信众要选好"福主"，先去龙安寺定好第二年迎神的日子（叫"标红"），需送红包（人民币10元不等）。

到正月、二月，七、八月和十一、十二月预定的日期，该村的"福主"便带领村民去龙安寺用神轿抬上惭愧祖师神像，前往各村。

一路上，举旗的，抬神的，放铳的，敲锣打鼓的，好不热闹，经过各乡各村时更是热闹非凡。惭愧祖师神像被迎至村中事先搭好的祭祀神坛帐篷后，会被安放在事先摆好的神位上，然后每家每户拿祭物前来祭拜，由礼生"喊礼"（主持祭拜仪式）。有些大村落当晚会请"中军"吹打，或者请戏班做戏、请放电影等。善男信女则拿斋果酒祀奉神像。二月的"许福"一般以斋果酒办祭祀，七、八两月的"暖福"和十一、十二月的"完福"则比较隆重，一般都有三牲祭拜。第二天，惭愧祖师神像则由另一轮值村接走，或敲锣打鼓送回寺庙。[①]

　　上述三种类型的惭愧祖师寺庙分别代表着闽粤地区惭愧祖师信仰的三种类型。第一种类型为惭愧祖师信仰缘起的祖庙；第二种类型为台湾惭愧祖师信众认同的大陆祖庙；第三种类型则是村落百姓所信仰的村庙，为单个或多个村落信众所共建。当然，这种分类也不是绝对的，如南靖县新罗寺的主神为惭愧祖师公（潘觉）是惭愧祖师信仰的一种变异形态。而无论沙县的报恩寺，永定的乐真寺、双水庙、圣福堂，还是南靖的新罗寺，抑或广东的灵光寺、龙安寺，都带有村落宗族的色彩。如乐真寺的理事为清一色的太平村曾氏族人，而灵光寺则被认为对地灵村具有特别的护佑："祖师菩萨是保佑我们村的！"[②]

三、惭愧祖师信仰在台湾的传播

　　惭愧祖师信仰在台湾的传播，主要集中在台中南投县。有学者初步估计，台湾供奉惭愧祖师的地方公庙、部分的民宅公神和私人

① 参见萧学法：《粤东大埔县民间部分神明崇拜述略》，载房学嘉主编：《梅州地区的庙会与宗族》，第 152—153 页。

② 参见黄平芳：《旅游语境下的客家民间信仰重构——以粤东灵村的惭愧祖师信仰为例》，《赣南师范大学学报》2016 年第 5 期。

神坛，约 85 处，其中南投县一地就有 67 处。[①] 在众多的寺庙神坛中，南投县中寮村长安寺、内辘庆福寺、鹿谷村灵凤庙最为引人注目。

相传，清雍正年间，永定县下洋镇曾姓十四世衍崇（愧三公）与众多乡亲一起从太平村乐真寺迎请惭愧祖师神像渡海入台，来到南投县竹山、鹿谷乡新寮一带垦拓。他们搭建起简单的茅寮，发展成大小不等的聚落，逐渐形成以"寮"命名的村落，如中寮、后寮、乡亲寮、十八股寮、分水寮、田寮等，中寮是这些村落的中心。其时，中寮村周边野兽出没，瘴气盛行，瘟疫时起，特别是"生蕃出草"，杀人越货，抢劫不断。这些闽西客家乡亲筚路蓝缕，共同开荒拓地，搭寮轮值，守护家园。而每当有不祥之兆时，惭愧祖师或起乩，或托梦神示，以保平安。《云林县采访册》载："在大坪顶漳雅庄，祀阴林山师祖……凡有凶番'出草'杀人，神示先兆……谓之禁山。……动作有违者，恒为凶番所杀。故居民崇重之，为建祀庙。"[②] 有鉴于此，当地信众遂诚心筹建庙宇，供奉惭愧祖师，名为"长安寺"。因屡显灵验，护佑百姓，长安寺香火逐渐鼎盛，成为中寮村的信仰中心。

长安寺墙壁上刻有《长安寺沿革》，详细介绍其历史沿革：

长安寺沿革

本寺奉祀荫林山惭愧祖师，迄今（岁次己卯）将近 200 年，据考于清嘉庆元年，由本村曾姓先祖宗传公自福建省永定县恭迓来台，落扎本县鹿谷乡新寮，护佑信徒拓荒斩棘，嗣因故随信徒返大陆。唯曾姓先祖二度渡海来台时，仍迎迓祖师金身全程护佑，旋即奉祀于本村祖师庙，时为坐北朝南土角造民式建

---

① 参见谢重光：《惭愧祖师身世、法号、塔号、信仰性质诸问题及其在台湾传播的特点试析》，《世界宗教研究》2012 年第 4 期。

② ［清］倪赞元辑纂：《云林县采访册》，第 151 页。

筑。于 1968 年，岁次戊申年，因小区重建，经由时任村长林玉忠暨黄火旺、汪谋利三位大德热心奔走，筹募资金，热心改建为坐东朝西砖造瓦房庙宇，并易名为长安庙。

嗣于 1982 年，众信徒大德善心发愿，筹组重建委员会策动重建，并于 1984 年（岁次甲子）2 月 13 日竣工，入火升座，再次易名为长安寺。

众信徒因庙宇重建完成，易名长安寺。为图长治久安，祖师庇佑神威显赫，福祉永垂乡梓，众信徒同沾神恩，特辟本段以志之。

祖师常住本寺护境佑民，诸善信大德追本溯源，慎终追远，乃于 1992 年诸善信大德委由黄万进大德二度率众大德作寻根之旅，赴福建省境遍访结缘，功德圆满，确认祖师仙乡为：福建省汀州府永定县金丰里太平寨（今之福建省永定县下洋镇太平村）乐真寺。并于 1994 年本寺主任委员黄万进大德且连续三年率同诸大德善信，护驾二祖师返回乐真寺故里。功德再造，威灵显赫，师恩回道，惭愧圆满。善哉！斯言。谨志。

岁次己卯年　月　日　吉立①

这段文字简要介绍了长安寺的建庙缘起，略述了长安寺信众二度寻根谒祖并最终确认祖庙的历程。值得注意的是，据当地报告人说，该寺的惭愧祖师公是三兄弟，其生日分别是：大祖师公农历正月十六日，二祖师公农历二月十八日，三祖师公农历十月二十八日。不但人数与原乡不同，生日也与原乡迥异。此外，移民、移神的时间亦有差异。

---

① 王志文：《客家惭愧祖师神像造型粤东闽西至台湾的转变》，第八届海峡两岸传统民居理论（青年）学术会议论文，江西赣州，2009，第 2022 页。

南投县内辘庆福寺据说亦源于福建。据南靖县《新罗曾氏家谱》载：较早之前，新罗村住有罗、曾、刘、邱诸姓，后来罗、邱两姓均迁往他乡。清嘉庆至咸丰年间，新罗村曾氏有一部分人移民入台。如世椿公，学濂公之六子，名六副，往台湾。又如，世榕公，学濂公之五子，名东海，往台；妣张氏，葬在葛山洋必。^①新罗曾氏还在南投县发展成大家族，并建立祠堂。台湾《曾氏族谱》载："台湾府台中州南投郡南投街内辘社曾德兴社四十九份祖宗联对，此内辘曾姓是福建漳州府南靖县豪冈社迁居。分过至清朝民国廿三年甲戌元月日，高港葛山社曾中央往内辘探亲人抄此联对以记之。"^②据当地老人报告说，当年中寮村周边目光所及之地，都为曾氏乡亲所有。这些曾氏乡亲带去惭愧祖师的香火，在南投县开基立业，并修建寺庙以供奉惭愧祖师。

相传，曾氏十八世曾泰山曾率乡亲回原乡参加湘军讨伐太平天国，其间还盛传惭愧祖师显灵帮助抵抗太平军的故事。台湾《曾氏族谱》载："盖闻先世之人口传，咸丰癸亥年红绣全造反……我姓国藩、国荃挂帅领兵平复南京，时有……世贤并妻……乃将家资充入贼首之军饷。……甲子春，贼到张教书洋搭营。我社恐惶贼到，列械往鸭母岭以贼交战。……斯时，我祖陈圣王、惭愧祖师显赫出居放兵焉。贼到此，缺见我社兵马满洋，尽是黄头兵。恐惧时，我社男女具惊逃

---

① 参见新罗曾氏族谱编委会编纂：《新罗曾氏族谱》，南靖闻守公房系之武城谱，2014，第152页。

② 不著撰人：《曾氏族谱》，载邓文金、郑镛主编：《台湾族谱汇编》第70册，上海古籍出版社，2016，第349页。此联对为：其一：禀宗圣之姿道承一贯通古今而合德；体生知之量孝思不匮并天地以同流。其二：杏坛上弟唯师呼独得尼山崇道统；舞雩间童歌冠咏依然沂水乐春风。其三：宗功祖德具见贻谋远大；圣子贤孙是为继述渊源。其四：德业在勤修子孙贤族乃大；兴隆存爱敬兄弟睦家之肥。其五：崇实不华愿尔后昆聿修厥德；源头有本念兹先祖广运而兴。其六：宗训孝经为上策；圣功大学得全篇。其中，一、二两对的横批为"道传忠恕"，三至五对的横批为"继往开来"，第六对则是宗圣祠的联文。

走……我社书洋人居之，我社勇健男人竭力到梨仔坑、长林坑，以贼交战。我祖师甚赫暗助，见其金身，汗流如雨。未几，贼逃走出船场，从桂竹畲落长林坑、崎坑仔去……"①曾泰山回台后受到清廷册封，人称"泰山大老"，为曾氏修筑大院"中寮大厝底"，一时人丁兴旺，家业发达。惭愧祖师也逐渐成为南投县各姓氏信众顶礼膜拜的神明。

据说，鹿谷村的灵凤庙也源于福建。相传，乾隆二十二年（1757），南靖人邱国顺分香在鹿谷新寮建起灵凤庙，供奉惭愧祖师。灵凤庙内悬挂的《恩主邱国顺功绩事录》云："渡台开垦恩主邱国顺于乾隆廿二年来台，并奉请惭愧祖师金像……在小半天开垦时，亦奉请惭愧祖师金像供奉。"但凤凰村的凤凰山寺另有说法："清康熙年间，庄姓先祖率其同伙数十人，由福建渡海来台……开荒垦拓，并安奉随队携带之惭愧祖师香火以为守护神……"②两种说法并不一致，如果后者的说法成立，则惭愧祖师信仰清初就传播入台了。

上述诸庙的建庙缘起大致可分为两种模式，一种是由原乡奉请惭愧祖师神像而建，另一种则是由原乡携带惭愧祖师香火而建。分灵、分香的方式虽有所不同，但都是由拓垦移民从大陆客家原乡传来，因而惭愧祖师信仰也就成为闽台客家移民同乡凝聚的纽带。"日暮乡关何处是"？凤凰山寺的说法是"由福建渡海来台"，灵凤庙则直言来自福建南靖。而中寮乡中寮村长安寺更明确："由本村曾姓先祖宗传公自福建省永定县恭迓来台。"因此，南投县的惭愧祖师庙，惭愧祖师信仰大都是早期渡台移民自原乡福建传来，且集中在闽西南部的永

---

① 不著撰人：《曾氏族谱》，载邓文金、郑镛主编：《台湾族谱汇编》第70册，第464页。

② 转引自林翠凤：《台湾惭愧祖师神格论》，海峡两岸宗教与区域文化暨梅山宗教文化研讨会论文，湖南长沙，2010。

定、南靖、平和等县。①

由上可见，台湾与大陆的惭愧祖师信仰有以下几个方面的不同。

一是来源传说的不同。闽粤客家地区的惭愧祖师的诞生地主要有沙县、永定两种说法，生日为三月二十六日。台湾惭愧祖师有诞生于福建省平和县、南靖县和永定县等说法，其中一种说法为："祖师公生于大陆福建省平和县阴林山，父姓潘名达，母葛氏，为人忠厚，被乡里所推崇；生三子，长达孔，次达德，三达明，均自幼习文练武，达明尤擅长医术，曾治愈皇太后有功。"② 三兄弟的圣诞日，一说为农历三月十六日，另一种说法为：大祖师公农历正月十六日，二祖师公农历二月十八日，三祖师公农历十月二十八日。这些说法与闽粤客家地区的记载与传说颇为不同。

二是形象之异。在外在形象上，闽粤客家的惭愧祖师为潘了拳一人，其造型为身披袈裟、手执拂尘的禅师形象；而台湾的惭愧祖师则为潘达孔、达德、达明"三兄弟"，被当地信众分别称为：大公、二公、三公，其造型为黑面无须，头戴王冠，身着文武装，跣足，右手持剑，左手掐道指，端坐于山头之上。在内在形象上，闽粤客家的惭愧祖师一心弘扬佛法；而台湾惭愧祖师三兄弟则是一生疏财仗义，淡泊名利，在阴林山得道。民众相信他们非同凡响，在其生前就尊称为"惭愧公"，去世后则为之立庙塑像奉祀。因三兄弟得道于阴林山，故又称"阴林山惭愧祖师"。另据报告人说，当初曾氏先祖携带祖师公

---

① 台湾惭愧祖师庙的移民原乡不在福建的，目前所见唯有恒春祖师公庙一处。《恒春县志》载："祖师公庙，在潭仔庄。……光绪元年，潮州客民建。"[清]陈文纬主修，[清] 屠继善总纂：《恒春县志》卷一一《祠庙》，《台湾文献丛刊》第75种，台湾大通书局，1984，第224页。

② 刘枝万：《南投县风俗志·宗教篇》，转引自王志文：《客家惭愧祖师神像造型粤东闽西至台湾的转变》，第八届海峡两岸传统民居理论（青年）学术会议论文，江西赣州，2009。

三兄弟神像入台，分散在南投县三个不同地方：大祖师公在庆福宫；二祖师公在长安宫；三祖师公则在龙凤宫。

三是神功与神性不同。闽粤客家惭愧祖师的神功与神性主要体现在枯鱼复生、石莲开花渡河、卓锡泉和江西立券塑像、蓬辣滩救难、避寇，以及祈晴祷雨、禳灾求福等。而台湾的惭愧祖师流传最多的神功和神性是在"生蕃出草"有不祥之兆时，起乩神示，托梦救人，以及悬壶济世、行医问药等。其中，行医问药是其神功、神性极为重要的一个方面。相传，潘氏三兄弟学医成道，常年奔走于偏僻山区，行医采药，济世救人，每当有患者痊愈后向其表达感谢时，他们总是谦虚地说："惭愧！惭愧！（见笑之意）"有一年，平和县瘟疫流行，潘氏采药配方，救活病患无数。民众感念其功德，联名赠送"华佗再世"的牌匾。三兄弟一再表示受之有愧，一直说："我们奉献甚少，获取太多，深感惭愧！"因而，大家都尊称其为"惭愧公"。

惭愧祖师的内在形象、传说、神功、神性和造型在台湾的变迁，主要源于自然环境和人文环境的变化。在自然环境方面，二百多年前的台湾南投中寮一带榛莽未辟，瘴疠肆虐，毒蛇、猛兽横行，缺医少药。特别是"生蕃出草"，杀人抢劫不断，缺乏基本的安全保障。所以，诸如"御番"、保生、驱蛇伏兽和降服一切妖魔鬼怪等，成为台湾客家移民日常生活中最迫切的需求，最需要神明的护佑。但从大陆客家原乡来台的惭愧祖师缺乏这些功能，于是人们便把原乡闽西南地区流行的三平祖师、保生大帝、三山国王等神明的功能不断地附加到惭愧祖师身上。[1]

而在人文环境方面，当时的南投地区既有闽南人，也有客家人，还有不少的少数民族，闽客之间具有相当的隔阂和差异。在这种情况

---

[1] 参见谢重光：《惭愧祖师身世、法号、塔号、信仰性质诸问题及其在台湾传播的特点试析》，《世界宗教研究》2012年第4期。

下，来自永定、平和、南靖这些族群交界地区操双语的"客家人"或曰"福佬客"，就成为当地社会族群交往的纽带。再加上台湾的惭愧祖师庙大多为永定、平和、南靖等县的移民所建，所以，台湾的惭愧祖师信仰很容易受到这三县的其他民间信仰——三平祖师、保生大帝等的影响，而衍生出种种特异情节，惭愧祖师的出生地也变成了平和，其形象与三平祖师异曲同工，而其求医问药的神功则与保生大帝如出一辙。

对神明的敬畏使民间信仰产生一定的保守性，这种保守性可以将旧时社会文化背景浓缩其中。因而，通过民间信仰，我们仿佛可以穿越时空，窥探惭愧祖师在台湾南投传播与发展的历程。从中我们不难发现，台湾南投山区的开发史流着客家移民的血汗，留下客家先民的身影；台湾惭愧祖师信仰与闽粤客家原乡的差异及其在台湾的变迁，伴随着族群融合与族群记忆消失的过程，惭愧祖师由原先的祖籍守护神逐渐演变成不分族群、不分区域、闽客族群共同的守护神。

颇为耐人寻味的是，大陆惭愧祖师为潘了拳一人，台湾却演变为潘达孔、潘达德、潘达明三兄弟。这种兄弟神明的现象让我们联想起闽西客家地区的定光古佛五兄弟及其长工、医生、武将、学者、道士身份的传说[1]，以及闽西武北高仙一郎、童念二郎、马仙三郎结拜兄弟、共同学法并在村落械斗中显灵的故事[2]。实际上，神的结拜反映

①　刘大可：《闽台客家定光古佛信仰的圣迹崇拜——基于武平县的田野调查研究》，《福州大学学报（哲学社会科学版）》2009 年第 5 期；劳格文（John Lagerwey）："Dingguang Gufo: Oral and Written Sources in the Study of a Saint"，未刊英文稿，第 29 页。

②　报告人童仁亨，男，91 岁，武平县桃溪镇鲁溪村村民；碐逑《高氏族谱》（光绪四年石印本）载大法师承山公传并诗。参见刘大可：《传统村落视野下小姓弱房的生存形态——闽西武北客家村落的田野调查研究》，《东南学术》2002 年第 2 期。

的是人的结盟。定光古佛五兄弟和三位法师所代表的都是小姓村落，神的结拜隐含了小姓之间的结盟和联合对付大姓人的意识。这种兄弟神明的传说与王明珂研究的弟兄祖先传说亦有异曲同工之妙。王明珂在川西北田野调查研究的"弟兄祖先故事"，其主要叙事符号"弟兄"，也对应社会人群间的合作、区分与竞争关系。①

由此不难发现，兄弟神明的故事是地域社会人际关系的另一种建构方式。如果说王明珂所讲的"弟兄祖先传说"建构的是地缘关系，笔者在闽西客家地区发现的"兄弟始祖传说"建构的是虚拟血缘关系②，那么，闽粤台客家地区的兄弟神明故事，建构的则是神缘网络、庙际关系。人们借助神明的虚拟血缘关系，构建了基于共同神缘的人际交往网络和有别于相对峙的他者的人群。

四、惭愧祖师信仰的闽粤台互动与文化认同

由上可知，台湾的惭愧祖师信仰系从闽粤客家分灵、分香而来，其故事传说的母题、信仰方式、组织形式直接脱胎于闽粤客家，但在形象、传说、神功、神性及造型和区分族群方面又做了某些适应移民新环境的新调整。这种既传承又变迁、既保留又有所变化的双重轨迹，是台湾客家民间信仰的典型特征。

闽粤台客家民间信仰的同一性可以成为两岸交流的新载体、文化认同的新符号，而其中的差异并不能构成台湾民间信仰的主体性和台湾文化的自主性，这从惭愧祖师信仰中得到鲜明的体现。

据台湾南投县中寮村报告人说，1991 年离开故寺 260 年的惭愧祖

---

① 参见王明珂：《英雄祖先与弟兄民族——根基历史的文本与情境》，中华书局，2009，第 22—23 页。

② 参见刘大可：《闽台客家姓氏的始祖崇拜与文化认同——田野调查与文献记载的比较》，《台湾研究》2021 年第 2 期。

师突然托梦显灵，要驾返故寺会香。长安寺管委会查阅极为有限的资料，虽发现了与祖寺有关的"禅圣"两字的记载，可是祖寺地址不明。黄万进主任、曾祈祥等委员，遵祖师之命回大陆寻找祖庙，先后走访了广东阴那山万福寺、灵光寺与广州六榕寺，均无功而返。[①]1993年，管委会通过仔细查阅《曾氏族谱》，并根据祖辈记忆，结合祖先牌位、墓碑上冠有"永定"两字和长安寺原先的碑刻亦有"永定"（现已毁）两字，便着手向闽西永定县方向寻找。他们先是在永定县湖坑镇曾屋寨寻找未果，后转为到下洋镇太平村寻找，终于发现乐真寺两扇大门刻有"禅关圣域"的字样，而太平村《曾氏族谱》亦有关于曾愧三迁移南投中寮村的记载[②]，最终认定乐真寺就是分香南投县中寮村长安寺的祖庙。虔诚的长安寺信众印证这一认定，还举行扶乩仪式，惭愧祖师神示文字曰："故寺位于金丰里太平寨往东行十里，寺坐东向西，寺大门收有'禅圣'二字便是。"于是，他们从1994年到1996年，连续三年农历三月十六日组团护驾祖师回祖庙乐真寺会香，并共同举行庆祝大典。显然，惭愧祖师与乐真寺就成为台湾南投客家人心目中祖籍原乡的一种象征。[③]

我们在永定县太平村乐真寺田野调查时发现了一张贴在寺庙墙上的《乐真寺传略》，其中亦简略描述了台湾惭愧祖师信众回祖地寻找祖庙的情况。

星移斗转，远别故里一百九十多年之祖师，溯木本水源，

---

①　报告人 HWJ，男，63 岁，台湾南投县中寮村人。

②　我们在永定县下洋镇太平村田野调查时，发现永定县下洋镇太平村《武城曾氏重修族谱》载："贞周房系六十七派口六子衍崇，字日崇，讳上贞，号愧三，生于康熙甲申年十月二十五日子时，往员没；七十派炳四子传孩……传熙往台没。"

③　胡赛标：《永定乐真寺：闽台佛教文化交融的历史见证》，《福建史志》2012 年第 3 期。

于一九九一年显圣，欲驾返故寺参拜师祖。斯时原址不明，长安寺管理委员会黄万进主任、曾祈祥委员等人，遵祖师之命回大陆寻根，历时三载，踏遍青山未果之后，祖师再显圣明谕：故寺位于金丰里太平寨，向东行十里，寺坐东向西，寺大门书有"禅圣"二字即是。一九九三年黄万进主任率团到乐真寺，经各方论证，回台后祖师显灵，确认乐真寺乃祖师故寺。遂于一九九四年至一九九六年，台湾南投县长安寺黄万进主任委员三度组团护圣驾回乐真寺朝拜，两岸共庆师祖诞辰，热闹空前。

从这则《乐真寺传略》看，现今乐真寺的惭愧祖师信仰明显受到在台湾产生变迁后的惭愧祖师信仰的影响，出现了一种在台湾为适应新环境而形成的新的信仰特色回传到祖籍原乡的现象。1994年，长安寺管委会信众护驾"二祖师公"回祖庙"探亲"，乐真寺因在"文化大革命"期间所有设施被毁坏，想留下"二祖师公"的神像供信众朝拜，被长安寺随行护驾的信众一口回绝，但许诺第二年赠送一尊新刻的祖师公神像回祖庙。次年，台湾信众果真赠送了一尊新雕的祖师公神像和一个天公炉给乐真寺。至此，台湾"戴王冠，着文武装，持剑跣足"的惭愧祖师公形象也传回到祖籍原乡，形成一种耐人寻味的文化反向传播现象。①

据永定县下洋镇太平村报告人说，台湾长安寺护驾惭愧祖师回故寺时，扶乩神示：将红布条幅书字"曾高峰进榜堂"悬挂于曾愧三祖居龙兴楼厅堂之上。1999年，由台胞三度返寺捐资修筑的太平村至乐真寺水泥路顺利竣工。2009年，太平村乐真寺理事会再次发起扩建水泥路基与兴建宿舍的倡议，得到善男信女的热烈响应，收到捐款

---

① 参见胡赛标：《永定乐真寺：闽台佛教文化交融的历史见证》，《福建史志》2012年第3期。

85万元，其中台胞捐款约20万元。^① 我们在乐真寺田野调查时，还见到贴在宿舍楼墙上记有修路建房缘起的"碑志"和《捐款名录》。与此同时，我们还见到了台湾信众赠送的"情怀师恩""千江水动道心""长安寺三度回乡"等牌匾，"永怀隆谊""长安成真"等锦旗。

2010年4月28日，长安寺进香团一行53人在管委会主任张锦川的率领下第15次到乐真寺，举行惭愧祖师诞辰庆典。虔诚的进香团在乐真山上安营扎寨一周，虔诚祭祀。^② 据张锦川主任说，台湾南投县13个乡共有40多个惭愧祖师庙。进香团团员虽然未必全会讲客家话，也不一定是曾氏人，但他们千里迢迢，不顾舟车劳顿，连续多年到乐真寺祭拜，足以说明惭愧祖师已经超越了时空，超越了族群，成为闽台民众共同的民间信仰，也成为闽台民众共同的中华传统文化记忆。

2010年，台湾南投县庆福寺曾俊雄也与南靖县罗山寺取得联系，并于2012年组团前来朝拜罗山寺惭愧祖师公。2012年11月，豪岗春美洋崇本堂宗亲组团赴台湾参与惭愧祖师秋祭大典。此次南靖豪岗春美洋崇本堂省亲团一行共50人，由曾氏宗亲会曾庆是会长带队。台湾南投宗亲特邀请曾庆是会长担任主祭官，曾清平等理事及大陆宗亲们担任陪祭。祭典之后，台湾南投宗亲与大陆豪岗春美洋崇本堂宗亲即展开曾氏宗亲联谊，参访庆福寺。台湾南投宗亲特别请出260多年前与先祖一起渡海来台的三祖师公金尊，南靖宗亲们争先参拜。南靖新罗惭愧祖师庙曾福生主委还详细确认辇轿、七星剑、黑令旗、宫印、签诗等法器与大陆新罗祖师庙的相同之处。大陆南靖宗亲此次赴台省亲，同时亦为台湾南投内辘庆福寺三祖师公寻得大陆根源。^③

---

① 报告人ZQH，男，87岁，永定县下洋镇太平村村民。
② 报告人ZQH，男，87岁，永定县下洋镇太平村村民。
③ 报告人曾顺昌，男，48岁，南靖县南坑镇新罗村罗山寺管委会主任。

实际上，这样的宗亲互访早已有之。台湾《曾氏族谱》载：

> ……我房炳辉、天生四人仝往台湾探亲，人从厦门种珠摄影，至廿五日十二点钟落火船，连夜行船，至廿六日十二点到打狗高雄州起水，上山搭火车二百余里，至夜八点钟时到浊水二水旅馆宿夜，廿七日再搭火车到新街，至南投街内辘兰竹园德兴社渡台始祖四十九份祖派下。我南靖豪岗前十一二三四世渡台乃是兄弟传下，有百余户之左，在向平亦分新罗房二十余灶，四房三三十余灶，潮仔平七十余家，大鱼潭平百余灶，共三百余灶。祖厝出喜帖，出大银陆拾元付我四人回家长山路费。至二月初一日，由内辘十点钟起行，五卜（点）钟至草鞋墩上火车，到台中州由台北、台南到基隆市旅馆连宿三夜日，至初四日由基隆十点钟上火船，连夜行船至初五日八点钟回到厦门。至初六日搭自助车回家豪冈。四人来往船费车费船单共开去大银壹佰捌拾元，除去亲人贴来费陆拾元后，不孕大银壹佰贰拾元，四人均开每人大银叁拾元。[①]

由此可见，基于地缘、血缘、神缘关系的"两岸一家亲"理念早已植根于两岸同胞的心灵深处。

这种闽粤台客家民间信仰互动发展与文化认同的现象并非个案。如台湾定光古佛信众为寻找祖庙亦历经波折，曾先后在杭州、福州、长汀等地寻觅，最后确定为闽西武平县岩前镇的均庆寺。1991 年，台北淡水镇鄞山寺为定光古佛"寻根问祖"，派出胡俊彦、徐守权两位代表，三次到武平县岩前镇均庆寺朝拜，并在厦门雕塑定光古佛

---

① 不著撰人：《曾氏族谱》，载邓文金、郑镛主编：《台湾族谱汇编》第 70 册，第 367—368 页。

神像，将其运至均庆寺，立于狮口，同时还立下规矩，要求信众每隔三年在狮岩定光古佛像前包香灰回台湾。2000年，台南大竹镇派代表到岩前均庆寺举行分香仪式，将香火移植到大竹镇。2007年，台湾"海峡两岸合作发展基金会"董事长张世良一行20人，到均庆寺参加定光古佛庙会，朝拜定光古佛。他们抚摸着先人安放的定光古佛像，虔诚地把香灰装入瓶罐带回台湾，以示自己供奉的定光古佛得到祖庙的承认。①2010年，台湾"海峡两岸合作发展基金会"理事长张世良一行23人，又到永定县金砂镇金谷寺进香，朝拜定光古佛，就金谷寺与彰化定光佛庙建立长期交流合作机制等方面签订了友好关系协议书。②

台湾台北三芝乡的民主公王信仰也是如此。清乾隆年间从永定县高头乡传播到台湾三芝乡的民主公王信仰，近年也迎来了回乡潮。我们在永定县高头乡调查时发现，2009年12月17日至12月22日，有郑天赐、江光发、江国清、江泰福等18人先后从台湾三芝乡回到高头乡朝拜民主公王。我们还在高头乡民主公王庙附近发现多处关于台胞捐款的记载，如《捐资建亭　功德千秋》中记有台湾三芝乡王耿丞等12人于2000年捐资计2100元人民币，台湾三芝乡江泰福等17人于2003年捐资计5583元人民币，台湾三芝乡公王宫理事会于2007年捐资10000元"台币"，沈钟棠、卢淑妙、江庆崇等15位台胞共捐资14000元"台币"。《修建高头圩背民主公王　各方善男信女喜出芳名》中记有"台湾宗亲台币一万""感谢台湾三芝乡水口民主公王委员会捐建"等字样，同时还记载由台湾宗亲江秋榕于1999年出任高头民主公王委员会主任。

---

① 参见刘大可：《闽台客家定光古佛信仰的圣迹崇拜——基于武平县的田野调查研究》，《福州大学学报（哲学社会科学版）》2009年第5期。

② 在永定县金砂镇金谷寺田野调查时，西田村张学初先生为我们提供了该协议。谨此致谢！

类似的情况，还见于台湾云林县新港乡"汀州妈"信仰。新港乡"汀州笨港天后宫"有一副对联，曰："笨水长流后德配天封宋代；港庄永在慈恩遍地继汀州"。此外，还有一副对联，其下联曰："上封圣母灵分孤岛溯汀州"。其所奉妈祖被称为"汀州妈"。据说清康熙年间，入台垦殖的汀州人聚居于笨港南街尾，有一杨姓人家将随之渡海入台的汀州妈祖神像敬奉于家中。因汀州妈祖十分灵验，笨港其他民众也来杨姓家中进香朝拜。随着进香民众日益增多，杨姓人家根据大家的倡议，将家中的汀州妈祖神像归公，供大家祭祀。清康熙五十二年（1713），聚居在笨港南街的汀州同乡共同捐资在街尾创建了笨港天后宫——"汀州妈庙"，将汀州妈祖唤为"汀州妈"。此后，"汀州妈"又分灵到新港乡南港村水仙宫、台中市龙天宫、彰化县南瑶宫等。水仙宫管委会于2000年前后牵头重建笨港天后宫，并于2002年农历九月五日举行了盛大的汀州妈回宫典礼。①

据闽西长汀县汀州天后宫报告人说，1996年某天，有一位龙天宫信徒忽然梦见长汀天后宫有"三件宝"，即清雍正年间的妈祖神像、道光年间的香炉和一枚铜印，因此就派出四位代表前来看个究竟。来到长汀后，他们发现此事果然不假，于是大为感叹，当场就认捐了人民币5万元（先交1万元），并提出要为龙天宫雕塑一尊妈祖分身，准备第二年迎回台湾。次年3月18日，龙天宫组成一个共有32人参加的进香团来到长汀，由上次来过的林苍发先生带队。进香团不仅补足了5万元捐款，而且还当场慷慨解囊，捐助了更多的款项。3月20日，进香团迎奉天后宫新塑的妈祖分身回台中。汀州天后宫为了纪念这一盛事，用台胞第一次捐助的5万元人民币建造了一座鼓楼，并刻石立碑。其文云：

---

① 参见熊梦麟：《汀州与台湾妈祖的历史渊源》，载汀州天后宫第八届文物古迹修复协会编：《汀州天后宫》，2017，第64页。

台湾省台中县龙井乡龙天宫管理委员会副主任委员林元水、台湾省台中县龙井乡龙天宫老四妈圣母会理事长林苍发、秘书长林坤昌、秘书童宝金四位先生捐建鼓楼壹座，人民币伍万元整。并题词："天后普照龙天宫，神威永镇天后宫。擂鼓三声通四海，鼓音威震五大洲。"勒碑纪念，千古流芳。

公元一九九七年七月一日　汀州天后宫立

此后，龙天宫妈祖信众还分别于 2001 年 3 月、2009 年 6 月两次陪同汀州妈祖分灵回长汀省亲。①

由此可见，改革开放后，闽粤台客家民间信仰交流频繁，庙际关系热络，台湾同胞纷纷赴大陆祖庙进香，这是两岸交流中十分重要的一种文化交流。这种在民间信仰层面认同大陆、认同中华文化的倾向，是一种尊重历史的行为，同时也是台湾客家人祖国认同上的一种政治倾向，应该倍加珍惜。我们要充分重视两岸间民间信仰的交流，将其作为连接两岸民众的桥梁，利用"神缘"嫁接"人缘"，以促进两岸同胞的心灵契合。

第三节　闽台客家定光古佛与惭愧祖师信仰的比较

定光古佛和惭愧祖师是闽台客家地区的两大民间信仰，在客家民众的日常生活中产生了重要的影响。这两种信仰的形象、故事传说、活动与传播范围、性质以及发挥的社会功能等方面，既有诸多的相似之处，又有一定的差异性，但迄今为止有关定光古佛信仰与惭愧祖师

---

① 参见杨彦杰:《长汀城关妈祖信仰的变迁》，载汀州天后宫文物古迹修复协会第三届理事会编:《汀州天后宫文萃》，2003，第 26 页。

信仰的比较研究还鲜见论述。本节试图就这两种信仰的异同及其宗教性质展开讨论。

一、定光古佛和惭愧祖师的相关文献记载及其生活年代

从目前所知的文献看，最早全面完整记载定光古佛的文献当属北宋惠洪撰《禅林僧宝传》[①]，而最早全面记载惭愧祖师的文献应属康熙《程乡县志》，该志《艺文志》载有明末清初程乡县人李士淳所写的《惭愧祖师传》[②]。这两篇文章比较详细地记载了定光古佛、惭愧祖师的生平事迹、传说故事、神性神能和传播范围。由于刊行时间较早，传播范围较广，其后诸多记载多以之为本，相关记述亦渐趋固定。因此，后世所见关于定光古佛、惭愧祖师的由来、名号的解释、信仰缘起和故事传说等，大多渊源于此。

值得注意的是，根据这两文记载，定光古佛郑自严大致生活在五代，而惭愧祖师潘了拳生活在唐代。定光古佛郑自严出现的时代比惭愧祖师潘了拳晚了不少，但记载定光古佛郑自严的文献比惭愧祖师早得多，且自北宋经南宋、元、明、清历代相沿，记载不辍。在宋代，除前述北宋《禅林僧宝传》有所记载外，南宋《临汀志》更有大量记载[③]。同时或稍后的《方舆胜览》《舆地纪胜》等地方文献亦有关于定光佛的记载。《方舆胜览》载："南安岩。……按定光佛，泉州

---

① 参见[宋]惠洪：《禅林僧宝传》卷八。按《禅林僧宝传》是惠洪在旧有灯录之外别撰记载禅门五宗著名禅师"前言往行"的新型禅宗史书，成于北宋宣和六年（1124），记载了活跃于晚唐至北宋末政和年间这200余年的81位著名禅师的传记，其中包括他们与士大夫密切交往的事迹。

② [清]李士淳：《惭愧祖师传》，载[清]刘广聪纂修：（康熙）《程乡县志》卷七《艺文志》，第225—227页。

③ [宋]胡太初修，[宋]赵与沐纂：《临汀志》，长汀县地方志编纂委员会整理，福建人民出版社，1990。

人，姓郑，名自严……”“狮子岩。在长汀东南五十里。定光佛初振锡于此。”①《舆地纪胜》载：“狮子岩……定光佛始初振锡于此。”“金乳泉，在州城乃定光佛卓锡处。”“东安岩。在武平县，定光佛尝栖于此。”“圣泉庵。……乃南安菩萨卓锡所出。”②

　　明代《八闽通志》载：“定光院。……为定光往来栖息之所。……并祀定光、伏虎二像于其中。”“均庆寺。定光道场也。”③ 及至《闽书》，关于定光古佛的记载更是连篇累牍：“狮子岩。双石为门，定光佛初振锡于此。……按定光佛姓郑，名自严……十七游豫章，除蛟患，徙梅州黄杨峡溪流于数里外。……有虎伤其牛，削木书偈，厥明虎毙。岩院输布于官，师内手札布中。郡守欧阳程追师问状，师不语，守怒，命焚其衲帽，火烬而帽如故。疑为左道，厌以狗血蒜辛，再命焚之，衲缕愈洁，乃谢之。归，泛舟往南康，江有槎椿害船，手抚去焉。盘古山井无水，薄暮举杖三敲，诘旦水涌。……遂良以闻，赐南安均庆院额。……时诸朝列贵人名公皆寄诗赠美。……黄山谷赞定光古佛：‘不显其光，右锥透穿。……绍定庚寅，以有灵显溃贼之应，赐额曰定光院。续又易‘普通’曰‘通圣’。”“金乳泉。在府东。定光佛所喝。皇朝守郡有道辟为池。”“东安岩。宋定光佛本师，常栖此岩。时何仙姑居武平县南岩辟谷，师谓宜建禅堂，以所卜杭六十地居之，大郎仙姑遂舍岩宅，施田与之，其后寿至百五十岁。杭人祀师是岩，而为仙姑建宫昭阳门……今云宋时人，不省所谓。”“黄公岭。……相传定公佛卓锡泉傍。”“南安岩。……形如狮子……定光

---

① ［宋］祝穆撰，［宋］祝洙增订：《方舆胜览》卷一三《汀州》，施和金点校，中华书局，2003，第229—230页。

② ［宋］王象之：《舆地纪胜》卷一三二《福建路·汀州》，中华书局，1992，第3791—3792页。

③ ［明］黄仲昭修纂：《八闽通志》卷三九《秩官》，福建省地方志编纂委员会旧志整理组、福建省图书馆特藏部整理，福建人民出版社，1990，第835、838页。

大师卓锡于此。……又有石鼓、石虎、石龙、石龟、石狮，俱以形似名。……定光偈曰：'一峰狮子吼，十二子相随。'……相传定光佛创院取水，为大绿。""蛟塘。在县南八十里。水深无际。昔有蛟为民毒，洎南安祖师建院岩下，其毒遂弭。""龙泉井。在县南禅果院殿后。相传定光佛所凿。""灞涌岩。……定光佛建岩，为今名。岩故无水，定光合竹引至，亦莫得其源也。"[①]

由此不难发现，对于定光古佛信仰的记载，从宋至明的地方文献前后相续，一脉相承，形成了完整的史料链条。

反观惭愧祖师，相关记载声称潘了拳诞生于唐代，出现时间较定光古佛郑自严为早。但潘了拳并未见载于自唐至明的文献中，最早的文献记载见于清代。惭愧祖师其人其事，我们曾查阅唐以后的正史正典和《元和郡县图志》《太平寰宇记》《舆地纪胜》《元丰九域志》《方舆胜览》《大明一统志》等官私文献，均未见记载，历史和时间似乎在这里出现了断裂。直到清代康熙《程乡县志》和《永定县志》问世，惭愧祖师才横空出世，其真正诞生年代似乎正如梁启超所言，"殆可以不必调查内容"便可判明。因此，民国《永定县志》载："潘了拳者，唐时人也（按唐作明）"，对惭愧祖师的生活年代提出了不同意见，并对记载惭愧祖师的相关地方文献表达了自己的看法："此事见旧省志，县志驳去，具见有识。按永定、大埔、嘉应皆明时所置，此僧必明时人也，今姑存之，以待博考之士"。[②]作者认为惭愧祖师潘了拳为明代人，其依据是永定、大埔、嘉应的行政建置皆为明代所设，既是明代之行政设置，所记载的人也当是明代之人。

---

① [明] 何乔远编撰：《闽书》卷二一、二二《方域志·汀州府》，福建人民出版社，1994，第493—494、496、507、512、513、514、519页。

② 张超男总纂：《永定县志》卷三四《方外传》，第1230页。

二、定光古佛与惭愧祖师信仰之同

作为共生共存于客家世界的两大民间信仰，定光古佛与惭愧祖师信仰具有诸多共同之处。

（一）故事传说相似

很多关于定光古佛与惭愧祖师的传说，不但故事母题相同，甚至连一些细节都没有差别。我们在闽西武平县永平乡梁山村田野调查时，曾听当地报告人讲述定光古佛的一则故事：

> 有一年老斗坑人为了欢庆收成，在水口五谷大神神位前煮食聚餐。定光古佛化缘路过这里，见锅里正在煮肉，便对村民说能不能连他的饭也一起煮，村民说："你的是素食，我们的是荤食，怎么可以一起煮呢？"定光古佛说："哪有什么关系？"只见他用一根芒管在锅中间一隔两半，犹如现在的鸳鸯锅。饭下到锅里以后，煮素食的半边很快就热水翻滚，不一会儿饭就煮熟了，而荤食这边还未开始煮。

建宁县亦有类似的传说：

> 相传古佛公原来是长工出身，吃长斋。东家老板常年在外经商。老板娘故意用猪油炒的菜给他吃，他自然知道，也不点破，只是用筷子一隔，将猪油隔在一边，自己吃没有猪油的另一边。[1]

---

[1]　参见江近时：《建宁县里心的宗族与庙会》，载杨彦杰主编：《闽西北的民俗宗教与社会》，国际客家学会、海外华人资料研究中心、法国远东学院、岭南大学族群与海外华人经济研究部，2000，第127页。

康熙《程乡县志》载：

> （惭愧祖师）路经南福村，会人春社，道渴求茶。有戏之者
> 曰："若斋人也，能去荤则得茶。"师遂以苇隔锅，烹茶饮之。故
> 其乡今有隔鼎社。①

比较这三则故事，不难发现，虽然故事的主人公、发生的地点不
同，甚至故事情节也多有不同，但故事的核心元素——村民做社时，
主人公在沸腾的锅中设法用物（苇、芒管、筷子）将荤素相隔——展
现出惊人的相似性。

类似的情况，也见于闽西长汀县定光古佛的传说：

> 定光的东家，男人很老实，也肯帮助人，但常年在外做生
> 意，家庭算是富裕。可东家婆是一个人面兽心的刻薄险恶之人。
> 定光在她家做长工吃的是冷饭馊菜，而且是冇油冇盐的菜，吃
> 了头发都变白了，东家婆还骂他"癞痢头"。
>
> …………
>
> 第二天吃饭时，刚好东家回来了，定光就把一盘没有油盐
> 的菜推到东家面前，东家吃了一口说："今天夫人怎么了，煮的
> 菜都没有油，没有盐的？"定光开口说："东家，你才吃一餐都
> 吃不了，我都已经吃了三年了！"东家这才相信地说："如果真
> 是这样，我家该沉了。"定光接口说："明天中午真的会沉掉的。"
> 东家说："天意如此，也没办法。"②

---

① [清] 李士淳：《惭愧祖师传》，载 [清] 刘广聪纂修：(康熙)《程乡县志》卷七
《艺文志》，第 226 页。

② 长汀县民间文学集成编委会编：《中国民间故事集成·福建卷·长汀县分卷》，
1991，第 124、126 页。

这一传说也见于劳格文的田野调查报告：

The most interesting variant was that concerning the three years of food cooked without salt and oil; in his version it was the wife who, by mistake, gave the tasteless food to her husband when he returned after long absence. Dingguang explains:

"She made a mistake, that's my food, not yours." The master surnamed Ye didn't believe that his wife could do such a thing, but Dingguang said, "Come have a look. I've eaten none of the food over the past three years; I dumped it in a pile over there." Later, when he obtained the Way, he brought his master Ye to his temple and had a seat prepared for him where he would receive some incense.[1]

康熙《程乡县志》又载：

（惭愧祖师）十七岁，至潮之大埔浒梓村，佣黄姓者牧牛。主母食以淡菜，师终不言。……其人有省，归召师与众同食。食菜皆淡，怒而骂其妇，妇终不改。[2]

在这里，故事的人物、地点亦不同，但故事的主要情节——女主人用没有盐、油的"淡菜"招待雇工——是相同的。

故事情节相同的还有定光古佛、惭愧祖师"用脚烧火"和鱼虾复活的传说。据南靖县报告人说：

---

[1] 劳格文（John Lagerwey）："Dingguang Gufo：Oral and Written Sources in the Study of a Saint"，未刊英文稿，第 30 页。

[2] [清]李士淳：《惭愧祖师传》，载 [清] 刘广聪纂修：（康熙）《程乡县志》卷七《艺文志》，第 225 页。

　　某年，村中出现瘟疫，潘觉（潘了拳养子）在灶旁研读医书，寻求治病救方。义母过来烧火做饭，见无柴可烧，便叫潘觉去捡拾柴火，此时潘觉钻研药方刚有头绪，不愿意去。义母只好自己去捡柴火，并说："你不去捡柴，没柴火时，就把自己脚当柴火煮饭。"不料，潘觉果真将自己的双脚伸进灶里当柴火烧，把饭煮熟了。义母捡柴回来时，发现潘觉的脚已烧掉不少。但这时他已找到解救瘟疫的药方，便不顾脚伤出门给人治病去了。但等潘觉回家后，义母发现他的双脚又完好如初，一个伤疤也没有。

类似的田野报告也见于闽西武平县，据当地报告人说：

　　相传定光古佛某日到老斗坑一带化缘，正好到了一位富翁家里，主人不理睬他。定光古佛已化缘到一些米想借锅煮饭，主人不愿意把锅借给他煮，就借口没柴火了。定光古佛说："我不要你的柴火，我用我的双脚当柴烧好不好？"主人以为他说说而已，没想到他真的就把双脚放到灶里烧了起来。很快饭就煮熟了，定光古佛吃完后就离开了。主人一看家中的木桌、木凳，统统被烧光了，而定光古佛的双脚好好的，一个伤疤也没有。主人便拿着打狗棍追赶上去，而定光古佛行走如飞，赶也赶不上。[①]

《连城县志》卷三十一《方外传·定光大师》附录《周运镛笔记》中记有一则定光古佛为感谢一饭之恩而使糟虾、谷种复活的传说：

――――――――――

① 参见刘大可：《中心与边缘：客家民众的生活世界》，社会科学文献出版社，2012，第336—337页。同样的故事情节也见于中国人民政治协商会议福建省武平县委员会文史资料编辑室编：《武平文史资料》第8辑，1987，第53—54页。

汀郡定光灵迹甚多。相传曾云游至赖源村，村民欲具斋，乏米与蔬，乃以谷种为饭，佐以糟虾供之。师饭讫，撒田中，曰："尔此后栽秧，一二茎足矣；尔田常产红虾，取之不尽。所以报一饭之德也。"是后赖源田插秧止一二茎，蕃盛胜他处；产虾子，通身红色，而且众多。①

无独有偶，建宁县亦有类似传说：

老板娘将煮熟的鱼给定光古佛吃，他将鱼拨到水里，那鱼竟又活过来了，俗称"蓑衣鱼子"（这种小鱼，身上有红斑色）。②

宁化县也有类似的传说：

定光老佛、二佛当长工时，东君婆得知他们吃素不吃荤，特意将煎熟的小鱼放在饭碗里，叫小长工送去田边给他们吃。他们闻到鱼腥味后，用筷子将碗里的饭拨开，发现有煎熟的小鱼，口称"阿弥陀佛"，然后用筷子将小鱼一尾一尾夹出放在掌上，随后顺手放入田间水中，并说："畜生，快投生路去吧！"说毕，那些被油煎得皮红焦黑的小鱼顷刻吸水复活，摇头摆尾地向田中深水处游去了。这种有鳞且红蓝白黑相间花纹的小鱼，当地人称为"筛公瘩"。③

---

① [清] 李龙官等修纂：民国《连城县志》卷三一《方外传·定光大师》，福建省地方志编纂委员会整理，厦门大学出版社，2008，第842页。

② 参见江近时：《建宁县里心的宗族与庙会》，载杨彦杰主编：《闽西北的民俗宗教与社会》，第127页。

③ 参见邓光昌、黄瑞仪、张国玉：《宁化县民间信仰老佛、二佛、吉祥大佛的调查》，载杨彦杰主编：《闽西北的民俗宗教与社会》，第220页。

《永定县志》则记有惭愧祖师将焦鱼成活的传说：

> 掷鱼潭。惭愧祖师幼牧牛，其嫂饷以焦鱼，师不食，放之潭中，鱼遂活。至今产鱼，一体而半焦半润。①

这几则传说从故事母题到故事情节都具有很大的相似性。这种现象，还见于两者显灵"避寇捍患"的相关记载。关于定光古佛，《临汀志》载："虔寇猖獗……师于县塔上放五色毫光，未现真相，贼遂溃……"②《闽书》载："绍定，群盗犯城，守城卒每夜见二僧巡城，曰：'勿睡，勿睡。'疑师与定光也。"③民国《武平县志》则载："近甲申来，屡罹兵火，赖天幸，不大致残毁。里党哄传，当大兵驻郡时，有见两巨僧同立城头者，又见两巨僧从空洒甘露灌城中者，人以为巨僧即定光与今所奉伏虎禅师也。"④

而关于惭愧祖师显灵避兵的传说，康熙《程乡县志》载：

> 又嘉靖四十一年，时三饶寇发，上命兵部侍郎张皋等督兵征之。道经山下，居民入山避兵。躐之至山，雾露四集，咫尺不辨旌旗，兵迷入路，众赖以活。⑤

台湾《曾氏族谱》则载有惭愧祖师显灵避贼的传说：

---

① [清]赵良生、李基益修纂：《（康熙）永定县志》卷二《封域志》，第27页。

② [宋]胡太初修，[宋]赵与沐纂：《临汀志》，第166页。

③ [明]何乔远编撰：《闽书》卷二〇《方域志·汀州府》，第499页。

④ 丘复主纂：《武平县志》卷二〇《古籍志》，第450页。

⑤ [清]李士淳：《惭愧祖师传》，载[清]刘广聪纂修：（康熙）《程乡县志》卷七《艺文志》，第227页。

　　盖闻先世之人口传，咸丰癸亥年红绣全造反……世贤并妻……乃将家资充入贼首之军饷。……甲子春，贼到张教书洋搭营。我社恐惶贼到，列械往鸭母岭以贼交战。未知，贼又到乌石山各处四方搭营。斯时，我祖陈圣王、惭愧祖师显赫出居放兵焉。贼到此，缺见我社兵马满洋，尽是黄头兵。恐惧时，我社男女具惊逃走。石烛崇山中有人逃走，下溪凤天磜头二位避乱。我社书洋人居之，我社勇健男人竭力到梨仔垵、长林垵，以贼交战。我祖师甚赫暗助，见其金身，汗流如雨。未几，贼逃走出船场……①

　　这几则故事传说，表现形式虽有所不同，但内容实质——神明显灵，或迷敌、或抵抗来犯之敌，使当地民众免受损害——是相同的。

　　不仅如此，定光古佛与惭愧祖师的故事传说中体现的社会交往也是趋同的。闽西客家地区的不少村落，定光古佛由古佛本尊演变为五兄弟化身。据武平县亭头村太平寺住持石保说：

　　定光古佛五兄弟是同一棵檀香树上五个檀香苞子变成的。从前有徐、郑、林、高、连姓五人行山，看到一棵檀香树上有五个苞子，就把这五个苞子雕成五尊古佛，当地人根据姓氏命名，分别称其为徐大伯、郑细哥、林三爷、高四子、连五满。相传，这五兄弟的性格脾气也大不一样，大古佛比较稳重；三古佛比较急躁，经常拳打脚踢，遇到紧急情况，如火灾、水险、械斗、木排打散等，必须求助他，才显灵较快。②

---

① 不著撰人：《曾氏族谱》，载邓文金、郑镛主编：《台湾族谱汇编》第 70 册，第464 页。
② 参见刘大可：《闽西武北的村落文化》，第 487 页。

定光古佛五兄弟的来源还有另外一种传说。据武平县大禾乡湘村村刘集禧讲：

> 定光古佛看到相邻几个村落为争夺定光古佛神像下山打醮，争得死去活来，便将檀香树上的"五个檀香苞子"变成五个化身，当地人后来就称他们为大古佛、二古佛、三古佛、四古佛、五古佛。

在田野调查过程中，武平县城的钟德盛先生也给我们讲述了一段有趣的故事：

> 据说郑自严初到武平岩前，与何仙姑争夺南安岩石洞。两人斗法，何仙姑不胜，狮岩洞被郑自严占去。何仙姑气不过，便诅咒郑自严将来必定绝嗣，没有后代继承衣钵。郑自严却以法力把树枝的瘿和藤蔓、果实等变成人形，一下便化生了五兄弟——大古佛、细古佛、三古佛、四古佛和五古佛。五兄弟中只有三古佛喜欢出远门，每逢迎神赛会必与定光古佛同往。[①]

而据武平县中堡镇林荣丛所说，这五兄弟的职业分别是长工、医生、武将、学者和道士。劳格文根据其报告说：

> More precisely, the five are "sworn brothers" (Jiebaixiongdi), he went on. The eldest was an indentured laborer. Number Two

---

① 我们在田野调查过程中，曾亲听钟德盛先生讲述该传说。又见氏著《武平县城关的庙会与醮会》，载杨彦杰主编：《闽西的城乡庙会与村落文化》，国际客家学会、海外华人研究社、法国远东学院，1997，第50页。

was a doctor, Number Three may have been a military official, Number Four was a scholar ("that's why he's so quiet and well-behaved"), and Number Five studied Taoism in his youth. "It is to Number Two we pray when we are sick. We just drink some tea (with the prescribed medication), and he is very efficacious. Many people go to Liangye Shan to be healed." How was the individual character of the five brothers know? "Through the behavior of their mediums (Tiaoshen)," was the response. "When they represent Old Three, they do martial movements." The medium of gufu, an illiterate, represents only Number Three: "when he represents that Old Buddha from Liangye Shan, he says little, just a few sentences, telling how much paper money to burn, or to give rice for the solitary souls. But if he represents another saint, he can rattle on for half a day," Lin said later that mediums primarily represent the Three Ladies (Sannai).[1]

与此类似，惭愧祖师信仰传播到台湾后，也由闽粤客家地区的潘了拳一人变成潘达孔、达德、达明三兄弟，他们被当地人叫作大公、二公、三公。

定光古佛与惭愧祖师的故事传说在相当多的地方如出一辙，通过分析这些故事传说的母题、具体情节和核心元素，我们不难发现其中蕴含的共同的文化特质，这些共同的文化特质不太可能是某个村落或某个地域的独立发明，或许只能用基于共同的时空背景或文化传播来解释。

---

[1]　劳格文（John Lagerwey）："Dingguang Gufo: Oral and Written Sources in the Study of a Sain"，未刊英文稿，第 29 页。

（二）宗教性质相近

从表象上看，定光古佛、惭愧祖师都属于佛教。但考察史料所载他们的生前事迹和死后成神的传说故事，他们更像是亦巫亦道的僧人，与闽台地区的其他民间信仰，如伏虎禅师、三平祖师、清水祖师等，同属禅师崇拜一类。

从《禅林僧宝传》载《南安岩严尊者传》看，郑自严在庐陵西峰寺投云门嫡孙云溪禅师为师，"依止五年，密契心法"，学会了许多密宗的咒言法术。综括《禅林僧宝传》载《南安岩严尊者传》和《临汀志》载《定光圆应大师传》，定光古佛的神性功能，多为除蛟、徙流、感化大蟒猛虎、祈雨、祈晴、祈雪、浚河、出水之类；其主要事迹和故事传说，亦大多围绕祈雨求晴、筑陂开圳、疏通航道、寻找泉水、除蛟伏虎、捍患御灾等展开；具体的法术是"写偈""投偈"，"以杖遥指"而"大显神通"，手法则有鞭石、卓锡、甩草鞋、送子、化为巨灵吓退贼寇等。特别是"民有祈祷，辄书偈付与，末皆书'赠以之中'四字，无愿不从"[1]，这与《闽杂记》载"福州人家门前，皆以黄纸书'姓宋名无忌，火光速入地，家有壬癸神，日供万斛水，亚赠以之中'"[2]颇有异曲同工之妙，显然属于巫教、道教或佛教密宗常用的手法。

惭愧祖师信仰也是如此。据康熙《程乡县志》记载，"阴那教寺"主祀惭愧祖师，其僧人从事的各项功德法事，主要为消灾、荐亡、祈福等。从明清之际灵光寺住持僧正瑛的经历看，灵光寺的僧人平时对佛学素养也不是很重视，世俗化趋势不断加强，寺院也就兼具佛教

---

① ［宋］胡太初修，［宋］赵与沐纂：《临汀志》，第164页。

② ［清］施鸿保：《闽杂记》卷五，载［清］周亮工、［清］施鸿保：《闽小记·闽杂记》，来新夏校点，福建人民出版社，1985，第88页。施鸿保文末按曰："'亚赠以之中'五字费解。"今福州人见文字不通者，辄举此相谑，或施诸评语中。

寺院与民间庙宇的性质，而更趋于民间庙宇。因此，在惭愧祖师的寺院中，佛教的成分少，而民间信仰的成分大，惭愧祖师信仰是一种披着佛教外衣，杂以巫术、道法和密宗法术的民间信仰。[①] 而从惭愧祖师的神性功能看，也多为生前神异和死后灵验之类，如死鱼复生、卓锡泉、险滩救难、避寇、逐疫、祈雨祷晴等，其最常用的手法也是写偈、投偈、杖击。总之，借鉴吸收巫、道的方法，采用法术和神通作为传教的手段，从而扩大影响，是闽粤台民俗佛教的共同特点。

我们还可从相关信仰活动来分析定光古佛信仰和惭愧祖师信仰的宗教性质。"打醮"是定光古佛信仰最突出的一项活动。在闽西客家地区，打醮时间主要在正月和秋冬季节，如武平县梁野山北部中堡镇的谷夫村，打醮时间为正月初二日至初四日，而紧邻的大绩村则安排在正月初六日至初七日；武北四个乡镇的打醮时间集中在正月十五日至廿五日，如桃溪镇湘坑坝为正月十六日，贡下村（新贡）为正月十八日，定坊村（新礤）为正月十九日，大禾乡上梧村为正月廿日，湘村下村为正月廿一日，湘村上村为正月廿二日，龙坑村为正月廿三日。此外，大禾乡山羊坑还有九月醮，湘店乡有十月醮。在长汀县城，定光古佛醮会在正月十三日和九月十四日，这是长汀城隆重热烈的节日。在永定县，每年的定光古佛打醮活动则主要安排在农历四月间，禾苗抽穗拔节之时。这些醮会视时间和目的不同，名目也各不相同。正月请定光古佛下山与民间欢度春节，叫迎春醮；四月禾苗抽穗，打醮是为了驱虫除害，叫保苗醮；七月系台风多发季节，打醮是为了确保农业丰收，则曰停风醮；九、十月秋冬间是收获季节，打醮是为了感谢定光古佛的保佑，称作丰收醮，等等。

惭愧祖师信仰活动亦是如此。永定县湖坑镇双溪村每年至少有两

---

① 参见谢重光：《惭愧祖师身世、法号、塔号、信仰性质诸问题及其在台湾传播的特点试析》，《世界宗教研究》2012 年第 4 期。

次打醮活动，一次是三月二十五日的惭愧祖师生日，另一次则是在十月秋收后选一个日子，举行演剧、打醮等。据当地报告人江生占说，活动的经费一般按每个人丁 10 元收取，也可以自由捐款，1000、500、100 元不等，每次活动经费都会有盈余。此外，每隔三年会举行一次为期三天的大规模"集福"。第一天要吃斋，此后两天则要供奉全牛、全羊、全猪。从 2019 年开始活动改为五天。该村现有 20 多座土楼，居住着江姓 1000 多人，他们与南江、高头江氏属同一祖先。江姓开基祖生有 10 个儿子，故旧时村落名为"十家"，后来村里读书人觉得这个名称太俗才改成"实佳"。"集福"那年，一开春就要开始筹备，根据跌珓选一个福首，三月二十五日还要组织队伍到广东梅州阴那山进香。进香的队伍浩浩荡荡，扎有狮、龙彩车、装故事等。

永定县湖山乡桂平村，每年的四月初五至初八是做醮的日期，每三年举办一次"做大福"。[①] 四月初五至初八，万安、坑头（元东）、上坪（石下、山下、圳背）等村会将惭愧祖师抬出去巡游，一天巡游一个自然村，最后一天则要回到庙里举行仪式。每年的总理通过跌三次珓产生，总理要出最多的活动经费。每个自然村落都有人担任理事，几乎每家每户都有人参与活动。据说，四月初八出巡时，人们扛着彩旗，敲锣打鼓，放鞭炮，惭愧祖师左右摇摆，不时翻身打圆圈。每到一座楼房前巡游时，主人都会放鞭炮迎接，然后烧香、供奉。有新生幼儿的，还会抱着孩子烧香，而后抬轿者会将惭愧祖师的轿子抬高一点，好让他们抱着孩子钻过去。据说如此可以让惭愧祖师保佑孩子不生病。

广东省大埔县百侯镇武塘管理区的青子凹，村民每年会把惭愧祖师神像抬到各村去许愿化斋三次，正月、二月的叫"许福"，七月、八月的称为"暖福"，十一、十二月的则叫"完福"。迎神酢福的有百

---

① 报告人李上炮，男，54 岁，永定县湖山乡桂坪村村民。

侯、大东两个镇数十个村落的居民。每年的老年底，信众要选好"福主"（主办人），先去龙安寺定好第二年迎神的日子（叫"标红"），此时需送上一个小红包。到了预定的日子，该村的福主便带领村民去龙安寺用神轿抬惭愧祖师神像，动身时要烧香、敲锣打鼓、放鞭炮、放铳。一路上，抬神的、敲锣打鼓的、放铳的，好不热闹，经过各乡各村时更是热闹非凡。

此外，烧香许愿、求签问卜也是重要的民俗活动。定光古佛香火之旺盛，远远超过闽西客家的其他寺庙。但定光古佛香火旺盛的原因，并不是因为定光古佛郑自严的佛学修养有多高深，而在于其灵验的传说，他在民众心目中是一个无所不能的地方保护神。

为了深入了解定光古佛的烧香、求签活动，我们曾到闽西武平县梁野山白云寺进行田野调查。当天，我们先后遇到三位来自上杭官庄的妇女前来烧香、求签。求签时，求签者先将求什么、姓名、年龄、家庭人口告诉解签者和古佛。第一位妇女求家运，求得十三阄：夫妻配合两相宜，花烛双辉正及时。一夜姻缘天注定，绵延百世不须疑。解签者蓝如梅要其按家庭人口四人许十六块香钱。第二位求得第二十三阄：炼得金炉九转丹，年深月久费盘桓。一朝力到功成处，可驾祥云往复还。蓝如梅认为该签没什么问题，事主无灾无难，便没有要求其许香钱。第三位求外出打工丈夫的财运，蓝如梅认为该妇女的丈夫十月以前可以外出做工，十一、十二月则要回家，否则一年的收入就会血本无归。我们到达白云寺时已过了中午十二点，但在很短的时间，就遇到了五批二三十人前来求签。这个时段，早已过了烧香求签的高峰期，但仍有这么多的人前来，可见其香火之旺。

惭愧祖师信仰也是如此。李士淳《惭愧祖师传》云：

  ……自是，师灵日著，四方祈禳者，叩之随应。或岁旱魃，邑令率众祷之，其应如响。前后令公，椑楔旌焉，远近闻风皆至。每遇诞辰，是日常有雷雨，俗传以为洗殿。善男女肩摩进香，岁不下数千人，寺不足容众，因于寺后山脊，复建一寺，今因名圣寿寺。①

据当地报告人说，在灵光寺所在地灵村，每到春节前后，家户都会前往灵光寺朝拜，供奉祭品，烧香跪拜。特别是除夕之夜，村民们早早地前往"守岁"，有的甚至男女老少全家出动。一俟凌晨庙门打开，他们便争先恐后地抢烧新年的头炷香。近几年，随着旅游开发，抢烧头炷香之风更是盛行，但要抢到头炷香谈何容易。所以，村民也变得更加务实。他们未必真去抢烧头炷香，只要能烧上自己在新年的第一炷香就好，这在他们心中也是"头炷香"。

除了抢烧头炷香外，农历三月二十五日的惭愧祖师诞辰也隆重热烈。三月二十四日夜，举行"换袍"仪式，届时恭请神像下位，将衣袍、鞋袜脱下，然后替其沐浴更衣。由于涉及祖师裸身，所以不许有外人在场，更不准有女性出现。各地信众和村中老人在门外等候，等大门一开，他们便鱼贯而入，在神像面前顶礼膜拜，并乞求"圣水"（洗神像的水）。②

不难发现，定光古佛和惭愧祖师信仰与其他民间信仰的情况并无二致。信众到定光古佛、惭愧祖师寺庙的目的是出于现实的功利，而非宗教自身的感情和修为。定光古佛、惭愧祖师各寺院庵庙对信众的吸引力取决于其所谓灵验程度，而与该寺院庵庙和尚、尼姑的宗教修养无关。而且，定光古佛、惭愧祖师寺庙住持的宗教面目也是模糊不清的，既有道士，也有僧尼，还有"道士偷吃和尚饭"的。香客烧

---

① ［清］李士淳：《惭愧祖师传》，载［清］刘广聪纂修：（康熙）《程乡县志》卷七《艺文志》，第 225—227 页。

② 参见黄平芳：《旅游语境下的客家民间信仰重构——以粤东灵村的惭愧祖师信仰为例》，《赣南师范大学学报》2016 年第 5 期。

香许愿、求签问卜，供奉献祭等，也与其他民间信仰基本一致，难有差别。在田野调查中，我们发现，相当多定光古佛、惭愧祖师庙享受三牲祭品，与佛教不茹荤的规定不符，但在现实中司空见惯、习以为常。不仅如此，定光古佛和惭愧祖师信仰的相关活动都带有强烈的巫术色彩。此外，打醮本是道教的重要仪式，但定光古佛、惭愧祖师也经常成为醮坛的主神或陪神，这也说明定光古佛和惭愧祖师信仰是佛道不分的一种民间信仰。

（三）社会功能相仿

定光古佛信仰与惭愧祖师信仰形成、发展于赣闽粤客家山区。山区居民以耕读传家，经常遇到的问题是旱涝灾害、时疫疾病、猛兽毒蛇，基本的心理需求则是多子多孙、家庭幸福、健康平安，以及风调雨顺、五谷丰登；士子则希望功名顺遂、读书做官。作为客家山乡的保护神，基于共同的自然条件和社会心理需求，定光古佛信仰与惭愧祖师信仰发挥的社会功能，也几乎一致，不外是祈雨祷晴、驱蛇伏虎、治病逐疫、送子保赤，以及捍患御灾、惩恶扬善等。传播台湾后，两者也都是一方面继续传承了其信仰的基本特征，保留了原乡的文化传统与信仰特色；另一方面又随自然与人文环境的改变，产生了新的变化，形成了一些新的信仰特征，呈现出既传承又变迁、既保留又吸收的双重轨迹。

不仅如此，在闽西客家地区的关于定光古佛的传说中，定光古佛经常出现的形象是长工、乞丐、癫痫和尚和相貌丑陋的生理缺陷者。我们在田野调查中反复听到这样一则故事：

定光古佛郑自严出身很苦，曾给人做长工，后来出家当和尚。由于他头上长有"癞梨"（疮疤），经常被人嫌弃，被称为"癞梨和尚"。某地要做七七四十九天的罗天大醮，要请一百个和尚，人们嫌定光古佛相貌丑陋、头上长有癞痢，不想让他参加，但因始终只能请到九十九个和尚，最后只好让他凑数。和尚登台，要灯芯搭台，其他九十九个都没有本事坐台，只有定光古佛郑自严有这个本事。他一坐上台，身边的妖魔鬼怪就服服帖帖。

闽西武平县王增能曾记有两则定光古佛乞讨的故事：

> 汀州某地筑陂，因水势太猛久久不能合拢。定光古佛在路上遇到给筑陂工人送饭的老妪，便向其乞讨，送饭老妪看他可怜便将饭给他吃。当老妪告诉他筑陂的事后，他大显神通，将草鞋东一只、西一只地扔到拢口，顿时堵住了水流，众人乘机筑陂合拢。

> 相传定光古佛到箩斗坑化缘，一富人见其穿着破烂，不理不睬。定光古佛先乞得米，便向富人借锅煮一下饭。富人给他锅灶，却不给他柴火，定光古佛就将两条腿伸入灶膛烧火，须臾饭熟。定光古佛食毕，两条腿完好如初，抹抹嘴走了，而富人却发现他的家具被定光古佛当柴烧了。①

在闽西北也流传着定光古佛出身于长工的故事：

> 相传古佛公原来是长工出身，吃长斋。东家老板长年在外经商。老板娘故意用猪油炒的菜给他吃，他自然知道，也不点破，只是用筷子一隔，将猪油隔在一边，自己吃没有油的另一

---

① 参见王增能：《谈定光古佛》，载《武平文史资料》第 8 辑，1987，第 53—54 页。

边。老板娘又将煮熟的鱼给他吃，他将鱼拨到水里，那鱼竟又活了过来，俗称"蓑衣鱼子"的便是（这种小鱼，身上有红斑色）。老板娘不喜欢他，到年底丈夫回家，就对丈夫说："大家都说我们家的长工在田里自己不干活，只在塍上用水和泥捏泥人玩。"丈夫不信，他想如果他长年不干活，田里哪来这么好的收成？虽如此，他仍不放心。有一天便偷偷下田，想亲眼看个究竟。谁知他来到田边一看，原来人们所说的倒也不假。长工真的在塍上和稀泥，捏泥人，捏好的泥人，一个一个抛入田中。老板再仔细一看，发现田地里竟有很多人在劳动，且一个个农活也干得很好。于是老板猛然省悟，这个长工非凡人也。回家之后，思之再三，把长工叫来，对他说："这么多年来我不在家，全靠你种田干活，收成也很好，辛苦你了。家里妇道人家不知好歹，如有得罪的地方，请你原谅。现在你年岁也大了，我给你一笔钱，随你娶妻成家也好，养老也好，不知意下如何？"这个长工听了，心里自然明白，点点头，收了那些年的血汗钱走了。后来他也没有成家，而是将这笔血汗钱带到一个山庙里，购买香、油，经年累月侍奉菩萨。有一天，他得了一梦，叫他某月某日不必出去做活，洗好澡，换上干净衣服，盘腿端坐床上，双手合十，那时自然会成正果。他真的这样做了，也就真的"白日飞升"了。当地的人们发现以后，便把他的"圣像"抬到殿上，点起香灯，顶礼膜拜。是为古佛。[1]

正因为此，定光古佛常常被当作长工、乞丐的保护神。如宁化县湖村村的"长工会"，每年农历正月初四、初九是湖村墟日，除货物

---

[1] 参见江近时：《建宁县里心的宗族与庙会》，载杨彦杰主编：《闽西北的民俗宗教与社会》，第127—128页。

交易外，历来就有古佛庙前请长工的习惯。届时待雇的长工们聚集在古佛庙前凉亭内等待，需请长工的雇主（东君）也来此。十四五岁的未成年由父母带领，当雇主看中时，双方议定看牛、割草、垫栏、担水、摘菜等零星活计，逢年过节以土布缝制衫裤一套为酬劳。青壮年长工一年要出勤 300 工以上，田里的栽培、使牛、莳田样样皆能。[①]

与此相同，关于惭愧祖师的传说中，惭愧祖师也经常以出生带有"拳曲"生理缺陷、孤儿、寄人篱下、从事雇工放牛等面目示人，代表着现实中弱势的一群人。得道后，惭愧祖师则成为弱势群体的保护神，成为"是弱者的呼声"，因而为弱势群体的心理调适发挥了重要的社会功能。

定光古佛信仰和惭愧祖师信仰在一定程度上还体现了基层民众在单调枯燥的生活中保持着活泼乐观的喜庆精神。在田野调查中，我们经常听报告人说，定光古佛的三爷古佛性格暴躁而灵验，尤其喜欢鞭炮，于是不少人许愿、遂愿后，还愿时会放又长又响的鞭炮。而在打醮游境时，三爷古佛喜欢人们倒着抬轿子，直到举行正式仪式或路途比较险阻时才由随行提醒正着抬。而据永定县湖山乡桂坪村报告人说，以前的惭愧祖师生性十分活泼，四月初八出巡时，人们扛着彩旗，敲锣打鼓，放鞭炮，抬着他要左右摇摆，不时翻身打圆圈。由此可见，无论定光古佛还是惭愧祖师，都是"不规矩的神明"，也并不恪守严格的道统，更不是标准的佛教菩萨，他们的活泼乐观，使平静的村落增添了喜庆的气氛，给枯燥的村落社会生活带来了乐趣。

[①] 参见邓光昌、黄瑞仪、张国玉：《宁化县民间信仰老佛、二佛、吉祥大佛的调查》，载杨彦杰主编：《闽西北的民俗宗教与社会》，第 213 页。

（四）两岸的互动方式与认同倾向相同

伴随着客家人移居台湾，定光古佛信仰和惭愧祖师信仰也大约在清康雍乾时期传播到台湾。改革开放后，台湾定光古佛信众为寻找祖庙历经波折，曾先后在杭州、福州、长汀等地寻觅，最后确定祖庙为闽西武平县岩前镇的均庆寺。

我们在永定县金砂镇田野调查时发现，"海峡两岸合作发展基金会"理事长张世良曾率团到该镇金谷寺进香朝拜定光古佛，并代表彰化定光佛庙与之签订了缔结友好关系协议书。该协议书提出"为加强两岸定光古佛文化交流，传承和弘扬客家宗教文化，双方同意缔结友好关系"，议定"双方每年轮流以庙会等形式开展佛事交流交往活动"，"双方应为对方委派的交流团队尽可能地提供便利和协助"，"建立资讯联络机制"。①

惭愧祖师从大陆传播到台湾，以及改革开放后信众回大陆寻根谒祖的经历亦与此颇为类似。伴随着客家人大规模移居台湾，惭愧祖师信仰在台湾传播。关于台湾惭愧祖师信众回祖地寻找祖庙的情况，我们在永定县太平镇乐真寺田野调查时，发现了贴在寺庙墙上的《乐真寺传略》，全文如下：

乐真寺传略

乐真寺原名"禅圣寺"，相传唐代早年出家，皈依佛门的僧人潘达德、潘达明、潘达广兄弟，他们云游到仙境般佛门圣地"禅圣寺"后，拜高僧为师，勤读好学，专心致志，精通经典和医药，博学多才，修身养性，乐善好施，终于得道成佛，先圆寂于寺，为缅怀他之德泽，众信徒和乡间人士，尊称他为荫林

---

① 在永定县金砂镇金谷寺田野调查时，西田村张学初先生为我们提供了该协议。谨此致谢！

祖师"三圣"，并在寺内安奉祖师雕像，因祖师有灵，万民敬仰。

明万历三十六年，太平村曾氏十世祖太鼎真公，与其堂叔名元，弟子福松、佩真各出家财在"圣禅寺"址兴建佛寺，更名为"乐真寺"，寺大门仍保持"禅圣"二字。

清嘉庆九年，曾氏十四代裔孙愧三公，赴台定居之日将祖师金身端往台湾，初则安奉于鹿谷乡凤凰山寺，继因徙居中寮，又将祖师金身安奉于中寮村长安寺，因祖师威灵，香火日益兴旺。

星移斗转，远别故里一百九十多年之祖师，溯木本水源，于一九九一年显圣，欲驾返故寺参拜师祖。斯时原址不明，长安寺管理委员会黄万进主任、曾祈祥委员等人，遵祖师之命回大陆寻根，历时三载，踏遍青山未果之后，祖师再显圣明谕：故寺位于金丰里太平寨，向东行十里，寺坐东向西，寺大门书有"禅圣"二字即是。一九九三年黄万进主任率团到乐真寺，经各方论证，回台后祖师显灵，确认乐真寺乃祖师故寺。遂于一九九四年至一九九六年，台湾南投县长安寺黄万进主任委员三度组团护圣驾回乐真寺朝拜，两岸共庆师祖诞辰，热闹空前。

乐真寺由于供奉荫林祖师的灵驾，从此驰名遐迩，享誉海内外，善男信女，中外游客，络绎不绝，香火兴旺。

乐真寺理事会

二〇〇六年丙戌岁冬月

我们在该寺田野调查时，还见到贴在宿舍楼墙上的《碑志》和《捐款名录》：

碑 志

太平乐真寺群山环拱，翠木伫立，荫林祖师神威显赫，恩泽八方，游人纷至，香客云集，奈山陡路曲，徒步维艰，住宿简陋，饱尝风雨。为解此难，本会特发起筑路建房之倡议，借此感神恩，便民众。荷蒙海内外侨胞，善男信女慷慨捐资，筑成了太平至溪山庵水泥路（宽三点五米，长二点五公里），建成了二层三混结构房及配套设施（面积近三百五十平方米），二项共计人民币捌拾余万元。仁风堪歌，善心可范，立碑镌铭，永志纪念。

太平乐真寺理事会

二〇一〇年庚寅春

从《捐款名录》看（具体名单因过于烦琐，这里从略），捐款者中有柯、詹、田、蔡、周、王、汪、温、林、钟、吴、粘、郑、魏、廖、张、江、简、曾、李、陈、黄等二十多个姓氏。同时，我们还看到台湾南投长安寺赠送的匾额"情怀师恩""长安寺三度回乡""千江水动道心"，锦旗"长安成真""永怀隆谊"高悬在乐真寺内。[①]

2010年4月28日，台湾南投县中寮乡长安寺进香团第15次到乐真寺举行荫林祖师诞辰庆典。这些进香团成员未必会讲客家话，也不全是曾姓人。但他们千里迢迢，不顾舟车劳顿，持续不断地到乐真寺朝拜，说明惭愧祖师信仰已超越时空、超越族群，成为闽台民众共同的神明信仰，其慈悲济世的情怀也成为闽台民众的共同文化记忆。二百多年前，曾愧三与其他乡亲怀着对美好生活的追求，渡过茫茫海峡，不经意间将惭愧祖师信仰传播到当时尚且蛮荒贫瘠的台湾南投

---

① 这些匾额与锦旗均悬挂在乐真寺内，我们在该寺田野调查时均有拍摄。

县，不意在二百年后收获了闽台文化交流互动的精神馈赠。

台湾南投县庆福寺也与南靖县罗山寺取得联系，并于 2012 年组团来到罗山寺朝拜惭愧祖师公。至此，海峡两岸惭愧祖师公信俗交流进入一个新的境界。当年十月十二日（2012 年 11 月 25 日），南靖县豪岗春美洋崇本堂宗亲亦赴台参加祭祀惭愧祖师大典。据传，二百六十多年前，大约在清朝乾隆年间，南靖万八郎派下后裔从福建漳州府南靖县豪岗社春美洋（现今福建省漳州市南靖县南坑镇高港村）渡海往台，分别在现今南投内辘地区之祖厝角、顶厝角、头厝角、内厝角、下厝角、菁园角和尾厝角落脚开基。现在南投市内辘七厝角后裔开枝散叶，于当地共同兴建宗圣祠。

此次南靖豪岗春美洋崇本堂省亲团一行共 50 人，由南靖豪岗社厦门曾氏宗亲会曾庆是会长带队抵台参加秋祭大典。台湾南投宗亲特邀请曾庆是会长担任主祭官，曾清平理事、曾福生理事和大陆宗亲们担任陪祭，典礼遵行古礼祭祀。祭典之后，台湾南投宗亲与大陆豪岗春美洋崇本堂宗亲即展开曾氏宗亲联谊会，还陆续参访了台湾文献馆、庆福寺等。在此期间，台湾南投宗亲还特别请出了与先祖一起渡海来台的三祖师公金尊，南靖曾氏宗亲们争先参拜。南靖新罗惭愧祖师庙曾福生主委详细确认辇轿、七星剑、黑令旗、宫印、签诗等法器，它们也都与大陆新罗祖师庙一模一样。大陆南靖宗亲来台省亲的同时，亦为台湾南投内辘庆福寺三祖师公寻得大陆根源。

随后大陆南靖宗亲分别参访下厝角、尾厝角和顶厝角等公厅。据当地报告人说，台湾南投内辘自清朝以来原有祖厝角、顶厝角、头厝角、内厝角、下厝角、菁园角和尾厝角七座公厅，但因种种原因其他公厅在损坏倒塌之后未再重新兴建，而今仅存下厝角、尾厝角和顶厝角三座公厅。

东南亚客家华侨朝拜惭愧祖师的活动也早已有之。清咸丰六年（1856），咖敕吧（今印尼雅加达）华侨 70 人共助银七十七元半重修灵光寺钟楼，交由杨达茂带回。杨达茂到惭愧祖师坐像前烧香叩拜，立下《重修阴那山灵光寺钟楼乐助芳名碑》，碑文曰：

嘉应州雁洋堡南福乡缘首杨振祥在咖救邑捐题芳名簿，雁洋堡葛藤坪钟其帮助银陆元，洋坑里李琼寿助银□□□，黎兰琏助银壹元，州城□□□，温启鉴助银壹元，洋坑里南福乡林孟文助银壹元，塘坑里赖有义助银壹元，南福乡杨振祥助银贰元，李步南助银壹元，黎驯昌助银壹元，梁瑚海□□□元，□□□社田秀清助银壹元，大埔县银滩田亚秀助银壹元，阴那山邱□华助银壹元，□松昌助银中元，黎嘉麟助银壹元，乌石岩黄亚壬助银壹元，白马乡黄麟淑助银壹元，茶龙乡张荣和助银壹元，南福乡杨庆才助银壹元，□□栋杨宗逸助银壹元，称联兴助银中元，洋门段上陈盛三助银壹元，平远县小桔乡李昌芹助银壹元，漳溪饶恢星助银壹元，黄如楠助银壹元，蓬辣黎儒林助银贰元，松□堡□温纯淑助银壹元，黄□邹绍盎助银中元，坡头下李廷伸助银壹元，那乡赖望九助银壹元，温万贤助银壹元，黎德荣助银贰元，温文英助银壹元，□□□塘杨放宽四助银壹元，漳演尼田心张趄奇助银壹元，松山乡许映槐助银壹元，温明贤助银壹元，黎兰凤助银壹元，□□陈亮昌助银贰元，□水乡杨钦仁助银壹元，西洋堡邱城助银贰元，城内饶琴助银壹元，□□乡杨绥光助银壹元，黎兴维助银壹元，□梁梁福三助银壹元，杨朝京助银中元，邱光文助银中元，自宜埔张灿曾助银中元，杨达茂助银壹元，黎天水助银壹元，泰下梁云昌助银壹元，□□大□周顺喜助银壹元，古德干助银壹元，浒樟村范禄庆助银壹元，杨学德助银壹元，界溪温光能助银壹元，到车钟桂五助银壹元，丙村下寨子邱兴振助银壹元，龙坑黄斯超助银壹元，坪源连亚招助银壹元，松□堡□□梁元升助银壹元，梁亚溥助银壹元，小黄砂罗昌荣助银中元，镇平县□坊萧其汉助银贰元，塘坑里赖恩四助银壹元，车上萧让合助银壹元，□□□□文炜助银壹元，温彭长助银中元，三圳墟彭大昊助银壹元，锤客田钟新发助银壹元。

以上簿内，共题助银柒拾柒员半，即交杨达茂带回。涓吉赴祖师座前焚香，编名上表，当案交领。祈祷各信生，在家者，男纳千祥，女纳百福，在外者，利路亨通，满载荣旋，永叨神恩普昭矣！

咸丰六年秋月吉旦，住持僧昙兴勒石[①]

改革开放后，随着灵光寺的旅游开发，来自东南亚印度尼西亚、马来西亚、新加坡、泰国等地的香客也为数不少，前往灵光寺寻根、分香的进香团纷至沓来，且多大笔捐资。从灵光寺部分年份单列功德碑统计表看，1993 年单碑捐资在 1000 元以上者有 17 块，1996 年单碑捐资在 2800 元以上者有 10 块，2000 年单碑捐资在 5000 元以上者有 2 块。[②]1996 年 10 月，原籍广东梅州市的泰国华侨谢先生，偕全家从梅州到武平狮岩向定光古佛还愿（过去曾许愿，若发了财，定当谢恩）。他们从梅州带来精致的花灯、上好的香烛供品和 13 幅菩萨像，请来尼姑 4 人，念了两场经，全家顶礼膜拜，跟着尼姑走圆场。[③]

---

① 转引自黄平芳：《惭愧祖师信仰地域范围考察——以梅州地区为中心》，《客家研究辑刊》2018 年第 2 期。该碑现存阴那山静室庵，通高 88 厘米，宽 48 厘米。楷书阴刻，保存基本完好，部分字迹缺损模糊。

② 参见黄平芳：《惭愧祖师信仰地域范围考察——以梅州地区为中心》，《客家研究辑刊》2018 年第 2 期。

③ 参见李坦生、林善珂：《武平县岩前庙会醮会概况》，载杨彦杰主编：《汀州府的宗族庙会与经济》，国际客家学会、海外华人研究社、法国远东学院，1998，第 57—58 页。

三、定光古佛与惭愧祖师信仰之异

作为闽台客家世界的两大民间信仰，定光古佛信仰与惭愧祖师信仰的差异性也显而易见，归纳起来，主要表现如下几个方面。

（一）两大信仰的形成与发展存在时空差异

从前述文献看，关于定光古佛信仰的形成与发展的记载自五代迄明清前后相沿，环环相扣，脉络清晰。惭愧祖师信仰虽号称起源于唐代，但我们无法找到惭愧祖师的师承祖源，即其法宗源自何处；也无从了解从唐至明的漫长历史岁月中，惭愧祖师信仰的形成、发展演变的过程。因此，我们有理由相信，惭愧祖师信仰的形成、发展没有经历晚唐至宋代福建民间信仰的"造神高潮"。

唐中后期，北方汉人再次掀起入闽高潮。此一时期的北方移民自然带来了更为先进的生产工具和生产技术，从而进一步带动了福建的政治、经济和文化的发展。与此相应地，从晚唐开始至宋元，福建的民间信仰进入了整合和发展时期。一方面，北方传入的道教、佛教和民间信仰，根据福建各地具体的自然生态和社会历史文化背景，而被消化、吸收与融合，已基本实现"本地化"和"在地化"，从而创造出具有浓郁地方特色的神祇。另一方面，伴随着福建社会经济的发展，乡贤、名人辈出，在文化整合、信仰整合过程中，势必会依据圣贤崇拜、祖先崇拜的轨迹造出众多新的神灵，甚至形成一种"造神运动"，这是福建民间信仰形成、发展过程中的必然趋势。

颜章炮根据《闽书》所载，将福建的造神情况进行统计，计得263 例。其所载造神的时间上起两汉，下迄明朝末，时代分布如表1-1：

表 1-1 福建历代造神情况统计表

朝 代	造神数（例）	备 注
先 唐	26	
唐 代	66	唐代后期有 33 例
五 代	47	
宋 代	71	
元 代	7	
明 代	3	
不 详	43	

由表 1-1 可知，从唐朝后期至宋代，是福建地区造神的高峰期。今日闽台民间香火最为旺盛，同时也最受东南亚华人社会崇拜的神祇，几乎都是在这一时期创造出来的。[①] 在上述 263 例神明的原型中，由得道高僧神化的计有 26 例，定光古佛郑自严即属此列。但同为高僧，死后受到崇拜的惭愧祖师不在此列，其地位、影响显然与定光古佛不可同日而语。由此，我们或许可以进一步推论，惭愧祖师信仰的形成、发展确如前述民国《永定县志》所言是在明代。

另一方面，定光古佛信仰与惭愧祖师信仰形成、发展的空间范围也有所不同。定光古佛郑自严虽出生于闽南同安，但其活动范围主要在赣南、闽西、粤东客家地区，信仰重心则在长汀、武平，信仰圈则分别以武平县岩前均庆寺、梁野山白云寺为核心大致分为两个系统，由此分别向长汀、宁化、清流及江西赣州和上杭、永定、连城及广东梅州地区渐次推移，并向南靖、平和、诏安等客家边缘地区辐射，传播到台湾后也多分布在彰化、淡水等客家人聚居区。而惭愧祖师潘了

① 参见颜章炮：《晚唐至宋福建地区的造神高潮》，《世界宗教研究》1998 年第 3 期。

拳活动的范围在族群交界地区，其信仰重心永定、南靖、平和与广东大埔，多处于客家族群的边缘，传播到台湾后也多分布在南投县等客家人与福佬人的交界区。我们在田野调查的过程中，最先发现惭愧祖师信仰的中心分别在闽西的永定县和广东的大埔县，随着调查的深入，逐渐发现闽西南的南靖、平和两县亦有大量信众和宫庙。综而言之，定光古佛的信仰范围在客家的中心地区，惭愧祖师的信仰范围则在客家的边缘地区。

值得更进一步比较的是沙县的定光古佛信仰与惭愧祖师信仰。在沙县的相关文献与口头传说中，李纲曾巧遇定光佛，定光佛也曾化身做长工，明代屠隆和清代林致先、陈绍风等人均曾题诗吟诵定光佛。旧时，洞天岩、西竺寺、瑞云岩等都曾供奉定光佛。[①]

与此类似，沙县也流传惭愧祖师的信仰，相传沙县的报恩寺就是惭愧祖师信仰缘起的祖庙之一。该寺位于沙县夏茂镇洋元村粉干曲自然村。据当地报告人说，广东的圆彻法师根据相关文献记载，从1990年开始在沙县到处寻访惭愧祖师潘了拳的出生地，但一直未能如愿。直到1993年，圆彻法师再次到沙县时，才在夏茂镇洋元村粉干曲自然村找到潘姓聚居地。[②]圆彻法师参谒了洋元村粉干曲自然村的"客厅坪""孩儿庙"和崇圣寺后，认定惭愧祖师诞生地就是在沙县洋元村粉干曲自然村。[③]

但是，我们在沙县县城田野调查时听到了不同的说法。据一位长期追踪惭愧祖师信仰的退休官员说，历代的沙县县志和相关文献从未有关于惭愧祖师的记载，即使1992年版的《沙县志》也都还没有记载这方面的内容，直到广东高僧圆彻法师前来考察后，当地人才知道

---

① 参见谢重光:《闽粤台民间信仰论丛》，海洋出版社，2012，第204页。
② 报告人潘水生，男，67岁，沙县夏茂镇洋元村粉干曲自然村村民。
③ 参见中共沙县夏茂镇委员会、沙县夏茂镇人民政府编:《夏茂镇志》(内部资料)，第238页。

有惭愧祖师一说。① 所以，他们在编修《夏茂镇志》时曾犹豫是否记载惭愧祖师，但考虑到最近新修的县志中已有相关记载，且在夏茂镇也开始出现惭愧祖师的信仰活动，如果《夏茂镇志》不写入，恐遭人诘难。于是，在镇志中他们客观描述此一情况，并以注释的方式谨慎地用"圆彻法师认为"进行表述。②

两相比较，定光古佛信仰在沙县的流传似乎更加有迹可循。沙县曾一度隶属汀州，而汀州是定光古佛活动的大本营。因此，定光古佛信仰传到沙县是很自然的事。反观惭愧祖师信仰在沙县的情况，时至今日，沙县人对惭愧祖师的认识仍有许多模糊之处。如曾有一份介绍资料便错把惭愧祖师的名号当成一种拳术③，这从一个侧面说明惭愧祖师信仰在沙县一地影响并不大。因此，从某种程度上说，惭愧祖师潘了拳在沙县的经历，更像是后人通过寻根反向传播建构而来的。

（二）族群边界的不同

定光古佛信仰以闽西长汀、武平两个纯客县为中心，渐次呈差序格局向周边客家县市传播。在漫长的历史过程中，定光古佛信仰大致形成了两个系统：一是以武平县岩前狮岩均庆寺为中心，传播到上杭、永定等县和广东蕉岭、梅县，以及台湾地区的定光古佛信仰圈。永定县客家人对定光佛的信仰十分普遍，有不少供奉定光佛的寺庙，如坎市上老庵、抚溪圆山石佛祖庵（"石佛祖庵。……前明时建……嘉庆十三年，贡生赖受芳倡义（议）施茶于此"）、骊龙坑卓坑庵（"卓坑庵。在抚溪骊龙坑。创自前明，崇祀石佛，天然不假雕琢。黄裕沧捐田二十桶，戴华征捐田二十八桶。乾隆四十一年，合乡重修"）、大

---

① 报告人李泽曾，男，78岁，沙县人大常委会原副主任。
② 参见中共沙县夏茂镇委员会、沙县夏茂镇人民政府编：《夏茂镇志》（内部资料），第240页。
③ 参见林建棋：《宋代陶瓷俑：器微工艺精》，《时代三明》2014年第4期。

路下石佛庵（"石佛庵。在大路下。溪面有石佛像，不假雕琢"）、仙师永丰庵（"永丰庵。在务义乡桥头"）等。[1] 历史上，供奉定光佛比较著名的寺庙有抚市的万寿寺（"在县治东，祝釐之所"）和金砂的金谷寺（"金谷寺。在金沙村"）。[2] 我们在田野调查时发现，金谷寺主体面宽五间，前后殿均为三间，两殿的左右各有一间厢房。前殿为接待香客之所。后殿中间主祀定光古佛，左间为文殊菩萨，右间为普贤菩萨。后殿前走廊两端有门通横屋，前后殿之间的天井两边为侧厅。寺庙前面有禾坪，并围成一个院落，围墙的东头建一寺门。主体两边横屋为厢房，左横屋前门开在寺门外，右横屋前门向着禾坪。围墙前面是一个半月形的放生池，前两年被填平用来植树了。金谷寺内有四块碑刻，分别为《长明灯会》《金灯胜会碑》《施主碑志》《乐助芳名碑志》。《长明灯会》云：

> 自明成化庚子开永邑，即有八寺十三庵之设，金砂金谷寺
> 居其一也。其间僧众相传，大都耕种苦行度日。堂高室广，佛
> 像庄严，但以松膏不继，虚堂乏辉焕之仪，安得桂魄常悬，大
> 地尽琉璃之界。今振宇等邀集同志三十三人，各捐己资，共置
> 腴田三十八桶正，契载民米一斗二升五合正，为每岁长明灯油
> 之资。（的）正月吉日，齐集众友，庆忭金灯法事一旦夕，俾
> 幽阴而为开朗，及时景以结良因，使紫竹林边佛土之日轮永照
> 青猊，座上慈容满月常辉乐舍。虔心福田，敢拟此田旧系诸季
> 友自己收执销用，今将田税开明交与主持僧执管，以为每年点
> 灯应会之资。及田坎大垛乡社边三角丘一丘，直扇一丘，税廿

---

① 参见 [清] 方履篯、巫宜福修纂：《（道光）永定县志》卷一四《祠庙志》，福建省地方志编纂委员会整理，厦门大学出版社，2012，第251、250、250、247页。

② 参见 [清] 方履篯、巫宜福修纂：《（道光）永定县志》卷一四《祠庙志》，第246页。

六桶；蕉滩头新田岗十二丘，税田四桶；竹简塘六丘，税八桶，其粮米除出□□收纳。

廖振宇、张奇训、张毓启、张伯辅、张伯士、张可王、张仲生、赖绍中、张清振、包玉彩、温龙章、廖万隆、廖毓绮、赖楫珊、赖楫运、林云凤、张伟胜、张清洲、张应建、□□□、谢景福、张仲城、卢生瑞、张仲翊、卢定彩、赖文蔚、张赞育、廖振仪、陈二振、丘伊吉、王芹吉、谢景升、僧阴也、僧觉正

　　　　　　　　　　　　雍正三年乙巳岁仲春吉旦立

《金灯胜会碑》云：

本乡金砂，佛地胜境，详载邑志。大明天启间，善士张良沈、邱□迪同志六十六人，各开善贾镶金契买塘背自由田一丘，载税壹拾伍桶正，载永民米伍升正；又买洋田上油房角水田两丘，载税贰拾贰桶四箩二，载民米捌升，又载官米叁升陆合正。两处共载税叁拾柒桶四箩正，施与金谷寺，为历年供奉佛前铳、灯之资。越今两朝，金灯长耀光华。当日好施善念，久而弥彰。莹莹宝殿……后裔恐未详悉。用是邀集众裔，勒石镌名，以志不朽云。谨列芳名于左：

张良洞、张瑞、邱一迪、邱裳、邱鸿寿、张守、张廷仁、张权、范仲富、廖积鱼、张有、张维兆、黄日登、邱一道、张志边、张元、张嘉仁、赖统、范仲贵、张穰、张朋仕、黄日上、邱一富、张志迪、张君明、张家信、赖逵、范振馘、张华、张有义、邱一贵、邱可义、张志逾、张翼翔、张嘉义、谢大纲、范振音、毋范氏、张有蒜、张栋、邱表、张可可、邱维景、张嘉兴、谢成养、李行春、张良济、张毅、张昆、黄钟、张发、

张定宵、张村、张福珊、邓潢、张瑄、张良洙、张明相、张尚
任、邱□、邱典周、张时宝、张善、张鸢、邱守和、张锡琰

　一批钱粮系僧人完纳。每年庆忏谨择十月初一日

嘉庆二十年八月初一日众季友立

由此可见，明清以来定光古佛信仰在永定一直比较兴盛。据当
地报告人说，清嘉庆以后，每年农历十月初一举行"金灯胜会"，其
"抱佛子"活动让已婚女性趋之若鹜。

二是以武平县梁野山白云寺为中心，播及武北和长汀、宁化、清
流、明溪及江西省会昌、瑞金等十余个县的定光古佛信仰圈。除了以
往论述较多的定光古佛信仰在武平、长汀、宁化传播外，我们还发现
了定光古佛信仰往闽西北延伸的踪迹，如民国《明溪县志》载："罗
汉庙。……祀定光佛，庙门额曰'古佛行台'。""罗汉庵。旧志为罗
汉寺。在县南二十里罗汉村。宋大观元年建，祀定光古佛，香火最
盛。""大岭头庵。……祀（定）光古佛及萧、裴二仙。""定光寺。即
罗汉寺（俗名古佛庵），在西清街。顺治四年建，祀定光佛。现为警
察局。"[1] 明代《建宁府志》载："定光寺。……唐时建。宋建隆中赐
今额。"[2] 此外，我们在将乐县田野调查时发现，古镛镇的古佛堂亦
为定光古佛庙，位于和平村的东北部。乾隆《将乐县志》载："古佛
堂。……古佛名像，原廖姓建亭于此。乾隆二十八年（1763）毁，明

---

① 王维梁、刘孜治修纂：《明溪县志》卷一〇《建置志》，福建省地方志编纂委员
会整理，厦门大学出版社，2008，第275、277、278、280页。

② ［明］夏玉麟、汪佃修纂：《建宁府志》卷一九《寺观》，福建省地方志编纂委
员会整理，厦门大学出版社，2009，第605页。

年，张思元鼎建砖亭。"① 又曰："继善亭。旧名古佛堂路亭，在龙池、积善二都界上。二十八年毁，邑氏张思元重建砖亭。"知县李永锡记曰："耆民张其涵者，曾建三涧浮桥一道，并桥西路亭一座，都司熊既颜'乐善'以美之。兹古佛堂路亭，旧为登涉者憩息之所，癸未岁为风飚所圮。涵子思元鸠工更新，缭以砖瓦，坚筑永固，以明年甲申夏落成。余嘉其志，为书'继善'，以颜其枋。夫孝者善继人之志，思元慕父之善，步父之武，以成此亭。将思元之后，不又有继善之子若孙乎，则余正有厚望焉。"②

但是，上述定光古佛寺庙不管属于哪一种信仰系统，其信众几乎都是客家人，因而具有明显的纯客特征。即使地处族群边缘的龙岩市新罗区江山镇永安寺、曹溪镇乌石庵、适中镇白云堂，以及漳平市双洋镇福兴堂、三明市将乐县古镛镇古佛堂，定光古佛的信众也仍然是当地客家村落的居民。

更典型的是，浙南石仓的定光古佛寺庙和漳州平和县大溪镇的龙归堂。浙南石仓地区正是清初闽西客家移民的重要移居点，定光古佛已成为闽西客家移民身份识别的一种文化符号。③ 平和县大溪镇是闽客杂居的乡镇，该镇新农村石陂下的龙归堂主神是陈元光，让人以为其完全为闽南人的寺庙。但其左侧所供奉的定光古佛透露出当地的客家底色。当地报告人说，相传五百年前，大溪店前村陈姓男子挑水果前往武平岩前售卖，定光古佛喜欢吃水果，化身陈姓男子前来大溪。自从定光古佛来到大溪后，大溪周边风调雨顺，百姓安居乐业。百年后，店前村村民为定光古佛建了一个庵庙，名为"龙归堂"又名"佛

---

① ［清］徐观海修纂:《将乐县志》卷四《寺观志》，福建省地方志编纂委员会整理，厦门大学出版社，2009，第134页。

② ［清］徐观海修纂:《将乐县志》卷四《寺观志》，第139页。

③ 参见章毅:《祀神与借贷：清代浙南定光会研究——以石仓〈定光古佛寿诞会簿〉为中心》，《史林》2011年第6期。

公庵"。此后，每年的正月初五是龙归堂的固定节日，每隔五年，龙归堂都会安排十几辆车六十多人敲锣打鼓前往武平县岩前镇"引香火"，店前村代表就在庄上村九大线三岔路口迎接"引香火"的人归来。该日会举办抬龙艺、舞狮、车子艺、高脚艺、落地嫂等活动庆祝，并抬定光古佛像游街，所到之处彩旗飘扬，锣鼓喧天，鞭炮齐鸣。同时，也会在龙归堂前搭建戏台，连唱三至七天的戏，有"日戏"和"夜戏"，白天黑夜都有节目供民众观看。每年正月初六、初七为食缘日，众信士前往龙归堂赴宴，多时达三千人。可见，该地的定光古佛信仰虽处于闽南文化包围之中，但仍然顽强地保持了闽西客家地区的信仰特色。

通过以上种种，我们可以得到这样一种认识，闽西各纯客县——武平、长汀、上杭、连城、永定、宁化、清流、明溪——都有定光古佛信仰；闽西客家与其他族群交界的地方，往西南如龙岩新罗区、南靖、平和等地的客家村落，往西北建宁、将乐的客家聚落，也都有定光古佛信仰；闽西客家移民所到之处，如浙南松阳县的客家乡镇，也大都有定光古佛信仰。反过来，有定光古佛信仰的地方也能反映其闽西客家文化的背景。换句话说，定光古佛信仰成为闽西客家族群的一种标识。定光古佛信仰传播入台后，这种族群性就更为明显，进一步演化为台湾彰化、台北淡水地区闽西客家移民的象征。[①]

与之不同的是，惭愧祖师信仰的中心在闽粤客家的边缘和闽客交界地区，并往闽南、潮汕地区扩散，因而逐渐呈现出福佬化倾向。就寺庙而言，我们曾将目前所见的闽粤惭愧祖师寺庙大致分为三种形态：惭愧祖师信仰缘起的祖庙（沙县报恩寺、阴那山的灵光寺）、台湾惭愧祖师信众认同的大陆祖庙（永定县乐真寺、南靖县罗山寺）、村落百姓所信仰的村庙，为单个或多个村落信众所共建（永定县的双

---

① 参见陈香编著：《台湾的根及枝叶》，第 34 页。

水庙、圣福堂，大埔县的龙安寺）。① 而无论是沙县的报恩寺，永定的乐真寺、双水庙、圣福堂，还是南靖的新罗寺，抑或是广东的灵光寺、龙安寺，都处于客家族群的边缘地区或偏向于族群交界的地区。就信众而言，惭愧祖师信众既有永定、大埔等地的客家人，也有南靖、平和等地的闽南人，更有南靖、平和等地的福佬客，因而惭愧祖师信仰当属闽客族群交界地区人群的一种标志，也是一种以客家人为主逐渐往福佬人过渡的信仰，其族群特征具有一定的模糊性。

正因为惭愧祖师信仰的边缘性特征，其信仰传播与扩大具有较大的局限性。一方面，往闽西方向传播时遭遇到同质性强且早于其形成、发展并业已成为闽西客家主流民间信仰的定光古佛，使其很难有大的发展空间；另一方面，往闽南方向拓展时则受到强势闽南族群主流民间信仰——早在宋代就已形成并与定光古佛齐名的三平祖师、保生大帝信仰的冲击。同样，粤东地区惭愧祖师信仰的传播也受到同质性较强且早已成为当地主流民间信仰——三山国王信仰的影响，使其难有更大的发展空间。因此，惭愧祖师信仰长期局限于闽客交界地区，成为过渡性人群的标识也就在情理之中了。而惭愧祖师信仰传播入台，又主要扎根于台湾中部丘陵地带的闽客杂居且闽南移民占有较大优势的南投地区，更容易受到闽南原乡的其他民间信仰——三平祖师、保生大帝等信仰的影响，进一步走向福佬化，从而成为福佬客的典型标志。

（三）神际关系不同

从文献记载和口头传说来看，与定光古佛相提并论的神明主要有伏虎禅师和何仙姑。如闽西客家通常将定光古佛与伏虎禅师放在一起

---

① 参见刘大可：《闽粤台客家惭愧祖师信仰互动发展与文化认同》，《世界宗教研究》2018年第2期。

祭拜。刘将孙《养吾斋集》载："迄今延平、临汀所在精庐，二师迭为宾主，必不相舍。"①道光《福建通志》载："绍定间，磔寇犯郡城，守者每夜见二僧巡城，戒勿懈。"所谓"二师""二僧"，指的就是闽西客家人心中的保护神定光古佛和伏虎禅师。

在闽西客家的故事传说中，定光古佛和伏虎禅师是同时代人，关系也十分密切，长汀、武平的不少寺庙同时供奉定光古佛和伏虎禅师，长汀县平原山的广福院就是典型的例子。同一件事、同一故事母题的传说，定光古佛影响大的地方，人们就认定主人公是定光古佛，而在伏虎禅师影响大的地方，则将之归于伏虎禅师，定光、伏虎的传说相互交织在一起。

在长汀县有这样一个传说：

> 伏虎是宁化畲家山叶竹排人，他感到当地人不团结，住在那里没前途，就到长汀师福村紫地湖张家坡郑汀江（定光）家住了一段时间，并拜郑汀江母亲为义母，后来又和郑汀江结拜为兄弟，二人一起去做长工。紫地湖据说原来是一所大庄院，住着大财主岳双万。伏虎就在他家当过三年长工。女东家对他非常刻薄，尽做些没有油盐的菜给他吃。奴婢可怜他，就偷些油盐给他。他饭量很大，要斗米一餐。东家叫他去洗瓮，他可以把瓮如布袋般翻过来洗；东家叫他去做陂，他就跑去睡大觉，别人先做完，留给他一段，他就丢一些石头在那里（或说放几把箩箕草），陂就做好了。大水一来，别人修的陂都被水冲坏了，唯有伏虎做的没被冲掉。

① ［元］刘将孙：《养吾斋集》卷二八《定光元应普慈通圣大师事状》，清乾隆年间翰林院抄本。

这一传说到了武平，故事的主人公就由伏虎变成了定光。

据闽西长汀县报告人讲：

> 伏虎和定光是好朋友，因为平原山的地形很好，两人都想在那里建立庵庙。有一次，两人在平原山坡头睡觉，背靠背，约好大睡三年。定光睡着了，而伏虎只睡了三天就起身，同时用一块石板背靠着定光，自己却跑去建庵。庵建好后，定光还在大睡。忽然下起了一场大雨，洪水猛涨，木料随着洪水流出来，定光被毒鱼鸟叫醒后，才发现庙已被伏虎建好了。定光就对伏虎说："你骗了我，这个不算数！"伏虎说："可以，那我们打赌，我们都挑一千斤东西进庙，谁先挑进去，谁就坐大位。"定光答应了。但挑东西时，伏虎挑的是一千斤铁，而定光挑的却是一千斤灯芯，伏虎跑得快，先登了大位。定光又想了一个办法，他把江西的几座山赶过来，想把庙压掉。伏虎的徒弟正好早上起来扫地，看到了，就喊着对师傅说："师傅来看，山怎么会动！"伏虎叫徒弟用扫把一指，山就停着不动了。如今广福院周围就耸立着许多高山。[1]

武平县也有类似的传说：

> 相传宋乾德年间，郑自严大师偕师弟两人从梁野山来岩前，走到今伏虎村（距岩前约 5 公里）时，遇有猛虎。郑自严大师画符咒，伏猛虎，为民除害，村民称颂。郑自严见远处有奇峰怪石似雄狮怒吼（狮岩），万象皈依，便去狮岩建了道场。师弟

---

[1] 参见周立方：《长汀县平原山伏虎祖师十乡轮祀圈》，载杨彦杰主编：《闽西的城乡庙会与村落文化》，第 250—251 页。

叶伏虎则留在今伏虎村，化缘筹资建了伏虎庵。坐化之后，村民塑叶伏虎像，也称古佛，顶礼膜拜，念经建醮，以除煞驱邪，消灾纳福。这个村子至今仍叫伏虎村。[①]

与定光古佛交往较多的另一位神明是何仙姑。

相传，北宋乾德二年（964），定光时年四十有八，抵岩前募化，说在此宜建禅堂。何仙姑时年二十有八，说："我生于斯，长于斯，静修于斯，我岂舍岩而他往耶？"一日，何仙姑外出观洪水，定光辄入狮岩中趺坐，大蟒、猛虎左右盘伏。何仙姑将此情状告诉何大郎，大郎钦其神，遂施狮岩为佛殿，将地三十三亩八分施给均庆寺宅宇，将腴田四千七百八十秤、粮米正耗三十九石三斗八合，塘四十六亩，永充供养。

民间另一种传说则是：

宋乾德二年（964），时何仙姑住在狮岩。有一天，洪水成灾，仙姑出去察看灾情，定光大师趁机进入狮岩洞。仙姑回来，见状颇为生气，令他立即离去，大师却占座不动。仙姑心生一计，说："你如果能使岩前的溪水倒流，狮岩洞就让给你；若不能，就得马上离去。"大师暗喜，表示同意，立即施法，挥了挥手，溪水果然倒流。仙姑心中懊恼，可又无可奈何，悄悄爬上岩洞顶上撒尿。尿水滴在大师头上，大师一怒，头往上撞，把岩石撞了个圆窝，像倒挂的大锅头。时至今日，狮岩定光古佛

---

① 参见赖建：《长汀县打醮习俗》，载杨彦杰主编：《汀州府的宗族庙会与经济》，第 66 页。

座位顶上仍有一个大圆窝，岩前的溪水仍然向北倒流，岩洞里仍有水珠滴落。①

而在惭愧祖师的神际关系中，关联比较多的则是开漳圣王、三平祖师、保生大帝、三山国王等。台湾《曾氏族谱》载：

> 盖闻先世之人口传，咸丰癸亥年红绣全造反……我姓国藩、国荃挂帅领兵平复南京，时有……世贤并妻……乃将家资充入贼首之军饷。……甲子春，贼到张教书洋搭营。我社恐惶贼到，列械往鸭母岭以贼交战。……斯时，我祖陈圣王、惭愧祖师显赫出居放兵焉。贼到此，缺见我社兵马满洋，尽是黄头兵。恐惧时，我社男女具惊逃走。……我社书洋人居之，我社勇健男人竭力到梨仔埈、长林埈，以贼交战。我祖师甚赫暗助，见其金身，汗流如雨。未几，贼逃走出船场，从桂竹畲落长林埈、崎坑仔去……②

台湾林圯埔下福户的祖师庙原为三平祖师庙，现在已湮没无闻，为附近的惭愧祖师庙所替代，但三平祖师的诸多功能如治病逐疫、降妖伏鬼等附加到了惭愧祖师身上。而保生大帝悬壶济世、妙手回春、丝线过脉搭救皇后的故事，也往往被投射到惭愧祖师传说中的神功神迹中。三山国王的大王、二王、三王，也演变成惭愧祖师的大公、二公、三公，惭愧祖师的王冠、戎装、带剑造型也融进了三山国王的元素。

----

① 参见赖建：《长汀县打醮习俗》，载杨彦杰主编：《汀州府的宗族庙会与经济》，第55页。

② 不著撰人：《曾氏族谱》，载邓文金、郑镛主编：《台湾族谱汇编》第70册，第464页。

定光古佛和惭愧祖师神际关系的不同，主要源于地缘关系的不同。定光古佛信仰居于闽西客家的腹地，其相邻的同类神明主要是伏虎禅师、何仙姑等；而惭愧祖师信仰主要居于闽西客家的边缘，相邻之地主要是闽南的南靖、平和、诏安和粤东等，其相邻的同类地方神明主要为三平祖师、保生大帝和三山国王。神际关系折射的是地缘纽带。

（四）传播入台湾后的历史命运不同

定光古佛信仰传播入台湾后，一方面继续保留了原乡信仰的基本特征，另一方面又随环境的改变，产生了一些新的变化，形成了新的信仰特色。清初以来，闽西客家移民在台湾面临着自然与人文的双重挑战，其中最突出的矛盾为族群纷争。闽西客家人为了自身的安全，需要更自动、自觉地形成同一方言或同一祖籍的不同社会集团。因此，定光古佛自然在闽西客家移民精神世界里居于最高领袖的地位，成为台湾闽西客家移民同乡凝聚的纽带、团结斗争的旗帜、祖籍原乡的象征、日常生活的守护神。而定光古佛寺庙也成为闽西客家移民入台的落脚点，社会文化活动的中心。定光古佛信仰也就成为台湾客家族群的符号与象征。

惭愧祖师信仰传播入台后，惭愧祖师的内在形象、传说、神功、神性和造型发生了较大的变化。一方面，二百多年前的南投地区榛莽未辟，瘴疠肆虐，毒蛇、猛兽横行，缺医少药，特别是"生蕃出草"杀人抢劫不断，缺乏安全保障；另一方面，当时的南投地区既有客家人，也有闽南人，还有不少的当地的少数民族，在此情况下，来自永定、平和、南靖这些族群交界区域操双语的"客家人"或曰"福佬客"，就成为当地社会族群交往的纽带。再加上台湾的惭愧祖师庙大多为永定、平和、南靖等县的移民所建，所以，台湾的惭愧祖师信仰很容易受到这三县的其他民间信仰——三平祖师、保生大帝等的影响，其形象与三平祖师异曲同工，而其求医问药的神功则与保生大帝如出一辙。因而，伴随着族群融合和族群记忆消失的过程，惭愧祖师由原先的祖籍守护神逐渐演变成不分族群、不分区域的闽客族群共同的守护神。但另一方面，惭愧祖师族群性格的模糊性，又使其在进一步的传播过程中受到较大的障碍，在向闽南人传播时容易受到三平祖师、保生大帝信仰的影响，在向客家人辐射时又受到定光古佛信仰的遮蔽，使其信仰圈内缩，其代表人群仅限于"福佬客"。

四、相关的普遍意义

通过对闽台客家定光古佛信仰与惭愧祖师信仰同中之异与异中之同的考察，我们发现，定光古佛信仰与惭愧祖师信仰的共同性，反映了基于共同的时空背景与人文生态可以产生相似的民间信仰，其故事传说、神性神功以及社会功能具有惊人的相似性。以故事传说为例，关于定光古佛五兄弟、惭愧祖师三兄弟的故事母题，也见于客家地区的其他民间信仰，乃至非客家地区的民间信仰，如闽西武北高仙一郎、童念二郎、马仙三郎结拜兄弟的故事。

这种兄弟神明的传说与王明珂的"弟兄祖先传说"又颇有异曲同工之妙。其主要叙事符号——"弟兄"——也对应社会人群间的合作、区分与竞争关系。生活在此社会中，也是生活在一个"历史"之中。[1] 他还进一步认为，历史记忆中的主要符号——"弟兄"隐喻着各族群间的合作（"兄弟如手足"）、区分（"亲兄弟明算账"）与对抗（"兄弟阋墙"）。[2]

兄弟神明的故事，是地域社会人际关系的另一种建构方式。如果

---

① 参见王明珂：《英雄祖先与弟兄民族——根基历史的文本与情境》，第22—23页。

② 参见王明珂：《父亲那场永不止息的战争》，第115页。

说王明珂所说的"弟兄祖先传说"建构的是地缘关系，笔者在闽西客家地区发现的"兄弟始祖传说"建构的是虚拟血缘关系，那么，闽台客家地区的兄弟神明故事，建构的则是神缘网络、庙际关系。人们借助神明的虚拟血缘关系，构建了基于共同神缘的人际交往网络和有别于相对峙他者的人群。闽台地区遍布的兄弟、姐妹神明传说，如陈靖姑信仰的陈林李三姐妹、三山国王三兄弟、三官大帝三兄弟、龙凤岐山三姐妹和黄倅三仙父子翁婿等，都莫不如此。

定光古佛信仰与惭愧祖师信仰传播入台后的共同性，体现两者具有共同的母体渊源与承递关系；定光古佛信仰与惭愧祖师信仰入台的差异性，也恰恰反映了根与叶、源与流的关系。其共同性可以成为新的历史时期两岸交流的新载体。如台湾定光古佛信众与惭愧祖师信众相似的寻找祖庙经历与认同倾向，也见于汀州妈祖信仰，前文已述，此不赘。这种台湾民众在民间信仰中的"寻根谒祖"现象，是改革开放后两岸民间信仰交流的普遍现象，也是两岸交流中一种十分重要的文化互动。这种在民间信仰层面认同祖地祖庙、认同大陆、认同中华文化的倾向，是一种尊重历史的行为，同时也是台湾同胞祖国认同的一种政治倾向，应该倍加珍惜。而定光古佛信仰与惭愧祖师信仰的差异性，也恰恰反映了两种不同信仰所处时空背景与人文生态的同中之异。在空间上，定光古佛信仰与惭愧祖师信仰处于闽粤赣区域这一大背景，但定光古佛形成、发展位于客家腹地，惭愧祖师居于客家与闽粤福佬的交界地，因而定光古佛在客家世界广为传播，而惭愧祖师信仰则显得两面受敌，局限于族群交界的边缘。在时间上，两者形成、发展大致在宋元明清时期，但定光古佛信仰早在宋代之前就已形成，其形成、发展恰逢福建"造神运动"高潮之时，而惭愧祖师信仰比较晚近，迟至明代才兴盛起来，错失福建"造神运动"高潮，其影响力亦受到一定限制。

定光古佛信仰与惭愧祖师信仰伴随闽粤移民入台传播后，其信仰特色虽与大陆原乡存在一定的差异性，但这种差异性只是两岸民间信仰传播过程中出现的大同中的小异，是两种信仰随着移民社会的演变而发生某些适应性调整的正常现象，只是它们受不同的自然与人文生态影响而出现的某些新特点，根本构不成所谓台湾文化的自主性特征。这是我们今天考察两岸客家民间信仰同中之异与异中之同时需要特别注意的。

第二章 闽台客家的祖先崇拜

第一节　闽台客家姓氏的始祖崇拜与文化认同

闽台客家姓氏的始祖，是指闽台客家地区某一姓氏公认的开基祖先。而始祖崇拜，则是其后裔将其作为该姓氏在闽台地区经济、社会、文化的创立者、奠基者而赋予其浓厚的神秘、神奇色彩，并加以膜拜。闽台客家姓氏始祖崇拜是闽台客家祖先崇拜的重要形式，也是两岸客家民众族群认同的象征与符号，但前人对此论述无多。本节在田野调查的基础上，结合相关文献，就闽台客家姓氏始祖崇拜的文献记载与口头传说，崇拜的形式与仪式、特征与功能等问题，进行比较全面系统的探讨，从中揭示闽台客家姓氏始祖崇拜发生的文化基因及其发展的动力源泉，指出这种崇拜在族群性格形成和文化认同中的功能与价值。

一、闽台客家姓氏始祖崇拜的文献记载与口头传说

从田野调查看，在闽台客家地区有相当数量的开基祖被称为某一姓氏的始祖。如世传闽粤台客家刘姓广传公：

> 一百三十六代二世祖，讳广传，名并，号清淑，妣马氏、杨氏……马祖妣生九子：长、次、四、五、八、九、十、十二、十三。杨祖妣生五子：三、六、七、十一、十四。分居各省，共十四子。一百三十七代三世祖十四大房：长巨源公、二巨渌公、三巨洲公、四巨渊公、五巨海公、六巨浪公、七巨波公、八巨涟公、九巨江公、十巨淮公、十一巨河公、十二巨汉公、十三巨浩公、十四巨深公。[①]

---

① 罗香林:《客家史料汇篇》，南天书局有限公司，1992，第 227—230 页。

对此，闽西武平县湘村《刘氏盛基公家谱》则载：

> 广传公出外开基，临别谕十四子，赠言曰：骏马骑行各出疆，
> 任从随处立纲常。年深异境皆吾境，日久他乡即故乡。早晚勿忘
> 亲令语，晨昏须顾祖炉香。苍天佑我卯金氏，二七男儿共炽昌。
> 杨太婆祝词：九子流九州。马太婆祝词：五子天下游。①

关于刘姓的"十四大房"，还有一段传说。据闽西武平县湘村村
报告人说，广传公吟完"十四子临别赠言"后，随即拿起一口铁锅
往地上一砸，恰好分成十四块，他便吩咐十四个儿子各拿一块，说
他日相见，如能将其合成一口锅，就是其子孙。因此，旧时刘姓人
相逢，会很自然地询问对方是哪一房人（十四房中哪一房），是杨
生还是马生。如同属十四房中人，一下子就会亲热许多，接着会谈
到杨太婆、马太婆"二子大小比口才"和砸铁锅分成十四块的传说，
越聊越亲热，再后来就不分你我地喝起酒来，犹如亲兄弟一般。②

类似的开基祖传说和文献记载在客家地区数量颇多。闽西上杭县
《黄氏源流家谱》载：黄氏第 119 世峭山公，娶上官氏、吴氏、郑氏，
上官氏生和、梅、荀、盖、楚、龟、洋七子，吴氏生政、化、衢、
卢、福、林、塘七子，郑氏生发、潭、城、延、允、井、层七子。峭
山公曾对 21 位儿子临别赠言曰："骏马登程往异方，任从胜地立纲常。
年深外境犹吾境，日久他乡即故乡。旦夕莫忘亲命语，晨昏须荐祖宗
香。唯愿苍天垂保佑，三七男儿总炽昌。"③

粤东《蕉岭程官部黄氏家谱》载：

---

① 刘文波：《刘氏盛基公家谱》，1980 年抄录。
② 报告人 LWB，男，91 岁，福建省武平县大禾乡湘村村退休教师。
③ 民国二十年修上杭《黄氏源流家谱》，该谱现存武平县平川镇黄文良先生处。

> 峭公……娶三妻：官氏、吴氏、郑氏，俱封夫人……各生七子，共二十一子，八十三孙。因世乱纷纷，公于嘉祐四年正月初二日，置酒邀亲友，召诸子训曰：余年已迈，将有九泉之虞，人口蕃衍，供给浩大，家业无多，何以为子孙长久计？……今将家业作二十一分均分，留长子侍奉，诸子分往各处。诚有孝心念我者，何异我在乎？有诗一首，登程执别。后世黄氏各州邑居者，念诗符合，即属宗派。[①]

闽西钟姓的始祖传说也富于传奇色彩。据新编《钟氏族谱》，钟烈一脉的南迁始祖是钟贤。钟贤于公元420年，过江迁至江西虔州，成为钟姓的入赣始祖。后来，钟贤奉命入闽平定"六戎之乱"，亦成为入闽始祖。其子钟朝后来携后母马氏、妻儿到闽西长汀县白虎村开基。[②]据长汀县报告人说，马氏十分贤惠，相夫教子，常奉劝丈夫、儿子在战争中谨慎杀戮。她自己则经常收容伤病员，深受官兵的爱戴。她死后葬于九龙岗癸山丁向，旧时当地民谚曰"先有钟家墓，后有汀州府"，即指此。相传，汀州府衙原先设在今上杭县东，后传马氏墓对其风水有影响，遂决定铲除马氏墓，将府衙建在其上。当时在汀州府的钟姓后人为钟逵，生有七个儿子，名曰：礼、恭、宽、廉、敏、惠、节。钟氏兄弟七人遭此劫难，郁气莫申，便将家产悉数抛售，并将箭射之田六十顷施舍给开元寺。兄弟七人，各奔东西。这就是钟姓史上的"七子散汀州"。[③]

又据《颍川钟氏历代宗亲族谱》载：

---

① 罗香林：《客家史料汇篇》，第188—189页。
② 参见武平钟氏宗亲会编：《颍川堂武平钟氏族谱》，2004，第9页。
③ 报告人ZNZ，男，87岁，原长汀县松香厂管理人员。

兄弟七人，因官府贪酷不已，将祖业产尽行出卖，将射箭坝尝田舍入开元寺，兄弟迁徙他方，分别之时于祖宗之前盟誓。后有知府李以知逸公兄弟有舍田盟誓之念，上表追封逸公为令公，塑像于开元寺东阁配佛永远奉祀。当时，宽公、敏公移居虔州即今赣州是也。恭公移龙南信丰，宽公复移雩都，又分居信□□，即公移居回龙，又分居瑞金县；惠公移河田，又分居宁都；廉公移于上杭却其派也。世传井秋坑有祖坟三穴，原系象形，坐西向东，前有小河，为罗带水，亦即始祖也。[①]

类似刘、黄、钟三姓开基始祖的传说与记载，在闽西客家地区的族谱记载与口头传说中十分普遍。在长达十年的田野调查中，我们发现闽西客家各县有近二十位所谓的"客家始祖"——钟贤、蓝大一郎、何大郎和张化孙、李火德、丘三五郎、郭福安、廖花、温九郎、江百郎、黄天禄、刘千十四郎、陈梅山等。兹举数例，以见大概。

（1）张化孙。民国《上杭县志》载："始祖化孙宋季由宁化石壁徙杭，裔孙散居全邑，县城户口数十。……县东太拔、大厚里、太古等乡，各数百户。墩下白石骨，各数十户。……县南古坊、田梓、洋境、樟树潭等乡，各二三百户。……县北鄞坑、再兴、忠村、苏坑、古田及大小吴地，各数百户。……县西厦康、附城乌虎坝、洋稠石笋乡，户百数……"[②] 上杭泰拔《张氏族谱》载："迁居上杭始祖化孙，讳衍，号传万，中宪大夫，自宁化石壁迁上杭北□□坑……生子十八。"[③] 上杭县《张氏续修房谱》载："化孙公在闽开基成族，阅六传而得我。""宋中宪大夫原居古宁石壁，后来我杭川迄今西洋里之原……

① 钟大烈录：《颍川钟氏历代宗亲族谱》，手抄本。原稿藏武平县文博园。

② 丘复总纂：《上杭县志》卷八《氏族志》，唐鉴容校点，上杭县地方志编纂委员会，2004，第179页。

③ 闽杭泰拔敦睦堂：《张氏族谱》，道光八年重修本。

公为后一世传生十八房，或居闽之福漳龙岩，或汀之宁化武平清流杭永诸处，或居粤之潮州程乡镇平大浦，而江右尤盛。"①据上杭县张姓报告人说，张化孙生有十八个儿子，十八房联诗曰："吉庆祯祥集，从龙福自绵。景星卿帝阙，倬彼定名云。"十八个儿子生有一百零八个孙子，后裔遍布于赣、闽、粤、浙、湘、桂和港、澳等地，迁布到东南亚乃至世界各国。因汀江别称"鄞江"，故而张化孙被尊称为"鄞江始祖"。②

台湾地区《屏东清河百忍族谱》载："（化孙公）享寿九十四岁，葬上杭西洋山，金盘载珠形。姚陈太孺人……又姚阙恭人，生子十八……卒时孙曾一零九人送终。""现居屏东县各乡张氏，系化孙公及万三公后裔。考由清乾隆年间十三世渡海来台创业，繁衍至今，丁口昌盛，宗族联系密切，立有祭祀尝会。春秋二祭，裔孙热心踊跃。近年新建化孙祖祠于内埔乡新北势、万三祖祠于竹田乡头崙。"③《台湾张氏族谱考》载："闽粤开基祖化孙公，传至一百四一代之后裔迁台……闽粤居民多于斯时渡台，其间不乏张氏族人，由各支派定居于台湾蕃衍，故今台湾张氏族谱，有清河、鉴湖、金坡、板桥、龙屿、清溪等派，或以各房公派之名为称。"④据南靖《张念三郎公派下族谱》载，张化孙之裔孙张念三郎裔孙迁台者甚众，如念三郎的十三世孙张志达在清康熙六十年（1721）迁台，裔孙布居台中、嘉义；往前张宗富派下十一世时有少数人往台湾谋生，到了十四世时就有更多裔孙迁台。⑤

（2）李火德。民国《上杭县志》载："始祖由江西石城迁宁化，

① 《张氏续修房谱》，同治元年焕公房编订。

② 报告人ZFQ，男，71岁，现为上杭县张化孙纪念馆管理人员。

③ 罗香林：《客家史料汇篇》，第115、116页。

④ 张承敦：《台湾张氏族谱考》，台湾张氏族谱考编纂委员会，1992，第39页。

⑤ 参见南靖县《石桥开基祖张念三郎公派下族谱》，1993年修，第25、143页。

再迁至上杭，为邑望族。……火德房分居安乡、太平湖、化厚、官田、杨梅洞、上渡坪、渡上、长滩、章田背，南路下都忠村，西北路涧头渡、水东等乡，户口最盛。……明开封教授诚、处士颖、职方鲁，清进士青选，举人辑瑞、开，皆火德房。……炳煊、明煊、荣华、树华皆火德房。"[1] 台湾《陇西李氏族谱》说："推求其源本则皆出于上杭火德公、湖坑庆三郎公、油坑淑逊公、吴宅善政公暨我始祖祯艺公之一脉流传者也。"[2]

据上杭县一位报告人说，李火德元配伍氏一直无生育，在他六十三岁那年纳陈氏女为侧室，婚后连生三男：三一郎、三二郎、三三郎。关于李火德的婚配，还有一段有趣的传说：

> 李火德年逾六十三岁尚未得子，一日路过邻家，被狗狂吠，一悍妇出门说："我以为谁？原来是岗头绝后老！"李火德听到后暗怒而回，至家闷闷不乐，不思饮食。其妻伍氏见状，便问其故。李火德说："我一生积善，何以天亏我也。"遂将刚才之事告知。伍氏沉思片刻后，便安慰他说："我听说仁慈的人，必定有后，我愿娶侧室，给你传后。"李火德遂求神问卜，都得吉兆，不日便至陈家托媒求婚。陈母心想，你李火德六十三岁了，我女儿年方十九，何以相配？便出难题推托说："要娶我女可以，但需排满七桌银两、九桌缎锦作为聘礼，如果无法筹措，则另聘名门闺秀。"媒人听后无言以答，只好如实回报。伍氏听后初有疑虑，随后便满口答应，择期托媒定亲。至时，她派人将银两、缎锦送至陈家，把银两和缎锦分两大桌摆设，一大红漆桌

① 丘复总纂：《上杭县志》卷八《氏族志》，第174页。

② 李望洋重修：《陇西李氏族谱》，光绪十六年抄本，载邓文金、郑镛主编：《台湾族谱汇编》第28册，第414页。

上摆满银子，另一桌中央则放一坛老酒周围排满缎锦，然后请陈母过目收下。原来，伍氏故意将"七"谐音成"漆"，将"九"谐音成"酒"，"七桌"变成"漆桌"，"九桌"变成"酒桌"。陈家只好应承。李火德婚后九年，接连生了三子二女。此后子孙绵绵，繁衍不绝。①

同样的故事母题，相关的族谱记载还有不少异文。如台湾《李姓历谱》载《上杭官田祖考火德公事迹》曰：

> 火德公与姚田氏夫妻年历五旬，未有生养。一日，过邻舍伍家犬吠，其母使其女即次姚伍氏年甫十六未聘，出而望之。见火德公，回答其母犬吠者上唇火德公无嗣鬼也。公闻愤然愠怒，告田氏曰："三年菜子有生乎？"田氏答曰："要地肥。"公遂其意，即语之曰："乡也，伍家之女谓我无嗣鬼也，我尔夫妻各宜自勉，彼伍家女未聘即可聘为吾次室矣。"田氏闻言喜悦，遂托媒伍家议聘。父母曰："尔公方五十还有此骄心耶？若备聘金五十两我女即与之也。"公从其言，乃送聘金五十，娶伍家女为次室也。生子五人。以此观之，天岂有绝善人哉？②

据不完全统计，李火德裔孙分布在我国 16 个省、区、市及海外 13 个国家，其中包括闽、粤、赣、桂、滇、黔、琼、川、浙、湘、豫、渝和港、澳、台地区，以及美、英、加、日、牙和东南亚各国。③

---

① 报告人 LCZ，男，77 岁，上杭县李氏大宗祠管理委员会成员。
② 李清潭编修：《李姓历谱》，载邓文金、郑镛主编：《台湾族谱汇编》第 27 册，第 152—153 页。
③ 参见钟巨蕃：《谈谈李氏南迁始祖李珠的源与流》，载福建上杭客家联谊会编：《上杭客家》第 3 期，2002，第 122—123 页。

李火德裔孙播迁台湾，据说有上百个支派。据《南靖下版寮万五郎派李氏族谱》记载，该村李氏开基祖福山是李火德的第十世孙，清康熙年间移居台湾的裔孙有 54 人，至乾隆、嘉庆、道光年间有 280 多人迁台。[1] 台湾《李氏源流》称："其徙居闽粤两省者，且多同为火德公之一脉。""（台湾省）李氏，大多迁自闽粤二省，分支繁盛。"[2] 据台湾地区报告人说，李火德派衍台湾各地裔孙有近百万之众，分别在基隆、台北、桃园、新竹、中坜、台中、南投、彰化、云林、嘉义、台南、高雄、屏东、台东、花莲、宜兰、金门……据不完全统计，桃园县李氏就有 15 万—18 万人，在桃园县各乡、镇、市李氏宗亲会各分会有 13 个。台北市、南投县、云林县等县市裔孙均计数万人以上。1959 年，台湾李氏曾合力编纂了《李氏族谱》，该谱指出，"独火德公，即我南下之始祖也"。台湾的李氏宗祠，绝大多数供奉李火德的神主牌位。[3]

（3）丘三五郎。民国《上杭县志》载："宋，始祖三五郎自宁化石壁村迁杭，为本邑第一著姓。据明维摩同知祯作谱序，先黄门与龙岩治中昂言，丘氏先世居江西之永丰。清康熙中，归善令嘉穗作家传，亦云先世永丰之层山人，三五郎迁上杭，十子分为十房……全县丘氏皆三五郎。徙居粤赣黔桂湘浙等省者甚众。"[4]

上杭县《邱氏百五郎公家谱序》载："及始祖三五郎兄弟三人迁居上杭胜运，以始来兹土，故名。其子十人俱出上杭，以其世居上杭，又名世祖。其后分业，各当一处，曰胜运、峡头、来苏、横坑、太平、横田、溪南、七桥等里，子若孙者因之。盖是时土田余旷，人民寡落，维意所适，各得择取而居之。久之，子孙又厌薄窄，慕腴美，间则迁

---

① 参见《南靖下版寮万五郎派李氏族谱》，雍正年间纂修，抄本。

② 台湾"世界李氏宗亲总会"编：《李氏源流》，1990，第 105 页。

③ 报告人 LZ，男，83 岁，台湾桃园市我任公裔孙。

④ 丘复总纂：《上杭县志》卷八《氏族志》，第 172 页。

取东粤，或程乡与兴宁，或龙川、河源，或翁源、英德，或大埔、饶平，其子孙蕃庶，不能尽识。"[1] 续谱序言载："始祖三五郎从宁化移来上杭胜运太白城蒯，当时人皆不名，而只以郎称，初不谓为谁、为某也。世代虽明，然不知其年号某。娶室李氏，出子十人，曰伯一郎、伯二郎、伯三郎……伯十郎。其伯三、六、八郎早逝失传。"[2]

关于丘三五郎开基拓业的历史，上杭县一位丘姓报告人说：相传丘三五郎公的父亲丘三郎法言原先迁居于宁化县丘家坊，生有三四郎、三五郎、三六郎三子。……有一年，丘家坊突遇一场暴雨，溪水横流，大水漫浸，泥石流冲毁田园、道路、房舍，丘家多年积累创下的基业付之东流。然而祸不单行，洪灾过后，时疫流行，丘三郎也不幸患上疫病，奄奄一息的老人喘着粗气要三五郎另辟基业。丘三五郎葬完父亲后，便告别一家老小前往上杭。当他来到上杭地界胜运里太拔城前坝（今太拔乡太拔村）时，看见这个河谷盆地，四周群山耸翠，而盆地内部平坦开阔，便于开荒垦田，遂认定这是一个理想的安居乐业之地，便在此开基立业。[3]

据台湾《苗栗县下南势坑邱氏族谱》，当地邱氏是上杭邱氏三五郎公之孙、伯七郎公之子梦龙公（广东蕉岭白泥湖开基祖）的一支。[4] 台湾《丘（邱）氏来台开基各派大宗谱》亦载：丘三五郎分布在广东蕉岭、梅县、饶平、五华、陆丰与福建诏安等地的后裔中，有 117 位于清康熙、雍正、乾隆年间渡海去台，在新竹、台中、彰化、苗栗、

---

[1]　[明] 邱聪:《初修三五郎公族谱序》，载《邱氏百五郎公族谱》卷首，道光四年季秋修辑。

[2]　[明] 邱宏:《续修三五郎公族谱序》，载《邱氏百五郎公族谱》卷首，道光四年季秋修辑。

[3]　报告人 QTH，男，76 岁，上杭县丘氏三五郎公族谱编委会成员。

[4]　参见苗栗县下南势坑编纂:《邱氏族谱》，2009，第 86—87 页。

桃园等地开基创业。^①台湾《闽粤台丘（邱）世系源流研究总结》中说："查台湾地区丘（邱）氏先世多系来自广东嘉应州及潮州、饶平、大埔、丰顺、陆丰暨福建诏安、南靖等地……先祖都是操客家语系的……吾族十之八九操客家话的都是上杭追祀始祖三五郎公派下裔孙（继龙公裔孙特盛）。"^②据《上杭丘氏三五郎公族谱》载，丘逢甲祖籍上杭县下都黄坑（璜溪），上祖六十郎，由黄坑迁广东镇平县员子山（今蕉岭县文福镇逢甲村），而后其曾祖丘仕俊（丘三五郎第二十五世孙），再由镇平迁至台湾开基。丘逢甲生于台湾苗栗县铜锣湾。^③台湾政商学知名人士丘创焕、邱创良、丘进益、邱正吉、邱清辉、丘棣华、邱义仁等，都声称是丘三五郎裔孙^④，丘三五郎被台湾丘氏裔孙追祀为闽粤赣台大始祖。

（4）郭福安。民国《上杭县志》载："迁杭始祖为十六承事……遂家焉，因号郭坊，即今县治。故谚云：'未有上杭县，先有郭坊村。'"^⑤郭氏为上杭县大姓，素有"郭半街"之称。据当地报告人说，宋神宗年间，郭福安从抚州府到上杭县任承事郎时，看到紫金山脚下宽广的河谷平川，认为是一块开基创业的风水宝地。任满后他便不再回抚州，而是率家人在此披荆斩棘，创建家园，并将此地命名为"郭坊"。^⑥我们在上杭县郭氏家庙田野调查时，见其大门石刻楹联为：

---

① 参见台湾省丘（邱）氏宗亲会编：《丘（邱）氏来台开基各派大宗谱》，2009。

② 上杭丘氏源流研究会编：《上杭丘氏三五郎公世系研究文献资源汇编》，2007，第309页。

③ 参见上杭丘氏三五郎公族谱编委会编：《上杭丘氏三五郎公族谱》，2014，第148页。

④ 参见钟巨蕃：《千支万根相同——台湾丘氏回杭祭祖》，载中国人民政治协商会议福建省上杭县委员会文史资料委员会编：《上杭文史资料》第29辑，2005，第181页。

⑤ 丘复总纂：《上杭县志》卷八《氏族志》，第178页。

⑥ 报告人GMX，男，70岁，上杭县临江镇瓦子街人，原上杭二中教师。

"开辟郭坊吾祖始；源流杭邑我家先"，表达了郭姓在上杭县城的地位，昭示其开基上杭的光辉历史。据说郭福安生有两子，其裔孙播迁海内外，在台湾的后裔分布在台北、新竹、台中等 15 个县市，近年来台湾新竹县的郭氏后裔曾多次组团回上杭寻根谒祖。[①]

闽西客家各县的所谓"客家始祖"不胜枚举，限于篇幅，兹不赘言。

二、闽台客家姓氏始祖崇拜的形式与仪式

闽台客家始祖的记载与传说充满悲情、悲壮意识，被赋予浓厚的神秘、神奇色彩，闽台客家始祖往往体现出一种神圣性，受到子孙后代的膜拜。闽台客家姓氏群体从现实生活立场出发，以不同的方式衍生出丰富的始祖崇拜文化，建构了完整的崇拜体系和多姿多彩的信仰生活。始迁地、始祖祠、始祖墓的建构，更是将姓氏宗亲凝聚在具体而实在的神圣空间内，通过举行重大的祭祀仪式和信仰活动，强化姓氏群体内部的凝聚和认同，进一步延续祖先崇拜精神及其文化传统。

（一）始迁地

祖地，是指"祖先之地""父母之邦"。因此，祖先迁出地传说是群体认同的一种重要符号。在闽台客家人祖居地行政归属认同上，最常见的是"汀州府"。在外地的闽西客家移民聚落，即使长汀籍不占多数，其会馆也常称作"汀州会馆"。如闽西客家人迁台后，先后在台中彰化、台北淡水兴建了祭祀定光古佛的寺庙，即彰化的定光古佛庙和淡水的鄞山寺，这两座寺庙都叫作"汀州会馆"。[②]实际上，当地移民主要来自永定，为这两座寺庙建庙、施田的主要也是来自永定

---

① 报告人 GSF，男，81 岁，上杭县临江镇瓦子街人。

② 刘大可：《闽台地域社会与族群文化新探》，方志出版社，2004，第 11—12 页。

的移民。但建庙碑文的落款、寺庙匾额反映的内容和寺庙的产权体现的都是"汀州府"。如"鄞山寺"之名和彰化定光庵对联中的"鄞江"一语，均与汀江在长汀水段的古称有关。

祖居地或祖先始迁地认同最典型的当数宁化石壁。闽台客家姓氏的族谱普遍声称其先人来自宁化，而相当多的族谱还声称其先世来自宁化石壁。如上杭《温氏族谱》载："太始祖铜宝公，生于唐僖宗之时，原居福建宁化石壁乡，因遭黄巢之乱，游于石城县居住……"① 《南雄河南堂邱氏三修族谱》曰："我始祖宋三五郎公……自宁化石壁村迁居上杭县胜运里。"② 台湾《心田赖姓族谱》载："朝英公……出仕于福建省汀州府宁化县知县……路遇堪舆先生，云宁化县石壁城有一大地，财丁贵美，不可尽言。……则居住于宁化县石壁城田心开基，立庙奉祀。"③

不仅如此，闽台客家李火德派也明确称其祖先来自宁化石壁。《李百岁公派下家谱》载："珠公家在太原府陇西县，官居都督，因宋之际干戈未定，乃避乱移居，由陇西迁住于汀洲（州）宁化石壁村，娶吴氏，生五子，金木水火土为号，兄弟□□遗裔。而我祖火德公又俱宋元兵乱，乃偕其正室伍氏由宁化移上杭丰朗里。年六十三，有女无子，爱娶陈氏为侧，至六年，连生三子二女。公富而好施，故其后昌。"④ 《陇西李氏族谱》载："孟公生珠公，职居都督，值宋元之际干戈未定，因官避乱，由汀州府移居于宁化县之石壁村，娶妻吴氏，生五子，长号金德公，次号木德公，三号水德公，四号火德公，五号土

① 罗香林：《客家史料汇篇》，第 371 页。

② 罗香林：《客家史料汇篇》，第 216 页。

③ 赖长荣纂修：《心田赖姓族谱》，民国二十年（1931）修，载邓文金、郑镛主编：《台湾族谱汇编》第 24 册，第 106 页。

④ 李春华纂修：《李百岁公派下家谱》，光绪六年抄本，载邓文金、郑镛主编：《台湾族谱汇编》第 25 册，第 182—183 页。

德公，兄弟自此兴旺，俱多遗裔，或移或守，难以备述。唯火德公是我祖之所自出。……始祖火德公，其先汀州府宁化县人也……"①

　　此外，《游氏族谱》载："始祖公王念八公讳宝生，配江氏八娘，生一男，讳先益公，自汀洲（州）府宁化县石壁村移来漳洲（州）府诏安县二都秀篆埔磜下居住。"②前述遍布台湾各地的丘氏，更声称其始祖就是从宁化石壁迁居上杭的丘三五郎，全台湾近 400 万客家人亦大多声称源于石壁。因而，宁化石壁常被称誉为"客家人的中转站""客家人的里程碑"和"客家祖地"。

　　另一个典型案例则是上杭县的"瓦子街"。在两广客家人中，经常能听到的一句话是："我的祖先是从上杭瓦子街迁来的"。近年来，越来越多的来自世界各地的客家人声称其为从上杭外迁姓氏的后裔，到上杭追寻上祖外迁前的足迹——瓦子街，或瓦子坪、瓦子巷。据上杭县报告人说，早在 20 世纪 90 年代初，旅居海外的客家后裔到上杭寻根时就曾提出这一问题。此后近 20 年中，有李、张、丘、王、刘、郭、林、何、黄、温、卢、周、朱、杨、沈、陈、罗、吴、龚、郑、蓝、汤、冯、钟等 20 多姓客家后裔自称是瓦子街移民后裔，到上杭寻根。③据上杭县另一位报告人说，1987 年他曾接待过从广东、广西来的张、陈、冯等姓，要他帮助寻找祖居地瓦子街；1998 年前后，有四位广东始兴县的刘姓宗亲到上杭来寻找瓦子街，说其附近有棵大榕树。④《始兴卢氏五修族谱》载："益公与县伊公……筮出闽省……属

---

① 李望洋重修：《陇西李氏族谱》，光绪十六年抄本，载邓文金、郑镛主编：《台湾族谱汇编》第 28 册，第 392—393 页。

② 游英勇撰修：《游氏族谱》，民国三十一年（1942）抄本，载邓文金、郑镛主编：《台湾族谱汇编》第 70 册，第 87 页。

③ 报告人 GXH，女，51 岁，上杭县图书馆工作人员。

④ 报告人 LWH，男，91 岁，上杭县《刘氏族谱》编撰人员。

上杭大塘凹瓦子乡而居。"[①]《始兴平阳堂饶氏重修族谱》云："至二十二世孙……生四子：二郎复家上杭县瓦子街，生三子。"[②] 四川省仪陇县"朱德父母故居"陈列馆展示的《朱氏家谱》上写道："（太祖）自福建上杭紫金山笋竹坝瓦子街而迁移广东韶州府乳源县龙溪枫树坪立业……"据上杭县严雅英统计，广东南雄、始兴、翁源、乳源、曲江、河源、清远等县和广西陆川、钦州等县市，以及江西信丰等地，是声称为上杭县瓦子街移民姓氏最多、时间最长、人口最集中的地区。[③] 近年学者们的田野调查也证实了这一说法。曾祥委曾指出，粤北始兴县隘子镇"华姓万历年间由上杭瓦子街来"[④]，陈方畴亦发现，粤北始兴县兴仁里欧仰公原籍，"村中世代相传，都说是福建瓦子街（在闽西南）"[⑤]。上杭县本地族谱也有关于其姓氏祖先曾在瓦子街居住的记载。[⑥]

（二）始祖祠

祠堂是一种能充分表达姓氏、宗族、房系等群体归属的实体符号，直观地展示了祖辈赖以生存的根基，象征着祖先，也象征着宗族组织。它既是宗族凝聚的精神纽带，又是宗族权力的代表。如果说语言是无形的精神家园，那么祠堂则是有形的物质场所，发挥着宗族整合的功能。闽台客家始祖祠正是这种姓氏群体整合的体现。

---

① 罗香林：《客家史料汇篇》，第 355 页。

② 罗香林：《客家史料汇篇》，第 255 页。

③ 参见严雅英：《上杭瓦子街是客家移民史上的闪光点》，载福建上杭客家联谊会编：《上杭客家》第 6 期，2005，第 17 页。

④ 曾汉祥、谭伟伦：《韶州府的宗教、社会与经济》，国际客家学会、法国远东学院、海外华人资料研究中心，2000，第 434 页。

⑤ 曾汉祥主编：《始兴县的传统经济、宗族与宗教文化》，国际客家学会、法国远东学院、海外华人资料研究中心，2003，第 133 页。

⑥ 参见上杭《雷氏四修族谱·序》，民国三十七年（1948）编印。

上杭县稔田乡的李氏大宗祠，被称为"东南亚李氏宗亲的大本营"，兴建于清道光年间，占地面积五六千平方米，共有大厅三栋、客厅二十六间，住房一百零四间，历时四年建成。该祠坐北朝南，砖木结构，成"回"字形，前方后圆。正中大门竖有巍峨的石牌坊，上刻有"恩荣"两字，横眉上刻有"李氏大宗祠"五个大字，石柱楹联为"丞相将军府；忠臣孝子门"，两旁门空内则有"登祠思祖德；入庙念宗功"的对联。上、下厅堂之间由三组屏风隔开，在中间一组刻有明代儒学教谕季远撰写的《李火德翁传》。后大厅为"惇叙堂"，系李氏裔孙瞻仰李火德之处。相传该祠的风水地形为"蜘蛛结网"，近年来，港、澳、台地区和海外李氏宗亲前往朝拜谒祖者络绎不绝，规模蔚为壮观。

上杭县城关的丘氏总祠，也是海内外丘氏宗亲纪念始祖丘三五郎的宗祠。该祠创建于清嘉庆年间，为丘氏族裔赎丘练塘公故宅所建，占地数十亩，造成中宫连进四大栋。砖墙瓦盖，砖皆刻"丘祠"字样。祠貌巍峨，画栋雕梁，宛如一座宫殿小城。大门首高竖族先贤明监察史丘道隆石坊，正厅为丘氏始祖三五郎公暨一脉宗亲左昭右穆及各房系祖宗名牌神位，正中、左右共有三座神龛。厅后建有魁星楼一座，祀奉魁星点斗，配享同胞三大夫丘道隆、道充、道明及台湾名士丘逢甲座位。该祠属典型的清代建筑，坐北朝南，主体建筑分上、中、下三厅，计有围房、配房一百余间。上杭丘氏人口众多，有"丘半县之称"，丘三五郎后裔遍布赣、闽、粤、台、港、澳等地，并远播东南亚及美国、韩国、日本等地。20世纪90年代以来，港、澳、台地区及海外丘氏后裔每年都不顾航车劳顿、千里迢迢地组团前来寻根谒祖。

江氏后裔建立的始祖祠也是如此。《济阳江氏族谱》中《济阳江氏上杭建祠碑记》详载江氏始祖祠建造的过程、结构与功能："始祖八郎公自宁化石壁村徙居于杭邑三坪乡……迄今传世凡二十余代。……然尚未建祠，以合于庙。岁甲申，众议卜地于杭邑城南……

中祀始祖……为问祀期，则春秋二分也，主祭者乡绅，替礼者子衿，陪祭者子姓也。其饮宴则馂余也，其谈论则孝弟忠信诗书稼穑也。人文跄济，少长咸集，登斯堂者仰祖灵之赫濯，瞻榱桷之森严，而君蒿凄怆之感益切。继自今劬勉儿孙致钟鼎盛，蝉联不替，则丹口肯构润色而大之，且祠与尝相表里，则理蒸尝以修，时祭在所必重。谨将所置祀田开载于后，庶宗祀与日月同光，祀田并山河永寿云。"①

类似这种情况，还有上杭县廖氏花公祠。该祠坐落于上杭县蓝溪镇觉坊村塘背，始建于清顺治年间，建筑面积约 1500 平方米，分前后两殿。上殿为祭祀厅，设有历代上祖神位；下殿为聚集休息厅，可容近千人。祠堂内墙侧楹联为："甘肃武威承先启后源流远；闽杭觉坊继往开来子孙昌"。祠门横梁上镌刻有"廖氏花公祠"五个大字。祠内有一口天井，由万块扁形小河卵石拼凑成"金钱"般的图案。天井中央有一圆形铜钱大小的"泉眼"，与花公陵墓"田鸡浮塘"并称风水二宝地。"钱"与"泉"谐音，寓意为"家族旺，子孙昌，财源不断"。廖氏花公祠曾有过几次重修，但均保持了原貌风格，古朴典雅，古色古香，造型独特，是当地尚存较为完整的一座古建筑。1995年进行了较大的维修，当年 10 月竣工。其开光升堂庆典场面热烈，有闽粤赣及港台和泰国各地宗亲组团参加仪式，献上各式匾牌，悬挂于祠内墙上。每年春秋两祭，前往该祠祭祖敬宗的海内外花公裔孙络绎不绝，祠内香火亦萦绕不断。

此外，我们在田野调查中，还见到不少祭祀开基始祖的祠堂。如蓝氏后裔在武平县大禾村建立的蓝大一郎公祠堂；明正德五年（1510），郭氏后裔为纪念其杭城开基始祖郭福安，而建郭氏家庙；台湾屏东建有纪念上杭客家始祖的张化孙公分祠；台南的成功路有纪念客家吴氏

---

① 江洽源续修：《济阳江氏族谱》，载邓文金、郑镛主编：《台湾族谱汇编》第 22 册，第 235—236 页。

开基祖的吴氏大宗祠，等等。

（三）始祖墓

始祖墓和与其相关的风水传说也是闽台客家姓氏群体认同的神圣符号。具有代表性的始祖墓有钟姓"马氏地"、张姓"张化孙墓"、丘姓"丘三五郎墓"等。

1. 钟姓"马氏地"

在闽西客家地区田野调查过程中，我们曾多次听到钟姓内部广泛流传的"马氏地"传说：

> 始祖婆马氏埋葬后，墓内常发出鼓乐之声。唐代宗大历年间，朝廷听说马氏墓内有鼓乐之声，恐有变乱，便把州治由上杭移至长汀白石村，将汀州府衙建在马氏墓地上。由于马氏墓的坐向为"癸山丁向"，汀州府衙亦照此方向建筑。故民谚有云："天下衙门皆子午，唯有汀府癸山丁。"与此同时，又将钟氏祖屋改建为长汀县衙，所以长期以来闽西钟姓人内部有这么两种说法："长汀县衙祖屋场，汀州府衙妣坟堂。唯愿后裔存方寸，随居处处世荣昌。""先有钟屋地，后有汀州府。"后适逢马姓知府莅任，钟姓人上书前因后果，得到马知府的同情，得准将箭射田六十顷作钟氏尝田，每年清明节逊府堂三日给钟氏子孙祭墓。但后任知府许由又对清明逊府堂给钟氏祭墓不满，派人怒掘马氏墓九尺，却不见马氏棺骸，只有油火一缸，金光灿烂，并现碑文："许由，许由，与你何仇，五百年后，与我添油。"许由大骇，购遍汀州府之油也无法把油缸添满，而钟姓子孙一添缸就满了。许由遂同意修复马氏墓和清明逊府堂祭墓，并立碑

题之曰：黄门侍郎（钟朝）之母墓。[①]

对于这些传说，闽西各地的《钟氏族谱》也多有反映。如武平县《颍川钟氏历代宗亲族谱》载：

> 昔因朝廷金鄞江地，九龙岗祖坟，为汀州府衙。又迁住宅，为长汀县衙。兄弟难抗朝廷，靠有司之恩，恳祈每年清明祭扫，以展孝思。值马知府仁政爱民，泽及枯骨，即将射箭坝田六十亩钟氏蒸尝田，每年遇清明逊位祭醮。后数十年，有知府许优，不容祭醮，将钟氏一族磨灭，恣横百端，意欲挖去祖坟。延迟一七，将坟挖开，见一油缸，内有灯火不息；又一石碑，有文云："许优、许优，与汝无仇，数百年后，与我添油。"知府见此，遂添以复瘗之。[②]

"马氏地"的传说后来还被镌刻入《钟母马氏夫人墓志》，"迨后九公子孙居处不一，或广东，或福建、江西、浙江、湖广所在，皆有援其事以志之"。[③]

关于马氏夫人墓，地方志书亦有一些记载。民国《长汀县志》载："中山公园。即旧汀州府署，清军厅署，府经历署。民国十八年，因乱被焚；二十一年，共产党辟为公园；二十三年，东路军入汀，改为中山公园。旧有钟氏唐始祖妣马太夫人墓。二十四年，驻军旅长钟

---

① 报告人 ZNZ，男，87 岁，原长汀县松香厂管理人员；ZLM，男，92 岁，长汀县红山乡苏竹村村民；ZFZ，男，77 岁，武平县象洞乡沾阳村村民。

② 钟大烈录：《颍川钟氏历代宗亲族谱》，抄本，原稿藏武平县文博园。

③ 该墓志从报告人 ZNZ 处抄录。报告人 ZNZ，男，87 岁，原长汀县松香厂管理人员。

彬加筑纪念碑。"①《古迹志》载："钟氏始祖妣马太夫人墓，在中山公园内……马夫人为钟全慕之妻翱之祖母。"②

千百年来，马氏夫人的传说在闽西钟氏内部流传了一代又一代，无异于是一种神圣的图腾。由于对马氏夫人坟墓的崇拜，民国时期，钟姓族人还专门制定了关于马氏夫人坟墓的若干章程：

钟族马氏祖妣原基原墓立碑修理众祠总章

第一章　总则

第一条　此次马氏祖妣原墓立碑，及修复在汀城之宗祠二座，暂依本总章行之。

第二章　建筑范围及程序

第二条　马氏祖妣原墓系在汀州旧府衙内二堂，即理在中山公园之中央建立一庄严神圣而可垂永久之铜碑，地面以水门汀铺一党徽，其上以水门汀建一方亭，周围以铁栏杆围护。其图样另请工程专家拟定公布。

第三条　在汀州府署东偏横岗岭宗祠已全部崩颓，现仅有地基，拟新建筑三堂房屋及厢房其□。

第四条　在汀州署前席稿塘之宗祠现已破漏，拟完全修复原状。

第五条　立碑为第一期工程，于廿四年一月动工，四月完成。修祠为二期工程，廿四年二月兴工，年底完成择吉进火。

第三章　捐款及垫款办法

---

① 邓光瀛、丘复修纂：《长汀县志》卷一《地理志》，长汀县博物馆、政协长汀县委员会文史编辑室重刊，1983，第43页。

② 邓光瀛、丘复修纂：《长汀县志》卷一《地理志》，第58页。

　　…………①

　　不仅如此，我们还在《颖川钟氏族谱》中，发现了一篇撰于民国二十五年（1936）为修复马氏夫人墓捐资而作的序文，全文如下：

　　　　宗彬叔公驻汀州悦心报 祖德坟堂发展谱序题捐簿，修复我族唐始祖妣马太夫人墓醵金簿序：

　　　　彬髫龄时，每闻族老言汀州府署内我唐始祖妣马太夫人墓故事，辄心焉向往。及长，渐耽世事，向往之心亦未尝一日去怀。自尔倥偬戎马，奔走四方，偶有所触，便觉怅然，自恨未缘瞻奉，以饫中怀。民十七来，汀州沦为"匪区"，腹地俨成异域，欲一往瞻拜斯墓，更无期矣。今年十一月一日，"中央东路剿匪军"规复长汀，彬适绾旅符，亦率属至焉。戎马之暇，函往参竟，以沃我二十年来之渴思。孰意府署荡尽……徘徊瞻顾，凄惘何极，然一究自然之形势，追唯历史之事变，又不禁怦怦于心而不能自己也。

　　　　汀州四面环山，中辟一平原，从平原中兀然耸立者，九龙山也。……中出一支，势尤雄放，我马祖妣墓当其中。由其中以望，东亘霹雳，西崎玉女，南屏珠宝。复远山环拱，护势若连云。平时相错如绣，东西带于左右，二溪合流而南，山州之回合，配置之天成。及其全境之清佳，非亲临而观者，莫之能想象也。曩者朝野迷于风水之说，谓此墓当出天子，乃卜其地，建府署以□之，墓址适为二堂案棹位。据旧谱所载，递年清明犹许钟氏诣府堂祭扫，是则冢故在府署，未□平毁。嗣以祭扫

---

① 不著撰人：《颖川钟氏一脉族谱》，民国二十四年（1935）钟晋书录，原稿藏武平县文博园。

时，有醉汉触太守怒，始奏革之，然尚以名坟相视，准以府署
西偏立庙祠祭。历年亡久，庙宇寝废。迨清同治间，有上杭钟
宝三者，以世袭云骑尉得交于汀州冯知府，复奏准因庙废址以
立假冢……今，彬因缘时会，得亲临斯土。俯仰感慨之余，而
修复我先人坵墓之念，能不慨然以生乎？

正月念六日宗侄晋书叩录 [①]

钟氏后裔对始祖婆坟的千年追思与心驰神往，体现的也正是闽台
客家社会的祖先崇拜。

2. 张化孙墓

上杭《张氏族谱》载："迁居上杭始祖化孙……享寿九十三，葬
白砂里将军桥西洋屋背山，申山兼坤，肖金盘载珠形。乾隆年间更
修，金骸三十二，银牌一座，载有坟图。配享江西省城张氏宾兴公
宇。陈恭人，享寿八十九；阙恭人，享寿八十八，二姚合葬白砂里
将军桥西洋神前坑，丙山兼巳，飞凤展翼形。嘉庆乙丑年更修，墓
内银牌一、玉石一，载有坟图。"[②] 对此，南靖《张氏族谱》则载有
《坟墓墓址歌》："一世化孙葬上杭，金盘载珠在西洋，雄鸡拔翼西洋
内……"[③]

据上杭县张姓报告人说，化孙公葬在上杭县白砂镇大平岗上，墓
地在风水上被称为"金盘载珠"，墓前竖有十八根华表，象征十八房

---

① 不著撰人：《颍川钟氏一脉族谱》，民国二十四年（1935）钟晋书录，原稿藏武
平县文博园。

② 闽杭泰拔敦睦堂：《张氏族谱》，道光八年重修本。

③ 《张氏族谱》，民国三十五年（1946）修；又见南靖县《石桥开基祖张念三郎公
派下族谱》，1993 年修，第 20—21 页。

后代子孙侍立墓前。坟堂占地 908 平方米，谐音为"久灵发"。墓地占据整座山头，气势恢宏。长期以来，当地百姓把化孙公墓当作"土地伯公"来对待。张化孙妣陈、阙两恭人，葬于茜洋村距张化孙墓 1 公里远的神仙坑，墓地呈"飞凤展翅"形，有碑联曰："凤地嗣孙旺；鄞江日月长"。每年春秋两祭，港台和海外的张化孙裔孙常常不远千里前来祭拜，表达对始祖的崇敬之心。据不完全统计，从改革开放至今，已有近十万人次前往祭祀，其中就有相当多的来自台北、基隆、台中、桃园、云林、台南、屏东、高雄等地的张氏宗亲。[①]

3. 丘三五郎墓与李火德墓

相传，丘三五郎墓初建于南宋淳熙年间，清乾隆六年（1741）由十房裔孙募资重修。关于这座坟墓的由来，据当地报告人说，丘三五郎晚年经常到附近山场逗留，他在黄岩村的米子隔屏风岭看到这里山坡瑞气氤氲，背靠屏风岭"后龙"，前傍蜿蜒而来的罗坑溪，是风水地形上难得的"金簪插壁"龙穴，于是叮嘱儿孙："我百年之后，宜葬于此。"丘三五郎去世后，子孙们就按他的意愿将其安葬在这里。他的两位夫人去世后，亦合葬于此。[②]

据当地人说，丘三五郎坟墓附近的茶地、黄岩、罗坑、官山等村的其他姓人称丘三五郎公墓为"丘大官地"，他们像敬拜公王、社公神位一样对待丘三五郎公墓。如小孩偶有疾病，或家有所求，便到坟前烧香敬茶，很是灵验。而丘姓人举凡生儿育女、婚嫁喜庆、建房置业、科举中式、经商做官等，都前往祈求，据说往往能如愿以偿，故前往朝拜者，络绎于途。台湾丘氏宗亲总会在屏风岭下大路旁还立有

---

① 报告人 ZFQ，男，70 岁，上杭县张化孙纪念馆管理人员。又见张能波：《鄞江始祖张化孙》，载福建上杭客家联谊会编：《上杭客家》第 2 期，2001，第 71 页。

② 报告人 QXW，男，52 岁，上杭二中教师；报告人 QRM，男，70 岁，上杭县丘氏宗祠管理人员。

"丘三五郎公墓道"的石碑。

类似的这种始祖墓，还有李火德墓。《台湾苗栗郡涧窝李氏族谱》载："一世火德公……葬于丰朗乡冈头，初卜葬他处，运柩至此，忽风雨暴作，雷电交加，送者释之奔避。及风息雨止，群蚁衔泥而坟几成。有一老曰：'佳，此天葬也！子孙之盛应如蚁。'人呼'蚁子地'。"[①] 同样的故事情节还见于我们的田野调查中。据上杭县稔田镇一位李姓报告人说，李火德的棺柩抬至丰朗岗时，恰逢电闪雷鸣，暴风骤雨，送葬的"八仙"弃棺避雨。一阵雨过后，云开见日，送葬队伍回到原处，却不见棺柩，后来发现其自陷成坟，遂成"天葬地"。李姓外迁后，丰朗村现有陈、刘二姓，他们对李火德生前施阴功、积阴德，死后"天葬地"等传说深信不疑。因此，凡小孩惊风生病、牲畜生瘟，他们都拿着香烛跪到火德公坟墓前祷告：保佑小孩平安、六畜兴旺。据说，祷告后小孩的病容易好，生病的猪好得快。所以，不少人甚至买了小猪也到坟前敬酒，保佑母畜平安。[②]

这些始祖墓、始祖妣坟，或因官民冲突的悲情，或因"天葬风水"的故事，或因灵验的风水传说，在各姓氏人中代代相传。在他们心目中，拥有神奇经历的祖墓更能荫及子孙，使子子孙孙福泽绵延，因而它们就成为一种精神寄托，人们从中可以感受到一份心灵的慰藉。

三、闽台客家姓氏始祖崇拜的特征与功能

从历史考证学的角度看，前述刘、黄两姓的传说与记载，存在着诸多大同小异之处。大同者，不但开基诗惊人雷同，而且子孙人数众多，一为二七男儿（十四个儿子）八十三孙，一为三七男儿（二

---

① 李祥甫纂修：《台湾苗栗郡涧窝李氏族谱》，民国二十一年（1932）刊本，载邓文金、郑镛主编：《台湾族谱汇编》第28册，第19页。

② 报告人 LCZ，男，73岁，上杭县李氏大宗祠管委会管理人员。

十一个儿子）八十三孙，何其相似乃尔！小异者则是，刘、黄两姓内部不同的族谱之间又相互抵牾，如闽西刘谱十四子均为单名，粤东刘谱名字中则均加上"巨"字。又如，闽西《黄氏源流家谱》载，峭公吴妣生次子化公："妣戈、梁氏，梅州核刻谱有二妣，按上所抄，一妣戈氏，生二子，潜善、云明，兹又载二子名一阳、一宁，上下不符，姑二存之以俟考证。梁妣葬石城墟虎形石砌墓下，一谱载生二子，一阳大，一宁二；又谱载生二子，潜善大，云明二。"[1]前后存在互相矛盾的现象。

类似的现象，也出现在其他姓氏的族谱中。闽西武北《蓝氏族谱》云：

> 泰定帝至和三年丙寅，生一子曰寅生，明宗天历元年戊辰生一子曰辰生，文宗至顺元年庚午生一子曰庚生，宁宗元统元年壬申生一子曰壬生，顺帝元统二年甲戌生一子曰甲生，元统五年丙子生一子曰丙生，元统九年戊寅生一子曰戊生，及后七子长成，皆英俊……长子寅生取名念一郎，不移旧居；次子辰生取名念二郎，居武平大一图；三子庚三取名念三郎，分居武平上堡章丰；四子壬生取名念四郎，分居上杭平安里朴树下……七子戊生取名念七郎，分居上杭湖洋，后转庐丰。[2]

修于清咸丰二年（1852）的武平县桃溪镇江坑村《蓝氏族谱》附有二幅祠堂图，其中一幅题为"汀州府王衙新街巷蓝氏祠堂图"，落款为"大清雍正七年己酉七房嗣裔鼎建"；另一幅题为"武平县西门

---

① 民国二十年修上杭《黄氏源流家谱》，该谱现存武平县平川镇黄文良先生处。

② 武北《江坑蓝氏族谱》（清嘉庆戊午年）、《江坑蓝氏族谱》（清咸丰壬子年）、《中湍蓝氏族谱》（清嘉庆丁巳年）均载此文。

外兴盛坊蓝氏祠堂图",落款为"大清道光十一年辛卯七房嗣裔鼎建"。我们在田野调查中发现，位于武北大禾乡结坑水口的蓝大一郎墓碑上亦刻有"蓝氏三世祖大一郎公之墓。七大房嗣孙立，乾隆己未年孟夏"。可见，无论族谱还是碑刻，都提到蓝姓的"七大房"——念一至念七七兄弟。

蓝姓大一郎公名下的"七大房"，是否真的是七个同胞兄弟？杨彦杰曾对此提出疑问。他认为这些家谱、族谱都明确记载着所谓蓝大一郎七个儿子念一郎至念七郎的出生年份：念一郎，1326 年；念二郎，1328 年；念三郎，1330 年；念四郎，1332 年；念五郎，1334 年；念六郎，1336 年；念七郎，1338 年。这七个同胞兄弟的出生年份排列得如此整齐，每个人都刚好相差两岁，实在是难以令人置信。[1] 在医学条件极端落后的传统社会，难产、早夭都是高概率事件，七个同胞兄弟中间既无间隔姐妹，又无一难产、早夭，且出生年份均相隔二年，确实是极小概率事件。并且，据官庄《蓝氏家谱》记载："石碑上载名蓝伯六十一郎，即念四郎者也。"而在畲族人的名字中，"伯"和"念"是用来表示辈分的，其中蓝姓以"大、小、伯、千、万、念"六字为序，周而复始。"伯"和"念"分别代表着两个不同的辈分，中间隔了两代，怎么可能把它们安在同一个人的身上呢？[2]

李氏始祖李火德的兄弟传说也是如此。《台湾苗栗郡涧窝李氏族谱》载：

> 孟公后裔有珠公字进奇，宋初官御史，继官都督，有声。

----

[1] 参见杨彦杰：《闽西客家地区的畲族——以上杭官庄蓝姓为例》，载氏著：《闽西客家宗族社会研究》，国际客家学会、海外华人研究社、法国远东学院，1996，第 274—304 页。

[2] 参见杨彦杰：《闽西客家地区的畲族——以上杭官庄蓝姓为例》，载氏著：《闽西客家宗族社会研究》，第 280—281 页。

姚严氏、田氏，田生子五：长金德，次木德，三水德，四火德，五土德。公姚俱迁葬建宁府松源县佛祖高墓。明季李士淳前清顺治十三年二月二十三日，在松溪龙牙适中处，会集惠潮嘉宗族，序源流，立谱图。至三月十日，佛祖高墓祭珠公，转放丰朗冈祭火德公焉。

火德公兄弟列左……金德公居福建宁化，木德公迁江南宜兴县，水德公居福建邵武县，土德公居福建清流县。[①]

相同的故事母题，还见于田野调查中。上杭县钟巨蕃云：

相传，李火德的父亲李珠娶妻潘氏，生有五子，以德为派冠，以五行取义，名曰：金德、木德、水德、火德、土德，又有养子田德。宋末元初，天下大乱，南迁人流不断，加上石壁地狭人多，难以发展，李珠劝其子金、木、水、火四德及夫人潘氏，同迁外地发展。木德、火德便从石壁迁到上杭县胜运里丰朗村；水德携妻带子并奉母潘氏，从石壁迁居广东镇平，其后裔再次外迁；金德迁福建长汀。李珠因不愿放弃经营多年的石壁村基业，和土德、田德坚持留在石壁。其后，土德一脉迁往广西。[②]

但对于李氏这一传说，很早就有人质疑。《台湾苗栗郡涧窝李氏族谱》载：

---

① 李祥甫纂修：《台湾苗栗郡涧窝李氏族谱》，民国二十一年（1932）刊本，载邓文金、郑镛主编：《台湾族谱汇编》第28册，第18、20页。

② 参见钟巨蕃：《谈谈李氏南迁始祖李珠的源与流》，载福建上杭客家联谊会编：《上杭客家》第3期，第121—122页。

考火德公上世有孟公，即光弼公，封临淮王，薨于唐代宗二年，距宋尚未二百余年，而珠公官宋初御史，宋太祖七年生火德公。旧谱乃有编孟公一世，珠公二世，火德公三世者，大无斟酌。吾思孟公与珠公之间漏去代数不少，至火德公为珠公子，证以明季李士淳与宋之朝代不远，曾经聚族祭火德公，上及珠公之墓，可信不诬。凡火德公派下，询其祖脉，皆以火德公对，其余上下皆茫然不知。

我火德公上承二百年前之临淮世族……序中彩日彩耀未见于火德之后，则所谓聚族而谋宜合五德派下而言，乃以上明言五德而其下单提火德，或后世多火德公之裔，传抄误也。为此释疑，以待达人考核。[①]

这样的兄弟传说模型，还见于江氏始祖。据上杭县报告人说：

南宋末年，战乱频仍，江万顷与长子江铎在江西饶州为国捐躯后，江万顷姚钱九娘偕长媳丘十六娘……迁居福建汀州宁化石壁村……后江万顷次子锜、三子铜、四子念四郎、五子念五郎，偕嫂丘十六娘及侄四六郎、百八郎、百十三郎等，由宁化石壁村迁到上杭县胜运里定居。百八郎、百十三郎在上杭三坪居住几年后，迁上杭金丰里（今属永定）居住。百十三郎生五子，其中五子千五郎公后迁平和县大溪镇江寨开基。据传，其中一支又从平和先迁台湾彰化，后移居南投县平山里，是为台

---

① 李祥甫纂修：《台湾苗栗郡洞窝李氏族谱》，民国二十一年（1932）刊本，载邓文金、郑镛主编：《台湾族谱汇编》第28册，第19—20、9页。

湾政要江丙坤先生一族。①

我们在永定县田野调查时，又听到另一种大同小异的说法：

> 宋理宗时，任江南东路提举的江晔生三子：万里、万载、万顷。宋末，万顷之子十八郎，自江西入上杭庐丰三坪开基为始祖。江十八郎生九子，衍传永定、南靖、平和、漳浦和粤东的大埔、饶平以及台湾的台北、桃园、彰化县、嘉义等地。江十八郎是闽粤台江氏族谱公认的始祖。②

近年编修的江氏《历代祖宗系统略谱》对江氏始祖的传说与衍传进行了梳理，形成了系统完整的表述：

> 第一〇九世祖晔公受赠周国公，生三子：万里……万载……万顷……兄弟三人均任于南宋理宗，尤以万里公为显位，违左丞相共事，力扶宋室。宋恭宗元年时，元兵破饶洲（州）城，万里公率长子镐、万载公偕长子铎尽节于饶洲（州）城，万顷公率二子四侄随益王入闽，分居同安县汤坂里及汀州府宁化石壁下地方。此是吾族入闽之始，凡散处于闽各县及台湾南洋之江姓者皆万里公兄弟之后裔也。……第一〇九世祖晔公为永定开基第一世祖，万顷公为第二世祖……第三世祖十八郎公生六子，饶洲（州）城尽节后六子分散：长子四六郎，住三坪四甲……五子百八郎，住迁居永定县金丰里高头乡半径甲东山大路下……吾族是第四世祖百八郎公为永定县金丰里高头乡半径

甲东山大路下开基祖。公生二子：长子千五郎公，次子千十郎
公。千五郎公后裔是桃园大溪江姓派下是也。吾族是次子千十
郎公派下是也。[①]

颇为有趣的是，先前编修的《济阳江氏族谱》所载与此又有所
不同：

> 始祖公本音济阳堂上，蒂源高祖太公江百四郎、祖妣邱
> 氏……生下七男。今将七男分居坐址开具：长男江百八郎婆周
> 氏二娘，分在汀州府永定县高头住……六男江百十四郎婆蔡氏
> 四娘，分在南靖即今之平和大溪莒溪竹篙头住，生五男；七
> 男江百十五郎婆唐氏十娘，分在南靖县即今平和县莒溪家下
> 住。……今将我祖百十四郎生下五男开列：长男江千一公妣刘
> 氏十娘，分在新寨屋住……三男江千三公妣李氏十娘，分在瓦
> 窑下住……五男江千五公妣郑氏四娘，分在南靖新安里葛布大
> 溪住。[②]

前后对照可以发现，在田野调查所获的口头传说和《济阳江氏族
谱》中分别有关于江氏五兄弟、七兄弟、九兄弟的记述。但是，口头
传说中的"五兄弟"为百十三郎所生，而《济阳江氏族谱》中并无百
十三郎其人，生下"五兄弟"的是百十四郎；口头传说中生下九子衍
传闽粤台各地的是江十八郎公，而《济阳江氏族谱》记载生下七男分
布闽粤台各地的是江百七郎公。同是"百八郎公"，在江氏的口头传

---

① 不著撰人：《历代祖宗系统略谱》，载邓文金、郑镛主编：《台湾族谱汇编》第
22 册，第308—309 页。
② 江洽源续修：《济阳江氏族谱》，载邓文金、郑镛主编：《台湾族谱汇编》第22
册，第250—252 页。

说与《济阳江氏族谱》记载中相差好几代。而同是江氏族谱，《历代祖宗系统略谱》与《济阳江氏族谱》记载差异甚大。因此，《济阳江氏族谱》感叹："江千五公自来大溪江寨祖居传至十五代，因乱离失谱，流传今上十代其详不可得，闻今特记其大略耳。"[1] 既然"乱离失谱"，那么记忆产生偏差就成为一种可能或者必然。同样，《历代祖宗系统略谱》也对许多现象困惑不解："吾人以八郎公为入闽始祖，以百八郎公为高头开基祖，应无错误。但吾东山习惯，凡出生小孩即加上杭三代算辈，如始祖百八郎公即算四世，北山则要死后再加上杭三代，今由百八郎公开始算辈，四世百八郎配周氏，五世祖千十郎配刘九娘，六世祖念六郎配廖三娘，但三世公婆均不完整。"[2]

赖氏始祖亦是如此。台湾《心田赖姓族谱》载：

公又同地理师择一坟，坐北向南，十分全美，地名田心，百年后同夫林氏、谢氏合葬在田心，世人皆呼为心田赖氏。自宋及元世传至大明洪武二年之间，朝廷开漳泉垦惠潮招集新民，我宁化公字万芳婆许氏、马氏、黄氏，三人生下九男，名唤荆、梁、雍、豫、徐、扬、青、衮、冀。宁化公字万芳葬在石壁田心，长次三仝嫡母马氏来漳泉开基，四五六仝次母许氏住惠潮作祖，七八九仝三母黄氏在石壁城看守祖祠坟墓。[3]

---

① 江治源续修：《济阳江氏族谱》，载邓文金、郑镛主编：《台湾族谱汇编》第 22 册，第 252 页。

② 不著撰人：《历代祖宗系统略谱》，载邓文金、郑镛主编：《台湾族谱汇编》第 22 册，第 313 页。

③ 赖长荣纂修：《心田赖姓族谱》，民国二十年（1931）修，载邓文金、郑镛主编：《台湾族谱汇编》第 24 册，第 109 页；不著撰人：《罗山赖氏家谱》，载邓文金、郑镛主编：《台湾族谱汇编》第 23 册，第 362—363 页。

其后裔漳州田心始祖一世祖元成公卜隆，元末明初由漳浦官陂田心迁南胜县清宁里心田开基（其地后属平和县属）。清代乾隆年间，十五世祖云从公由漳州府移居赤岭溪边城，渡台居台中拣东下堡三份埔庄，生五子，修祠堂，设祭田，繁衍子孙，称为五美公派。①

类似的情况，更见于丘氏始祖丘三五郎公生十子的相关记载。我们曾翻阅过七省三十多个市县，56 种不同地域、不同朝代所刊行的谱序、谱载、刊物等，发现对丘三五郎生十子的记载基本一致，丘三五郎共生有十个儿子。较早的谱序有明景泰元年（1450）邱聪、明成化二年（1466）邱宏为修谱所作的序。②清乾隆年间两次修复丘三五郎公坟的《碑记》也载："祖三五郎公支传十派，散处各省，实邱氏之始祖。"③但在近年全国各地丘氏族谱编修过程中，亦有不少地方发现前后记载矛盾之处，如有丘三五郎"其子七人""盛传七叶"的说法。为此，上杭县丘氏三五郎公族谱研讨会于 2003 年 10 月 7 日在县城丘氏总祠召开论证会，认为"上杭三五郎公生十个儿子，伯一郎至伯十郎的史实是准确无误的"④。

诸如此类，在闽台客家姓氏始祖兄弟传说中，一方面，不同姓氏始祖都有众多的兄弟（五个以上）；另一方面，宗族内部关于他们的文献记载与口头传说又存在着诸多不合情理之处，往往前后矛盾，相互抵牾，让人对其历史真实性产生怀疑。

由此，很自然地让我们联想起王明珂在川西北田野调查时所关

---

① 参见赖长荣纂修：《心田赖姓族谱》，民国二十年（1931）修，载邓文金、郑镛主编：《台湾族谱汇编》第 24 册，第 58 页。

② ［明］邱聪：《初修三五郎公家谱序》、［明］邱宏：《续修三五郎公族谱序》，载上杭县《邱氏百五郎公族谱》卷首，道光四年季秋修辑。

③ 上杭丘氏源流研究会、上杭丘氏总祠管理委员会编印：《丘氏总祠》，第 23 页。此为碑文原文复印件。

④ 上杭丘氏三五郎公族谱编委会编：《上杭丘氏三五郎公族谱》，2014，第 133 页。

注的"弟兄祖先故事"。王明珂认为，"三弟兄故事"的主要情境是沟中几个村寨人群共同拥有、分配与竞争沟中资源。如此"历史"，其叙事结构（"三弟兄故事"）是社会结构（三个村寨）的反映。其主要叙事符号——"弟兄"——也对应社会人群间的合作、区分与竞争关系。生活在此社会中，也是生活在一个"历史"之中。[①] 他还进一步认为，历史记忆中的主要符号——"弟兄"——隐喻着各族群间的合作（"兄弟如手足"）、区分（"亲兄弟明算账"）与竞争（"兄弟阋墙"）。[②]

不难发现，闽台客家始祖"兄弟祖先传说"与之颇为相似。不同的是，闽西客家始祖"兄弟祖先"的记载与传说更多地体现为不同来源的姓氏群体以姓氏认同为基础，通过虚拟血缘（血缘认同）的做法达到联宗睦族的目的。其中最突出的是"兄弟多"（通常五个以上）隐喻"人多势众"[③]，对应为地域人群的同姓团结、联盟，共同面对相对峙的"他姓"和异姓对抗。闽西客家始祖"兄弟祖先传说"也就成为族群建构的一种手段和族群认同的一种符号。这种族群历史建构的方式又与王明珂指出的"在《朗氏家族史》中，不仅藏族原人六族出于六个弟兄，朗氏各支系也无不出于一组组的弟兄……此三大支系之内部各部族都各源于该支系之始祖九弟兄……更早的敦煌所藏吐蕃历史文书中，也有'六父神之子，六兄六弟'这样的神性祖先之说"[④]，相映成趣。

闽台客家地区通过这些始祖传说的建构，以生动的语言形式塑造

---

① 参见王明珂：《英雄祖先与弟兄民族——根基历史的文本与情境》，第 22—23 页。
② 参见王明珂：《父亲那场永不止息的战争》，浙江人民出版社，2012，第 115 页。
③ 这种"兄弟多"隐喻为"人多势众"的现象，还见于广泛流传闽西客家地区的"五个大胡子兄弟的故事"和"七个大胡子兄弟的故事"。具体可参见刘大可：《中心与边缘：客家民众的生活世界》，第 76、197、254、255、321 页。
④ 王明珂：《英雄祖先与弟兄民族——根基历史的文本与情境》，第 145—146 页。

群体成员，强化群体认同意识，使他们"真实"而神圣地存在于这些姓氏人群之中。由此发生心理上的共鸣，产生稳定的认同感，从而发挥其在姓氏群体认同上的功能。这种功能在闽西客家地区的姓氏械斗中得到生动的体现。如我们在不同场合反复描述的闽西武北客家村落"千家刘与百家丘"的械斗、湘村刘氏与源头蓝氏长达22年的械斗案，双方均求助于方圆几十里内的"同宗叔伯"，甚至数百里外的同姓之人。①

从更广阔的视野看，闽台客家的始祖传说与闽南人的陈元光远征伴随传说、福州人和泉州人的闽王王审知传说，以及四川人的僖宗扈从传说、壮族的狄青传说都颇为类似。与此密切相关，闽西客家的上杭瓦子街传说、宁化石壁传说与河南固始传说、南雄珠玑巷传说、湖北麻城传说、苏州阊门外传说，以及瑶族的千家峒传说、胶东半岛川滇移民铁碓臼传说，亦有异曲同工之处，它们均属于祖先同乡类型。②

在一个移民社会中，源自不同地区的移民后裔，在追述祖先来历、传承祖先记忆时，往往存在着两种现象：一是选择性生存策略，二是选择性记忆。宁化石壁传说与上杭瓦子街传说的出现正是如此。就选择性生存策略而言，在闽台客家移民社会中，部分源自宁化石壁的移民以其迁入时间早，较早融入当地社会，在各个领域率先取得成功，而成为当地客家社会的主流人群。在这种情况下，后来移民认同宁化石壁有助于其进入主流社会，获得一定的社会地位。所以，相当多的非源自宁化石壁的客家人也与之粘连、附丽。我们有理由认为，在客家移民社会中，的确有相当一部分客家人的祖先是从宁化石壁迁

---

① 参见刘大可：《田野中的地域社会与文化》，民族出版社，2006，第7—8页。

② 参见[日]濑川昌久：《族谱：华南汉族的宗族·风水·移居》，钱杭译，上海书店出版社，1999，第191页；陈世松：《明初胶东半岛川滇移民由来考》，《历史研究》2016年第5期。

移而来，但肯定也有不少人甚至更多的人或因先世失考而盲从，或因生存需要而主动选择，将宁化石壁认作祖籍原乡。

就选择性记忆而言，部分客居异乡的闽西客家人也许记不清上杭城的名称，但对上杭县城的商业繁华、勾栏瓦肆的兴盛记忆犹新，对宋元以后兴起的游乐商业集散场所——"瓦舍""瓦子"更是念念不忘，以至于给后代子孙口述、口头传承难忘的移民经历时，很自然地用"瓦子街"这一形象的名称来指代其迁出地。这一形象的地名一方面表达了他们对祖籍原乡的眷恋，另一方面则可使他们获得更多同类移民的认可。所以，在客家移民社会，无论"宁化石壁"，还是"上杭瓦子街"，都是一种象征符号，潜藏其后的历史真相既无人能够说清，亦无法可以说清。

论者往往拘泥于客家始祖生平真伪的考证，对考索客家世系源流保持了长久的兴趣。作为一种学术研究，这无疑是十分必要且十分重要的。但如果换一种思维方式，我们不难发现，这种具有符号性、建构性、神圣性特征的始祖崇拜，更多地体现为族群认同的价值与族群和谐的精神，一味地追求历史事实、固执地探索纯正血统及其源流，既不可能，也不必要。著名历史学家翦伯赞曾在《内蒙访古》中说，他在呼和浩特市南20里左右和包头市的黄河右岸各发现一座昭君墓。同时，他还据内蒙古的人的报告说，在大青山南麓还有十几二十座昭君墓。于是他得出一个认识，王昭君墓究竟在哪里，其实并不重要，重要的是为什么会在不同地方出现如此众多的昭君墓。昭君墓的大量出现反映了内蒙古民众对王昭君的认同，大家都希望昭君墓在自己的家乡。在内蒙古民众内心深处，王昭君已经不是一个具体的人，而是一种象征，一段民族融合历史的象征。昭君墓也不仅是一座坟墓，而是民族融合的标志与灯塔。[1] 闽台客家始祖崇拜又何尝不是如此？

---

[1] 参见翦伯赞：《内蒙访古》，《人民日报》1961年12月13日，第5版。

"瓦子街"的有无、具体地址在哪里，祖先传说的真伪、祖先兄弟的有无、风水传说的真假，其实都不十分重要，而更为重要的是为什么会有这些瓦子街的传说、祖先故事、祖先兄弟和风水传说。其崇拜的精神实质与精神价值更多地体现了群体的认同与族群的和谐。

在闽台客家始祖崇拜的认同符号中，还有两种现象值得进一步讨论。

其一，"天葬风水"。闽台客家始祖（妣）坟墓多有"天葬风水"的传说，因其出于"天意"而更受族人崇拜。这与闽西客家村落开基始祖祠堂地点时因母猪（或母鸡、母鸭）觅食而发现风水宝地的传说具有惊人的相似性。某开基祖到该村开基时因贫困只好给当地的富户做长工。他养了一伙母鸡（或母鸭、母猪），这伙母鸡（或母鸭、母猪）每天都会到现今该姓总祠地点觅食或生下双黄蛋，他认为这是一块风水宝地，于是借口无处安身，央求东家准其在该处搭一茅寮居住。东家怜其赤贫，就同意了他这一请求。后人请来风水先生一看，这里果真是一块风水宝地，于是在这里建起了祠堂。得益于风水的护佑，开基祖及其后裔结果比东家更发达。[①]

这种现象，一方面反映了当地居民朴素的"天人合一""天人感应"的原始思维。因"天意"和动物感应而获得好风水，这种"天人感应""天降异象"的传说，是族人自我圣化、"正宗"塑造的手段，也是赋予天然的合法性与神圣性的文化逻辑。另一方面则体现为在普通民众的思维深处，祖先合情合理的行为（如尽忠守孝、"心好不用斋"）固然是获得好风水的关键渠道，但情与理的矛盾未必会影响后代子孙享受好风水的庇佑。祖先人性化而非道德化的生活实践（如与官府的冲突、男女激情、姓氏纷争），更可能是后代裔孙获得风水荫

---

① 参见钟德盛：《武平县城关的庙会与醮会》，载杨彦杰主编：《闽西的城乡庙会与村落文化》，第44—45页；刘大可：《中心与边缘：客家民众的生活世界》，第16页。

庇的资本。同时，这也反映了传统客家社会道德伦理与现实生活、制度规范与社会实践之间的某种背离现象，从中折射出基层民众特定的原始思维与文化逻辑。

其二，闽台客家一些族谱中关于始祖的记载和故事传说，具有南方民族早期历史的若干特征或历史模式。如钟姓"七子散汀州"的传说与我们在武平县十方镇黎畲萧屋田野调查中听到的萧满姑传说中萧姓迁徙前舍田、塑像于寺庙的说法十分相似：萧家在某年某月的一天早上，发现猪栏里的猪没有了，全是蛇。家人便议论，可能这里不吉利，不能再居住下去。不几天，洪山福主公王与萧满姑托梦给显闻公的儿媳们，说："这里是廖家居地，萧家应迁徙外地才能兴旺发达。"次日，家人共议梦情，一致决定外徙，并把全部家产、祠堂舍于建寺，寺名为"白莲寺"，立绍辅公为舍山神主；所有的山场、店地历年纳租归为寺中收入，交由寺内出家人管理。①

类似的情况，还见于何大郎的传说。台湾《卢江何氏宗谱序》载："始祖从宁化石壁村迁武平盈塘里南岩狮子口手炉山，居家富积，一世祖大郎生五子，曰：三郎、四郎、五郎、六郎、八郎。一女仙姑，生于后晋唐高祖初改治元年，性质纯厚，有异于凡流，纫不茹荤，至老不饮酒，誓不适人。岩中修道，不食不饥，知过去识未来，灼灼然于中，乡人咸谓之曰仙姑也。时定光劝募大郎，大郎大发善心，施南岩仙境为定光佛殿，施屋宇为僧房，施田四千七百八十坪，地三十亩八分，塘四十六亩。此以德施，彼亦以德报也，乃祀仙姑之像于仙佛楼，祀大郎为檀越主。遂迁居于冷洋，长房三郎迁河田，二房四郎迁赤岸，四房六郎迁海丰，五房八郎迁河源，三房五郎迁来苏

---

① 参见刘大可：《闽台地域社会与族群文化新探》，第58—59页。

六十地。"① 按武平何氏也是被学术界认为高度疑似畲姓的一个姓氏。②

而"七子散汀州"的悲壮情节、刘姓广传公十四子临别赠言、黄氏峭山公临别二十一子赠言的传说又与瑶族千家峒的传说③、湖北恩施土家族始祖向王传说（"聚桥头，分遗破釜，命各执一片，世守为信"）④，异曲同工。

《钟氏族谱》记载了钟姓早期历史。据载，钟峦的儿子友能、友瑞的后裔在迁徙过程中隐姓埋名，分别改姓为萧姓和叶姓。这与我们在其他地区田野调查时获得的资料也有契合之处。我们在武平县十方镇黎畲村调查时，听当地报告人说，黎畲萧屋与相邻的叶坑叶姓不通婚。据武平县报告人说，武北某村的蓝姓据说也是从叶姓改姓而来，在 1949 年前，该村蓝姓人不时与邻村李姓人有矛盾，每当撑木排路过邻村时，他们常常被邻村李姓人戏谑地高声呼叫："叶古子！不要走啊！"⑤ 由此可见，钟、萧、叶、蓝四姓之间存在着一种特殊的亲缘关系。

凡此种种，集中反映了闽台客家的早期历史，有一个族群融合的历史阶段，闽台客家的始祖崇拜也体现了族群融合的特征。认同蓝大一郎为始祖的，既有武平县的源头、江坑、中湍、湘坑、贡下、大禾等村落的蓝姓人，也有被官方认定为畲族的上杭官庄、庐丰等乡镇的蓝姓人，还有传说中的邻村叶姓人。与此类似，认同钟翱和马氏女祖

---

① 何德昌补修：《（何氏）卢江一脉源流族簿》，载邓文金、郑镛主编：《台湾族谱汇编》第 15 册，第 19 页。

② 参见傅衣凌：《福建畲姓考》，《福建文化》第 2 卷第 1 期，1944 年；杨彦杰：《封侯隘与封侯的宗族社会》，载氏著：《闽西客家宗族社会研究》，第 217—235 页。

③ 参见乔健：《飘泊中的永恒》，山东画报出版社，1999，第 57、63 页。

④ 参见自林继富：《清江流域土家族始祖信仰现代表述研究》，人民出版社，2012，第 85 页。

⑤ 报告人 ZRM，男，95 岁，武平县桃溪镇小澜村村民。

的钟姓人，既有"钟半县"的武平县钟姓人和长汀县同睦坑、苦竹山等声称为钟姓祖地的钟姓人，亦有上杭中都、庐丰等乡镇被官方认定为畲族的钟姓人，还有萧、陈、赖、邬、田、叶等姓。凡此，均说明这些为畲汉民众共同纪念的始祖，既是一个建构符号，又是一种族群融合的象征。

还需特别注意的是，上述同一主题的祖先兄弟传说还具有共同的逃难情节：开基始祖遭遇天灾/械斗/官灾/兵灾而逃难，流落/迁徙到闽西，然后成为本地的开基始祖。这些充满悲壮色彩的祖先逃难传说，一方面进一步提升了由姓氏认同到血缘认同的纽带效应，另一方面则更进一步强化了始祖开基拓业的艰辛、悲情、悲壮色彩，从而增强了祖先崇拜的效果。从中我们可以看到中国历史上"英雄徙边记"中所蕴含的叙事符号①，以及"不得不藏身洞穴，乔装出逃，四处流窜，无家可归，不断遭遇生命危险，似乎不止一次地陷于绝境，又不止一次地死里逃生，还碰到了惊马等，无比惊险"②的宗教式苦难经历和艰苦卓绝的奋斗。由此我们不难发现，南方民族历史建构的统一性和祖先崇拜与神明崇拜的同一性。

结　语

闽台客家始祖崇拜内容丰富、形式多样，众多的个案故事传说似乎荒诞不经而又交叉叠合、扑朔迷离，但透过纷繁复杂的表象，我们仍然可以清晰地看到种种共同的模式、共同的线索和共同的历史背景。从中透视出客家文化组成的多元性：一是北方汉文化或曰中原文化向赣闽粤边的传播；二是若隐若显的南方民族文化遗存及苗瑶畲

① 参见王明珂：《英雄祖先与弟兄民族——根基历史的文本与情境》，第83—84页。
② 参见[英]托马斯·卡莱尔：《论历史上的英雄、英雄崇拜和英雄业绩》，周祖达译，商务印书馆，2011，第71—72页。

的融合；三是官方意识形态伴随国家权力向边陲地区的推移而不断渗透。这些遥远的历史记忆在始祖崇拜方面就体现在移民比较集中的始迁地宁化石壁、上杭瓦子街和各姓氏始祖祠、始祖墓的传说与祭仪方面。以始祖为认同符号，通过故事传说的建构、祖祠与祖墓的建筑、族谱的编修及种种祭仪，一方面可以团结凝聚最大多数的人群，发挥群体认同与族群、宗族整合的功能；另一方面也体现了人们对祖先移民创业的感恩、对人群和谐相处的期待。

由此，闽台客家的始祖崇拜也就作为一种文化资源而为当代地方政府、地方精英和民间社会所运用，从而具有相当重要的当代价值和功能。闽台客家始祖崇拜的文献记载与口头传说、祖祠、祖墓及祖训家规作为物质文化与非物质文化的重要形态，深深植根于历史记忆之中。围绕始迁地、始祖祠、始祖墓的一整套文化规范、观念，最容易获得客家世界的普遍认同。如宁化客家公祠的建造为客家人的寻根谒祖提供了一种可能进入的物质形式与动态场所，而石壁则被打造成客家人朝拜始祖的圣地，与此相关的祭祖典礼与仪式也深入人心。通过二十多年的持续推动，石壁客家祭祖已成为一个固定化、程式化的节日，不仅得到当地人的认同，还获得客家世界的广泛认同，从而成为客家文化的新传统。

与宁化石壁客家祖地认同相一致，闽台客家具体姓氏对始祖的崇拜也有增无已。许多客家姓氏的始祖祠、始祖墓每年都有近万名包括台湾、香港、澳门等地在内的海内外客家裔孙前来朝拜。如台湾客家广播电台董事长廖运塘到上杭县参观考察时，意外地找到了自己的祖墓——廖花公墓和祖祠——廖氏祖祠。对此，他十分激动，在拜谒祖墓、祖祠后，当场向廖氏宗祠捐款，并表示以后一定携家人到上杭寻根谒祖。台湾"世界丘氏宗亲会"会长丘清辉曾率谒祖团到上杭寻根谒祖，他致辞中说："我们都是炎黄子孙，都是三五郎公子孙。我们热爱乡梓，热爱中华……"台湾知名人士许信良、邱创良、丘清辉、邱正吉等亦曾从台湾到上杭参加相关庆典活动。[①]

丘氏始祖总祠现已成为海内外客家人认同祖地的见证。20世纪90年代以来，由于上杭丘氏总祠比较完整地保存了原貌，港、澳、台地区及海外客家丘氏裔孙每年都风雨无阻地组团到上杭祭拜。因此，不少人认为应将丘氏总祠列为文物加以保护，让其在对外联谊和对台工作中发挥重要作用。正如台湾"世丘总会"发给上杭县政府的函中说："……上杭实为我海内外族人根之所在，脐带之所系，血统之所承也。……若任其倒塌，实为贵县无可弥补之损失，对我海内外丘氏裔孙言，无异挖根断带，血统无所依归……"[②]李氏大宗祠于1985年维修后，约有海内外李氏宗亲12000多人参加了升座大典。我们在李氏大宗祠田野调查时，还看到了台湾桃园市知名人士李信宏的题词"源远流长"，台湾桃园市我任公裔孙李哲等124人的题词"祖德显赫"，台湾桃园市李氏宗亲会捐资16970元并题词"寻根谒祖"。海内外宗亲的寻根谒祖活动，既是一种社会历史记忆的唤醒，又是一种别开生面的文化训练和文化反向传播，有助于提升姓氏自豪感和文化自信力，增强血缘与地缘的文化认同。

更为典型的是，鉴于闽西客家钟氏始祖婆马氏墓"文化大革命"时被毁，1991年10月第五届世界钟姓宗亲联宗大会决定在广东省蕉岭县三圳镇顺岭下重建马氏陵园。我们在田野调查时，曾抄录到《重修马太夫人墓园碑记》，其文曰："马氏祖婆乃吾钟姓南国之祖妣。原葬于福建省长汀风水宝地……四海宗亲常怀饮水思源之念，迢迢千里，几度寻根问祖，亲临长汀访查……皆因种种原因，未成夙愿。近年来海外维炫、荣山、育森等宗长一再辗转回故乡各地查勘，最终拟

---

① 参见钟巨蕃:《千支万根相同——台湾丘氏回杭祭祖》,载《上杭文史资料》第29辑，第183页。

② 转引自江梓明:《感受上杭"丘氏总祠"》,载福建上杭客家联谊会编:《上杭客家》第4期，2003，第185页。

定蕉岭顺岭山为吉址建碑……"由此可见,钟氏后裔虽分散四方,却对传说中或历史上的始祖(始祖婆)有着宗教式的思恋与向往,这种思恋与向往虽历经千百年而不减,凝聚成一种永恒的情结与亘古的精神。

传说中的闽台客家始祖居地、始祖祠或始祖坟墓往往成为两岸客家人凭吊古昔、借古抒怀的重要场所,吸引了无数的客家后裔前往朝拜,成为一幅幅无言的风景。可以说,众多的客家始迁地、始祖祠、始祖墓既是包括台湾客家在内的海内外客家人心中虔诚膜拜的圣地,也是海内外客家人魂牵梦绕的精神家园,更是增强海内外客家人中华文化认同的宝贵资源。

第二节　闽台客家的祖训家规与文化认同

祖训家规是闽台客家祖先崇拜的特殊表现形式,在传统客家社会生活中发挥了重要功能。前贤时哲对此论题有过一定的关注,但多偏重祖训家规条文的搜集整理与解读,而对其反映的社会结构与功能则缺乏深入的分析,尤其疏于从地域与族群的视角探讨其与社会运作的关系。有鉴于此,本节在田野调查的基础上,结合相关文献,就闽台客家祖训家规的形式、主要内容、宣讲渠道、社会功能及其当代价值,进行比较系统全面的探讨。

一、祖训家规的形式

从田野调查的情况看,闽台客家的祖训家规形式多样、名目繁多,归纳起来,大致为两类十三种。

（一）祖训

闽台客家的祖训并不仅限于以"祖训"为名的祖训，还包括开基诗、祖先遗训、遗嘱、勉读歌与勉读诗、家训、守训等多种形式。

闽台客家的祖训有的是以开基诗的形式出现。开基祖先在移民开发过程中筚路蓝缕，以启山林，通常带有神秘的色彩和神圣的权威，其传说往往成为姓氏认同的一个重要符号。众多传说中，以开基诗流传最为广泛，其中带有不少祖训的内容。如闽西武平县湘村《刘氏盛基公家谱》载：广传公出外开基，临别赠十四子言曰："骏马骑行各出疆，任从随处立纲常。年深异境皆吾境，日久他乡即故乡。早晚勿忘亲令语，晨昏须顾祖炉香。苍天佑我卯金氏，二七男儿共炽昌。"杨太婆祝词："九子流九州。"马太婆祝词："五子天下游。"①

类似的开基诗在闽台客家地区还有不少。闽西上杭县《黄氏源流家谱》载，黄氏第一一九世峭山公，娶上官氏、吴氏、郑氏，上官氏生和、梅、荀、盖、楚、龟、洋七子，吴氏生政、化、衢、卢、福、林、塘七子，郑氏生发、潭、城、延、允、井、层七子。峭山公曾对21位儿子临别赠言道："骏马登程往异方，任从胜地立纲常。年深外境犹吾境，日久他乡即故乡。旦夕莫忘亲命语，晨昏须荐祖宗香。唯愿苍天垂保佑，三七男儿总炽昌。"②

闽台客家的祖训有相当部分是直接以"祖训""祖先遗训"冠名的。如平和县武城《曾氏祖训》载：

> 尝闻家之有规，犹国之有政也。国无政，罔获克治；家无规，何以能齐……予六旬有余，未尝不严恭寅畏，兢守家规……予今年末，忆我父母训余曰：吾当迁百花洋……规矩是程。至

---

① 刘文波：《刘氏盛基公家谱》，1980 年抄录。
② 民国二十年修上杭《黄氏源流家谱》，该谱现存武平县平川镇黄文良先生处。

予六岁，命以就学，告予等……体父志，守父规……子孙辈其体予之均，守予之规，即体祖之志，守祖之规。是家道而吉祥集，可预卜我后之昌也。……并列训词于后：报亲孝敬，教子义方，祖业扩守，品行端庄，事业精专，治家勤俭，处己谦恭，待人礼让。①

此外，上杭县《化孙公遗言》②、长汀县《严婆训诫》（一百一十条）③、武平县《岩前练氏家规遗训》（五条）④都属于这种类型。

祖先遗嘱是祖先去世前对子孙的嘱咐、训诫和期待，既是对其后事的一种安排，也寄托着对生者未来的期望，往往包含其一生经验与智慧。出于对祖先的崇敬与怀念，它们也属于祖训的一种，通常具有较强的执行力与法律效应。如永定县吴氏《澹庵公太遗嘱》为明代正德三年（1508）吴常镇所留，它记述了吴常镇的发家史及其处世信条和巨额家产分配，其中亦包含了对后代子孙的训诫内容。⑤《广平游氏族谱》卷首亦载有《始祖考乐山公遗嘱》：

祖 训

始祖考乐山公遗嘱芳语

---

① 中共福建省委文明办、福建地方志编纂委员会、福建省妇女联合会编译：《福建家训》，海峡文艺出版社，2014，第180—181页。

② 《化孙公遗言》，载不著撰人：《张氏续修房谱》，同治元年焕公房编订。

③ 福建省长汀县南山镇严婆田村：《汀州严婆教化经训》，福建省长汀县第二中学教师林文清提供。

④ 《岩前练氏家规遗训》，载中国人民政治协商会议福建省武平县委员会文史与学习宣传委员会编：《武平文史资料》第24辑，2015，第38页。

⑤ 该遗嘱由福建省永定第一中学原校长吴兆宏先生提供。

逢溪须住址，逢水便安迁。历代传芳语，裔流万代人。又谓：人生天地间，只有祖宗传。系各开始祖，名显四方荣。叶分九州地，根全一处生。人生无根蒂，飘如壁上尘。

祖 蒂

伏睹月流祖蒂

隋开皇元年，由宁化石壁村流徙于上杭梅溪寨安住。后流胜运里长滩，安插分流徙到金丰月流圳背安住。前明成化庚子年，开建永定县，归隶其管，立明宗图传与子孙证照，统祈子孙日盛。倘有流徙外境，只照原嘱安迁，永系民籍，并无军籍匠籍等。因今将宗图一派历代世系具列分派传于后代子孙，永远奕世传芳寻宗为照。[①]

有不少祖训以勤奋读书、科举成名相劝谕，并以通俗易懂的歌谣形成出现。如永定县王见川的《勉读诗》、理学名儒杨时的《勉学歌》。杨氏《勉学歌》曰："此日不再得，颓波注扶桑。趺趺黄小群，毛发忽已苍。……术业贵及时，勉之在青阳。……富贵如浮云，苟得非所臧。……斯人已云殁，简编有遗芳。……出入方寸间，雕镌事辞章。……至宝在高深，不惮勤梯航。茫茫定何求，所得安能常。……"[②]

在众多的祖训中，以"家训"的名义出现的祖训是最多的。如上杭县张氏《家训》曰：

---

① 邓文金、郑镛主编：《台湾族谱汇编》第 67 册，第 58—59 页。
② 中共福建省委文明办、福建地方志编纂委员会、福建省妇女联合会编译：《福建家训》，第 55 页。

尊敬祖宗。春秋祭祀，必尽其诚，寒食祭扫，悉临以身。毋私伐坟木，毋盗葬先茔，自取罪愆，以贻害于家长也。孝顺父母。侍膳问安，必恭敬止，愉色婉容，慎终如始，毋犯五不孝，务尽三以礼，庶无愧于子职矣。友爱兄弟。孔怀之情，如手与足，劳则同分，财不私蓄，毋因小忿，以伤大义……慈恤孤幼。惠爱之恩，如子与女，婚姻死丧，我为之主。毋欺彼雏弱，以夺其田园；毋哄彼痴愚，以利其货贿。《书》曰"无弱孤有幼"，此之谓也。宜我众人，夫妇之道，唯尚和翕，闺门有章，内外各职。毋以妾为妻，毋以续为嫡，自然夫义而妇顺矣……教训子孙，治家者勤俭守己，居官者清白持身，读书者毋务虚名而敦实学，为农者勿事嬉游而及时播种，切不可怠惰以自甘也。蕃恭行祭祀，揖让进退，悉遵礼仪，升降拜跪，罔不中矩，毋敢逾越，毋敢怠慢，以贻先人之怨恫也。[①]

武平县温林五郎公《诘言家训》曰：

诰尔子孙，诫尔子孙。原尔所生，出我之本。宗谊为重，财物为轻；危急相救，善恶宜分；为父当慈爱，为子当孝；为上者宜爱幼，为幼者宜敬长……婚丧喜庆，必循乎礼……毋谓无知，天目恢恢，迟早报应。宜勉之，戒之，是为训！[②]

此外，还见有武平县《平川城北李氏宏璧公家训十则》[③]《十方黄

---

① 不著撰人：《张氏续修房谱》，同治元年焕公房编订。

② 温林五郎公《诘言家训》，载《武平文史资料》第 24 辑，第 48 页。

③ 不著撰人：《武平城北李氏族谱》，民国二十七年（1938）修。

陌李氏家训》（十一条）^①、《修氏家训》（十条）^② 等。

有的祖训，以宗族姓氏"守训"的形式出现，如武平县《王氏守训四则》《南阳邓氏训子课孙三事》^③。有的家族祖训甚至以规劝告诫的"家箴"形式出现，如连城培田村吴氏《家箴四首》：

> 勿游戏，游戏真无益。光阴不再来，白驹度空隙。耕者勤，禾并蒂；读若勤，掇巍第。男耕女织若勤勤，会见衣食有余备。

> 勿奢侈，奢侈无底止。每见创家人，皆从俭朴始。少年放荡丧家筵，老大反为人羞耻。不如樽节莫繁华，一世有终又有始。

> 勿贪淫，贪淫即会贫。钱财有分定，礼义必须明。诡计骗人人骗己，淫人还被别人淫。不如守己安常分，缟衣聊自娱生平。

> 勿争斗，争斗是非构。小则费赀财，大则身家破。君子自怀刑，小人方痴妒。可让让他些，谁不称忠厚？^④

不仅如此，闽台客家的祖训还以童蒙读物和民谚、歌谣、俗语等形式出现。童蒙读物如林宝树的《元初一》^⑤，素有"宁失千两金，莫失杂字本"之说；民谚、歌谣、俗语则有《月光光》《勤俭脯娘》等。

---

① 李廷选编：《十方黄陌李氏家训》，1918 年次乙未署月，抄自《大余新城李氏重修族谱》家训一号二号。

② 《武平修氏家训家戒》，载《武平文史资料》第 24 辑，第 43 页。

③ 《武平王氏守训四则》《南阳邓氏训子课孙三事、族规十则》，载《武平文史资料》第 24 辑，第 5—6、8 页。

④ 吴国棻：《家箴四首》，载连城培田《乾隆吴氏族谱》卷终。

⑤ 林宝树《元初一》，又名《一年使用杂字文》，载拙著：《传统的客家社会与文化》第五编《客家村落资料辑录·传统客家村落文献辑录》，福建教育出版社，2001，第 322—330 页。

因另有专文论述^①，兹不赘言。

（二）家规

家规的形式亦有多种，主要有家规、族规、家戒、谱规、禁约、家约等。闽台客家家族多有家规。如上杭县《再兴张氏族谱》载家规十条：笃忠敬、敦孝悌、营生业、笃教学、慎丧祭、厚风俗、慎婚姻、敦和睦、严内外、严杂禁。^②诸如此类，还有武平县的《练氏家规》《曾氏家规》等^③。我们在田野调查过程中，还见到武平县《蓝氏家规》，其内容多达十九条。^④

家规更多是以"族规"的形式出现的。如长汀县《豫章涂氏宗谱》之《宗规》：

> 孝父母。……人而不孝，则禽兽不如矣。可不勉哉？
>
> 友兄弟。兄弟者，分形连气之人也。……且一本所生，善待兄弟，则善待父母矣。……
>
> 敬伯叔。……故伯叔为从父，侄为从子……袭祖伤父，何以为人？
>
> 别夫妇。夫妇为人伦之始。夫和其妇，妇敬其夫，而家道以成。使夫妇反目，则阴阳不和，而生机息矣。且尤宜厚其别，夫各有妇，妇各有夫，若伦常乖舛，立见消亡。有犯者屏之，

---

① 《〈年初一〉所反映的客家村落社会》，载拙著：《传统的客家社会与文化》，第18—33页；《儿童都唱"月光光"：闽台客家口传文学比较研究》，载拙著：《闽台地域人群与民间信仰研究》，海风出版社，2008，第85—133页。

② 参见不著撰人：《再兴张氏族谱》，光绪八年重修，汀郡步云轩刻本。

③ 参见《岩前练氏家规遗训》《曾氏祖训、家规、族规》，载《武平文史资料》第24辑，第38、49页。

④ 参见不著撰人：《蓝氏族谱》，明万历四十二年修。笔者在武平县大禾乡源头村田野调查时，见到当地村民的手抄本，并做抄录，个别地方疑有出入。

不许归宗。

训子弟。子弟为家门之继述。秀即宜课之诗，愚则当诲之耕，勤耕苦读俱可为。贤父兄所宜早训诫者，慎无纵其博矣。游手好闲，无所执业，以玷家风。

睦宗族。……而本源则一，皆吾祖之所遗……为祖宗者亦何乐？其有是智有是众乎？敬宗在睦族，尚其凛之。

敦伦纪。上下尊卑，伦纪所在，无可干也。……即以家法重惩之，然亦不可以长凌幼也。

恤孤寡。……唯赖同族，扶持之，提携之……倘欺孤虐寡，即不念先人，而余心何安？为是者，则合族共斥之。

安本分。庐墓山田，各有其主……

重公堂。公堂为祖宗血食。经理者，固宜公收公算以对先人。其族中耕佃交租者，尤毋借端拖欠滞务。各存本心，同入同出，则祖宗之灵自永介以福矣。[1]

武平县《曾氏族规》亦详载敬先祖、顺父母、和兄弟、睦宗族、重婚姻、隆作养、勤本业、秉公正、严世派诸条。[2]长汀县《周氏家谱》卷一《族规》也详细载有敦孝友、联族谊、正名分、遵礼教、绍书香、崇斯文、务常业、尚节俭、尊祠宇、保先茔、祀功德、急赋税、立学田义田、珍谱牒等内容。[3]

还有一种家规，以"家戒"形式出现，如武平县《万石堂家戒十则》，其内容包括戒游荡、赌博、争讼、攘窃、符法、酗酒、为胥隶、

---

① 不著撰人：《豫章涂氏宗谱》，四十四世孙碧峰卓承氏录。

② 参见《曾氏祖训、家规、族规》，载《武平文史资料》第24辑，第49—52页。

③ 参见[清]周汝攀等编：《周氏家谱》，嘉庆十八年重修本。

为僧道、谋风水、占产业等。①

家规的另外一种形式是"谱规"。我们在武平县文博园调查时，见到馆藏《颍川钟氏一脉族谱》中载有详细的《谱规》，其内容包括展祠墓、正名分、重谱牒、供赋役、睦宗族、勤职业、恤孤苦、止争讼等。上杭县《再兴张氏族谱》亦见有类似的《谱规》，内容为正源流、重明伦、务本业、端士习、联保甲、正纲常、定画一、重名器。②

有的家规还表现为家族的禁约、家约。我们在平和县九峰镇黄田村调查时发现，该村上闱家庙大门口竖立着一块禁约：

上闱合约禁碑

从来安乡之法在于除盗，而除盗之法又在于严事而禁。我祠上闱派下，人丁蕃衍，虽纯良居多，恐败类不少。间有游手好闲之徒，廉耻罔顾，匪僻是踊，始则穷取者产，继则勾引穿花……兹本房家约身先倡率，邀请众房家约仝行议禁。凡遇盗物件并盗钱银，以及取非其有者与窝藏承受者，事无大小均以盗论。许鸣锣同搜，各家一人，不得推诿，就失主毗邻之家左右分从遍搜，毋使漏网。务要真赃方见真盗，断不得借疑似而行拷志，亦不得漏网报以凌善弱。反搜获赃，据每家科责，邀仝家约，列名禀究。纵有强梁拒捕，众人失手打死，抑或知非自毙，系外来者，公同禀报官；系本盗之，该父兄当自行收埋，不得借毙命以滋衅端。自兹以后，各宜守分循法，勉为良善。庶户不关而道不拾，风俗淳美，是所厚望。为讳。勒石为禁。

---

① 参见《万石堂石氏宗规十六条、〈百字铭训〉、家戒十则》，载《武平文史资料》第 24 辑，第 13—14 页。

② 参见不著撰人：《再兴张氏族谱》，光绪八年重修，汀郡步云轩刻本。

我们在上杭县田野调查时，也发现《院前李氏族谱》载有《家约》，共八条：

敦孝弟。孝为百行之原，弟亦五伦之大………立敬自长，始骨肉之间无凉德，门第必兴。……友恭问亲疏，即隅坐随行几杖亦关至性……

睦宗族。同井则同乡，地居族党比闾之内；同宗则同族，人皆伯仲叔季之班。故常则饮酒馔笾，伏腊岁时，并敦洽比；变则救灾恤患，水旱疾疫，共切扶持。……若众暴寡而强欺弱，何以仰对先祖？尚联一本九族之亲，益广尊祖敬宗之意。

励儒修。纡青拖紫，当年皆属寒儒；饮水饭疏，昔日谁非苦读。故囊萤映雪，贫贱时之咕哔弥勤；亦挂角负薪，困顿中之诵读益奋。凡兹往哲，皆可为师，况尔后生，能无自勉？毋因愚钝而生暴弃之思，毋逞聪明而蹈佻达之习，毋见异而思迁，毋半途而自废。试看岁科二试获隽者，谁非少年努力之人；即至甲乙二科中式者，皆在老成积学之士。

勤耕种。禾麦菽粟，二间原有不尽之藏；收获耕耘，四时自具无穷之利。夫天时有丰啬风霜雨露，承天者端在人谋；地利有肥硗燥湿刚柔，因地者必资人力。故出而作，入而息，帝治首在能勤；而无旷土，无游民，王制先行禁惰。唯水耕火耨不弛，东作之方兴，斯庾亿仓盈，可卜西成之有庆。

尚节俭。天地有自然之美。利开其源者唯勤，物力只现在之孳生。节其流者在俭，夫一日之奢偿以数年之俭而不足，数年之俭败于一事之奢而有余流，之己竭后将何继？故圣王制礼，冠婚丧祭自有一定权衡。而后世守经，饮食起居岂宜过中靡费。守宁俭毋奢之训，存量入为出之思，衣食既丰，礼义自起。

禁匪为。……国者家积也，治国然治家，何独不然。夫青衿佻闼，先贻城阙之讥，即赤子戏游亦非门庭之福。况夫呼卢喝雉，尤为逾闲荡检之谋，下至鼠窃狗偷，更属败名丧节之事。心术已坏，品行尤乖，务须杜渐防微，毋使潜滋暗长。遇有不谨之行，迸诸不齿之列。

慎婚配。……若乃附热趋炎，因势利而重荐萝之托，抑且窬墙钻穴，假窥而成婚媾之亲。……衣冠涂炭，人面兽心，无滋他族，渎我家乘。

完钱粮。食毛践土，均沾高厚之恩；凿井耕田，谁居覆载之外。故轻徭薄赋，君公之爱恤弥周；而好义急公，臣子之输将宜懔。如或逡巡观望，冀邀蠲复殊恩，抑且包揽把持，希图橐囊中饱。限期已迫，催科必严，国用所关，王章难恕。凡我族人，宜各勉为良民，毋自居于顽户。

二十代裔孙光宙敬编[1]

概而言之，闽台客家形式不一、内容丰富的祖训家规，既相互交织，又各有侧重。一方面，祖训之中有家规，家规之中有祖训。另一方面，二者又有所区别。祖训偏重"训"，即劝善，"出于礼"；家规则偏重惩恶，"入于刑"，两者共同构成了宗族社会的教化体系。

二、祖训家规的内容

闽台客家的祖训家规多为祖先处世经验的总结与人生智慧结晶，是他们自我约束的道德规范，其精义在于告诫后代子孙应当遵守的人

---

[1] 不著撰人：《院前李氏族谱》卷一之七《家约》，光绪三十年续修，汀郡步云轩刻本。

生信条和行为规范，体现了忠、孝、廉、节、仁、义、礼、智、信等以儒家学说为主体的传统社会核心价值观。它们既是闽台客家文化的重要组成部分，也是中原文化在闽台客家地区的传承与变迁，喻示着中华文明在东南边陲地区的落地生根。

闽台客家的祖训家规，其基调为"修身齐家治国平天下"，主要内容包括宗族、社会、国家等各层面，其核心要义则为以勤为勉、以仁为本、以和为贵。

（一）主要内容

闽台客家祖训家规的内容很大一部分体现在处理家庭和家族关系上，闽台客家祖训家规的一条通则是"父慈子孝、兄友弟恭、夫信妇贤"与"和睦宗族"。在处理家庭关系方面，武平《钟氏族规》载："一家有一家规矩。凡为人子者，事亲当尽其孝，事长当尽其悌。凡我一族之人，莫不皆我。如此则天伦之伤痛，尽尊卑之分明。"[①]《王氏继宗公宗系族规八则》云："父母为我身体所自出……均宜孝养无违。""兄弟为我同父母之人……情谊何等亲切。""夫妇为人道之造端……同心协力，家道乃日兴隆。"[②]

在明确父子、兄弟、夫妇关系的基础上，有的祖训家规还进一步明确了处理这种关系的态度。如武平县《曾氏族规》云："顺父母。从来为臣而能尽忠者，必为子而能尽孝也。移孝可以作忠也。盖顺父母是第一善事，不顺父母是一恶事。""吾愿凡我宗盟，虽不能效显亲扬名之大孝，亦当柔色和声，负劳奉养尽其仪，晨昏定省尽其职，拓而充之，养志诚得矣。""和兄弟。……倘阋墙构怨于手足伤残，则不能悦于堂上，又且见笑于张间，家声难振矣。务须兄恭弟友，两相和

---

① 《钟氏家训、族规、家风》，载《武平文史资料》第 24 辑，第 40 页。
② 《王氏继宗公宗系族规八则》，载《武平文史资料》第 24 辑，第 6 页。

睦。兄有怨，弟当忍；弟有忿，兄当让，则争竞自息，嫌怒日消，家业自兴矣。但友恭之道，日为父母训诲之。方孩提之时，戒莫詈骂；同席之际，教坐以次序；及其稍长，训兄以尽亲爱之情，教弟以尽尊敬之礼。莫私积财货以起争端，莫偏听妻言，致疏骨肉，则子孙虽愚，亦能知警。"① 武平《南阳邓氏族规十则》亦云："正人伦。人有五伦，古今天下之大道也。"②

在处理宗族关系方面，闽台客家祖训家规要求和睦宗族，族人之间应该守望相助、出入相友、疾病相扶。如武平《钟氏族规》载："族义当重。……有可容理有可怨，须含忍以待之。此族义之当重也。"③ 武平县刘氏《家规十六条》曰："亲睦宗族。宗族之人原同一本之亲也，虽愈分愈疏，而疏者宜联之，使亲吉凶相助、有无相通，毋以富压贫，毋以众欺寡，斯怨仇不结而宗族以睦。"④

武平《曾氏族规》甚至还提出了和睦宗族之道："睦宗族……睦之道有三：修谱，以敦其谊；谒始迁之墓，以系其心；敦亲亲之礼，以报其恩。斯三者并行，虽土可以化其乡，况有位不难变于天下。凡我子姓，宜念高曾嫡派同此源流，时礼亲亲之道，喜相庆，戚相吊，患难相救，贫富相周，敬老慈幼，分亲疏……宗族既睦，仁让成风，内变不作，外患不侵，人生此乐莫大乎？"⑤

闽台客家祖训家规涉及的社会关系主要有姻亲、邻里、远亲、朋友、宾客等，对这些关系提出了应持的态度与处理办法。如对待婚姻关系，其基本原则是"谨肃婚姻"。武平县《曾氏族规》强调当"重

---

① 《曾氏祖训、家规、族规》，载《武平文史资料》第 24 辑，第 50 页。

② 《南阳邓氏族规十则》，载《武平文史资料》第 24 辑，第 8 页。

③ 《钟氏家训、族规、家风》，载《武平文史资料》第 24 辑，第 41 页。

④ 不著撰人：《龙溪刘氏族谱》，嘉庆十六年修刻本。

⑤ 《曾氏祖训、家规、族规》，载《武平文史资料》第 24 辑，第 50 页。

婚姻"①。武平县《钟氏族规》亦载："嫁娶当慎。……宜应双方情投
意合。此嫁娶乃齐家之道，之所当慎。"②对待远亲近邻，武平县《钟
氏族规》称应"远近当亲"③。武平县《南阳邓氏族规十则》云："洽邻
里。远亲不如近邻……洽比也者，有无相通，患难相顾。斯邻里之赖
有我，而我亦赖有邻里。"④武平县《修氏家训家戒》亦云："和睦邻里。
远水不救近火，远亲不似近邻，三家五户要相亲……"⑤

对待朋友，武平县《南阳邓氏族规十则》云："慎交友。在家靠
父母，出门靠朋友。近朱者赤，近墨者黑。得其人可以同患难，共生
死；失其人而玷名节，坏天性。结交须胜己，似我不如无。"⑥武平县
《王氏继宗公宗系族规八则》云："朋友为五伦之一，交接往来首重信
义。古今之交友也，倾盖如故，白道（当作"首"）如新，良以金兰
契合，贵贯始终如一也。族人如有不信于友，专以权术欺诈用事，或
以新知而弃旧交，或以富贵而大有厌贫贱，此等凉薄之人，族中宜鸣
鼓攻之。"⑦对待宾客，武平县《蓝氏家规》曰："宾客者，吾族往来交
际之正道也。……凡有远方、异姓之来者，非亲即友，宜随家丰俭款
待，极尽主之情，施之礼仪。不然，是谓恭敬而无实。"⑧

"国有国法，家有家规"，如果说国法的功能是治国，那么祖训
家规的功能就是理家。对此，闽台客家的祖训家规也多有反映。《平

① 《曾氏祖训、家规、族规》，载《武平文史资料》第 24 辑，第 50—51 页。
② 《钟氏家训、族规、家风》，载《武平文史资料》第 24 辑，第 41 页。
③ 《钟氏家训、族规、家风》，载《武平文史资料》第 24 辑，第 41 页。
④ 《南阳邓氏族规十则》，载《武平文史资料》第 24 辑，第 9 页。
⑤ 《武平修氏家训家戒》，载《武平文史资料》第 24 辑，第 43 页。
⑥ 《南阳邓氏族规十则》，载《武平文史资料》第 24 辑，第 9 页。
⑦ 《王氏继宗公宗系族规八则》，载《武平文史资料》第 24 辑，第 6—7 页。
⑧ 不著撰人：《蓝氏族谱》，万历四十二年修。笔者在武平县大禾乡源头村田野调
　查时，录自当地村民的手抄本，个别地方疑有出入。

和县武城曾氏祖训》云："国无政，罔获克治；家无规，何以能齐。"①
《宁化县翠江镇巫氏家规》说："家之有规，犹国之有法。"② 不仅如
此，闽台客家的祖训家规还体现了爱国与爱家的关系。《宁化县湖村
镇黎坊村黎氏族规》曰："家声必须清白，凡族中有出仕者，耀祖荣
宗，固属可嘉，当忠敬尽职，廉明存心，以为名宦。若尸位素餐或
贪滥不明者，族中尊长必公斥之。"③《清流县陈氏祖训》曰："世卿公
曰……学也者，学乎忠、孝、廉而已也，世世子孙固守遗训，勿坠家
声。""渊公曰……能爱君则爱国，爱国则爱民，故爱子则家齐，爱君
则国治，爱民则天下平。""渊公又曰：君子立朝，秉政前头，路要放
宽，如窄些，则后日的身子难以转动……"④ 它们表现出祖训家规与
官箴的良性互动，显然也是闽台客家家国情怀的体现。

武平县《蓝氏祖训家规》也说："祖训者，所谓约束人心，维持
风化，正家犹正国者也……家道不可而不正也。故《书》曰：'正家
而天下定矣。'《传》曰：'其家不可教而能教人者，无之。'故君子不
出家而成教于国，良有以也。我蓝氏，忝系平川钜族……夫何近日之
间，习俗之移……非有志于天下家国者，安得挽而止之。"⑤《景常公
太遗训》第一条即为"遵守王法当知国课早完"⑥。它们不仅指明了祖

----

① 中共福建省委文明办、福建地方志编纂委员会、福建省妇女联合会编译：《福
　建家训》，第 180 页。

② 中共福建省委文明办、福建地方志编纂委员会、福建省妇女联合会编译：《福
　建家训》，第 213 页。

③ 中共福建省委宣传部、中共福建省委文明办、福建省地方志编纂委员会等编
　译：《福建乡规民约》，海峡文艺出版社，2016，第 257 页。

④ 中共福建省委文明办、福建地方志编纂委员会、福建省妇女联合会编译：《福
　建家训》，第 370 页。

⑤ 不著撰人：《蓝氏族谱》，万历四十二年修。笔者在武平县大禾乡源头村田野调
　查时，见到当地村民的手抄本，并做抄录，个别地方疑有出入。

⑥ 蓝养明等编修：《源头蓝氏族谱》，1987，第 14 页。

训家规的作用，还说明了祖训家规与国法的关系。

（二）核心要义

在闽台客家的祖训家规中，蕴含了丰富的为人之道，其精髓思想为"仁"。"仁"在家庭关系中体现为孝悌，在社会与国家关系中则表现为忠信，而对待弱势群体则表现为慈善。

关于孝悌。武平县刘氏《家规十六条》曰："孝顺父母。父母者生身之本也，生身之恩，昊天罔极，何敢不孝？……故兄必友于弟，弟必恭其兄……凡为兄弟者宜思既翕之乐，毋开阋墙之爨。"[1] 武平县《蓝氏家规》云："孝悌者，百行之源……正家者最先之急务也。若卧碑六言云：'圣谟洋洋。'宜家喻户晓，使童子传习。然能举而行之者，几何人哉？本家子弟，嗣后不可视为虚文，务必措之实行。故凡有父母在堂者，须当克尽子道，生则致敬，死则致哀，葬则尽礼，祭则尽诚……"[2] 武平《何氏家训》云："训孝。……首在明伦，而明伦之教，必以孝行为先。……凡我同族讲孝者，当以是为标准。""训悌。五典之中，立爱自亲始，而立敬必自长始，故友于之化，施于有政知悌弟之道。……凡我同族言弟者，当以此为景行。"[3]

关于忠信。武平县《丘氏古堂训》曰："主忠信。一诚之理备于人心，毋欺夙夜时忧事君，交友金石为箴，日崇德业名留古今。"[4] 武平《何氏家训》："训忠。尽己为忠，中心为忠，忠之时……圣贤之明训，既详言于典籍矣。"[5]

---

① 不著撰人：《龙溪刘氏族谱》，嘉庆十六年修。

② 不著撰人：《蓝氏族谱》，万历四十二年修。笔者在武平县大禾乡源头村田野调查时，见到当地村民的手抄本，并做抄录，个别地方疑有出入。

③ 《何氏家训》，载《武平文史资料》第24辑，2015，第23—24页。

④ 《武平丘（邱）氏古堂训》，载《武平文史资料》第24辑，第15页。

⑤ 《何氏家训》，载《武平文史资料》第24辑，第24页。

关于慈善。武平县《王氏继宗公宗系族规八则》："族中鳏、寡、孤、独宜为设法保全，古先王发政施仁，首及穷民之无告，良以老而无夫妻子女之奉，幼而无提携保抱之人，其惨苦情形实在无处可诉，故国家特别忧恤之。我族人虽不能如范文正公之置之义田以活族，然遇有老迈无依之人暨寡妇孤儿，无力可以自给者，应各视能力之所及，补助而扶养之，以敦一本之谊，倘有不知保护而反加欺凌者，族众闻知应即共同攻击。"① 武平《丘氏古堂训》载："恤孤寡。穷民无告气数有偏，冲龄失养苦节苟延；伤心道路矧属宗联，提携敬重保护宜全。"②

家和万事兴，"和"亦为闽台客家祖训家规的核心要义之一。武平县《南阳邓氏族规十则》说："正名节。……不可混言无忌，伤了和气。""谨言慎行，切切此一戒。""忍气忿。气乃无烟炮火……此言虽浅，必当国行。"③ 武平县刘氏《家规十六条》云："和好夫妇。夫妇者家道之成败所关也……"④ 武平县《蓝氏家规》曰："外侮者，多由己不忍所报也……三忍让而不止者，须同心竭力而御之。然亦适可，已甚而以致乱。"⑤ 在闽台客家的祖训家规中，有关"和兄弟""睦宗族""睦乡邻""洽邻里""和睦兄弟""友爱兄弟""和睦乡邻""和睦邻里"的表述，比比皆是，难以尽举。

在众多的祖训家规中，"勤俭"二字可谓是反复出现的高频词汇。武平县《钟氏族规》云："耕读当勤。……故耕读两者尤为吾子孙所

① 《王氏继宗公宗系族规八则》，载《武平文史资料》第24辑，第7页。
② 《武平丘（邱）氏古堂训》，载《武平文史资料》第24辑，第16页。
③ 《南阳邓氏族规十则》，载《武平文史资料》第24辑，第8—9页。
④ 不著撰人：《龙溪刘氏族谱》，嘉庆十六年修。
⑤ 不著撰人：《蓝氏族谱》，万历四十二年修。笔者在武平县大禾乡源头村田野调查时，见到当地村民的手抄本，并做抄录，个别地方疑有出入。

当勤也。""勤俭当勉。……此勤俭两字之所当勉也。"[1] 在同一"族规"中不断地重复说明勤与俭的重要性，可见古人之重视。武平县《曾氏族规》也是如此："勤本业。士农工商，四导皆有本业。从本业其获利方得长远。若异端邪术，纵务财而害及子孙。至于立志读书，乃扬名显亲之本，固是第一美事，但看子弟贤愚如何，若禀质顽劣，仅可教之通达而已，即教以别业，或农工商，买精一正艺，俱可以养身家，如必拘泥于科第，至老不成名，好逸恶劳，不能用力，再欲习艺，呜呼老矣。凡我同宗，后日子弟有聪睿颖悟者，方教以读书；姿性鲁钝者，使之积成一技，庶族内无游手之辈，而匪类无从而生，为父母者，其知之。"[2] 武平县温林五郎公《诘言家训》云："务勤俭而兴家庭……"《平川城北李氏宏璧公家训十则》曰："俭持家政。量入以为出，菜根滋味多。葛絺勤薄浣，美著周南歌。""勤要有常……悯苗莫助长，耕读一般同。"[3]《十方黄陌李氏家训》亦不断阐述"农桑衣食"与"勤力耕种"的关系。[4]

（三）反映的社会观念

闽台客家的祖训家规大都包含着修身、齐家、治国、平天下以及礼仪、教化等中国传统文化的精华，许多祖训家规通篇闪耀着追求仁义、争取公平正义、讲求诚信友爱、提倡无私奉献等传统文化价值的光辉，亦体现了中国文化的本质和中华民族优秀道德传统的精髓，正可谓"小家训，大文化"。

---

[1] 《钟氏家训、族规、家风》，载《武平文史资料》第24辑，第40页。

[2] 《曾氏祖训、家规、族规》，载《武平文史资料》第24辑，第51页。

[3] 不著撰人：《武平城北李氏族谱》卷首末综合丙本，民国二十七年（1938）刊本。

[4] 参见李廷选编：《十方黄陌李氏家训》，1918年次乙未署月，抄自《大余新城李氏重修族谱》家训一号二号。

1. 慎终追远，不忘祖德

祖先崇拜是闽台客家最为重要的社会观念之一，也是传统客家社会运作的原动力。部分祖训家规会对祭祖坟、祖祠、祖尝分配及"宝藏族谱"作出具体规定。永定县吴氏《澹庵公太遗嘱》曰："先念祖宗生育之恩，报本之礼不可有失也。抽出田税店业共税三百一十二秤……田店下落处所俱开于后，四时庙祭坟祭俱出于此。……老夫立身，独在敬祖。蒸尝田业，不许子孙无耻扫荡，动以贫穷分割，擅自鸠合出卖。其田税屡年收租轮祭外，余银积买上等风水修整坟，不许擅分余银，坐取不孝之罪。"[①]

宁化县泉上《李氏族规》载："祖墓之宜谨也。祖先葬于数十百年前，唯赖后人保护。乃为子孙者，妄信祸福之说，名为傍祖，实为挖祖，即此是祸，又何言福。嗣后敢有掘冢盗葬者，众呈官起迁，削其支派。至若与祖坟甚远无碍者，亦必禀批，定出尝若干，后方许葬。如先私开者，罚银三两，不许安葬。""祭墓之必亲也。墓藏祖宗遗体，子孙永宜保守。每岁长者必率少者亲往，展视扫除，庶识认者多人，远不致遗失。嗣后祭墓之日，必带尝钱贰百文于墓前，按名分给；若不赴墓祭，则祠中亦不得与席饮福，违者罚银壹两。唯五十以上十岁以下者不用此规。"[②]

宁化县湖村镇黎坊村《黎氏族规》载："祠堂以妥祖灵，不得污秽，勿容损坏。春秋修葺，四时将享，晨夕香灯敬谨，祀奉必使千秋如昨，万古维新，庶世德相承，祖祠攸光，诚族中之厚幸也。""禴祀蒸尝，入庙祭奉，先思孝，俨然如在。斋戒沐浴以洁身心，衣冠礼仪以严诚敬。按庙中祭以大夫之礼，一切礼乐器用，须循家礼祭之，至

---

① 永定县吴氏《澹庵公太遗嘱》。本遗嘱由永定一中原校长吴兆宏先生提供。

② 中共福建省委文明办、福建地方志编纂委员会、福建省妇女联合会编译：《福建家训》，第234—235页。

于清明拜扫祖茔，必亲往坟墓，虽贫困不可忘情，富贵不容惜步，以尽报本追远之心。或住居窎远，年深坟芜，后世离灭者，房族代为修而祭之，以昭宗亲仁爱之念可也。"①

武平县《曾氏族规》："族规引父史之教不先，子弟率不谨，故立法立言无非齐子姓敦睦之礼，循规蹈矩，万能礼祖宗源本之情。爰著章程，务宜凛守。"②

2. 崇文重教，耕读传家

崇文重教、耕读传家是闽西客家社会的又一大风尚。宁化县湖村镇黎坊村《黎氏族规》曰："族中有文章、德行、公平、正直或贤能才智，及能诗词歌赋者，悉当见载于谱，俾后之子孙知某公之美，某公之长，以垂休于奕祀，且以俟他日采风者。""培人才之养。聪明贤智，得之最难，弃之甚易。族中子弟有才能俊秀者，当延师以教之，倘贫不能作养，凡祖太有公堂者，当给束脩笔墨之资，以培养人才，光大门族也。""置赡学之田。语有云：为庠序学校，以教之故。由学而补廪者，朝廷尚给出廪膳之资，况族中俊秀者，尤当广置学田以赡府县道试之资，庶不失崇儒重学之意。"③《颍川堂·武平钟氏族谱》载族规云："耕读当勤。……故耕读两者尤为吾子孙所当勤也。"④

《澹庵公太遗嘱》云："父欲概分以为生员儒资，共父置湖雷麻公前田税贰百一十秤，父俱拨为生员儒资田业。仍将常广、常端、常镇共置丰田刘坑田税九十三秤，亦拨为生员田业。后常端已故，伊男吴宗益、宗义、宗隆违命将刘坑田税摘出三十一秤，粮米六斗贰升，

---

① 中共福建省委宣传部、中共福建省委文明办、福建省地方志编纂委员会等编译：《福建乡规民约》，第256页。

② 《曾氏祖训、家规、族规》，载《武平文史资料》第24辑，第49页。

③ 中共福建省委宣传部、中共福建省委文明办、福建省地方志编纂委员会等编译：《福建乡规民约》，第256—257、257—258、258页。

④ 《钟氏家训、族规、家风》，载《武平文史资料》第24辑，第40页。

地塘租米一升八合，擅卖与郑本。常镇思系先业难忘，备办银四十二两赎回，拨与生员管业，抵出汤里父分下近侧田税三十一秤。夫妻自耕外，是镇思父分田业俱已拨与生员，止承分没官田税七秤半，止遗留畬尾，另并无田业与镇耕活。……今镇夫妻寿跻八十有四，桑榆晚景……将平日所买家业已于正德四年瓜分三房……抽出田税店业共税三百一十二秤，概为生员粮米，内分三房平纳。……又念家业颇成，诗书礼义不可无人，除父已拨生员田业不在此数，镇自续抽田税六百零二秤坐落处所并载粮米，俱开于后，其税俱概以为生员儒资，束脩应试俱出于此。……老夫其次立身，以养贤为重。除生员田业，后有子孙能谙文理考送入学读书者俱与收管。至出仕之日，前田流传后继生员收管，以延门祚之盛，不许白丁侵夺，以致妨儒业。敢有不肖侵夺，坐以故违祖命死罪。亦不许各房称以房分为名擅自割分，亦不许各房将无志子孙滥摄送入学，贪图田地，肥己私囊。务必子孙在外考过，文理颇通，可送教养者，入学收管前田。亦不许生员擅自典卖，变乱成规，及尚蒙祖宗阴德，幸天地庇佑，子孙在学众多者，前田照分收管。……此皆老夫遗命，不许故遗各房子孙或有出身仕官，得沾朝廷厚惠，计其禄之崇卑，各要捐俸资银一百两，添置儒田业，益增蒸尝及养贤二项。庶乎门祚虽未过人，亦可以及人也。"[1] 由此可见，吴常镇用于生员儒资共计有九百一十余秤，约占其总田税的六分之一。

不仅如此，《澹庵公太遗嘱》还提出"子孙只以耕读为尚"，特别强调"不必求取县吏、府吏、按察布政二司等吏役"，认为吏役"损坏阴骘，遗恨九泉"，并严令后人遵守此训："老夫在生存眼力，曾见做吏之人终无结果也，倘有不遵者坐以死罪。"换言之，吴氏后人可以读书做官出仕，但不能为吏役。

---

① 永定县吴氏《澹庵公太遗嘱》。本《遗嘱》由永定一中原校长吴兆宏先生提供。

永定县《求可堂家训》亦体现了类似的价值观，其所提倡的子孙职业依次为一读书、二业医、三地理选择、四商贾、五耕田，其余星卜为下，手艺即为糊口而已。[①] 武平县《王氏继宗公宗系族规八则》云："职业宜慎为审择，士、农、工、商各有正当之职守……倘侥幸希冀，谬以赌博、窃盗、娼妓、隶卒等业较易于谋衣食，腼然为之而不辞，是外对于社会为无赖游民，即上对于祖宗不肖子孙，族人有一如此即为无耻之徒，应即声罪切责，革逐出族，以免玷辱先人。"[②] 武平县《曾氏族规》载："隆作养。考旧谱，先代人文蔚兴，簪缨累世，视今则不如古也。嗣后凡我宗盟读书者宜延大方举业，即蒙童初学亦读明师训解字义，方易通晓。为父者，宜择身师；为子弟者，自当发奋。但欲鼓励后学，必须置学田，以助读书之费，使贫苦之士亦得奋志潜修。如是家读户诵，文风日盛，得志则荣及一乡，宠光一族，先朝人文之盛，何难复见于今乎？"[③]

3. 崇尚礼仪，尊老敬贤

礼仪既是一种规范，也是一种秩序。对此，闽台客家的祖训家规颇多注重。《王氏继宗公宗系族规八则》曰："礼义廉耻为人生持躬涉世之要素，管子所谓：国之四维也。……以狭义言之，则四维不张，家必破败。故族人宜夙夜兢兢，共相惕励，以为亢宗之子孙。倘有越礼非义、寡廉鲜耻者，此等败类之辈，先人在九泉之下，必深恶而痛绝之，自应革出族丁，以示惩创，俟其悔过迁善后，再准归族。"[④]

《宁化县石壁镇张氏族规》曰："要尊贤尚齿。年高为父兄之齿，贤才为族中之望。凡年登七十者，每祭免出分资，所以优之也。有功

---

① 参见廖冀亨：《求可堂家训》，光绪九年永定廖氏刻本。
② 《武平王氏守训四则》，载《武平文史资料》第24辑，第7页。
③ 《曾氏祖训、家规、族规》，载《武平文史资料》第24辑，第51页。
④ 《武平王氏守训四则》，载《武平文史资料》第24辑，第7页。

于族者，春秋祭祀给胙，以报其功，示不忘也。至于经理尝务及赞礼执事，当择公正娴礼者司之，祭亦概免出资，以酬劳也。"①

　　武平《蓝氏祖训家规》曰："礼仪者，所以维持人心，主张世道。华夷之分，凡希之别，正在此也。故《相鼠》之诗曰：'人而无仪，不死何为？'又曰：'人而无礼，胡不遄死？'其刺严矣。……孔子曰：'为政必先正名。'良有自矣。……而拜跪坐立，亦各有定分。"②武平县《曾氏族规》亦云："严世派。世派以定世次而后昭穆不紊。即散处异地者，变知某为伯叔、某其孙侄，使尊卑上下秩焉有序也。按我武城曾氏新旧派语共五十字……"③

　　由于时代的局限，闽台客家的祖训家规中，也包含不少负面的内容，如风水观念、男尊女卑的观念。

　　先看风水观念。武平县源头村《景常公太遗训》规定："后龙山及水口栽种之树木，原为保障乡村以壮观瞻，不得任意剪伐。"④闽西客家大多数的祠堂、厅堂的建筑还讲究到极细致的风水坐向分金，所谓"罗盘差一线，富贵不相见"。不少族谱对祠堂、厅堂和坟墓的风水坐向分金有详细的记载，并训诫后人不得轻易改。如《湘湖村镟公祠》记载：其坐向巽山乾向，庚辰庚戌分金放水，由癸转庚乾上出口。……其照墙背横过一带的小屋，当用祖蒸买矮，其高七尺七寸。后有造作不得越高以压祖室，举其纲目炳如日星，后有兴造允当世执其功，毋悖祖制……⑤宁化县湖村镇黎坊村《黎氏族规》曰："后龙

① 中共福建省委文明办、福建地方志编纂委员会、福建省妇女联合会编译：《福建家训》，第229页。
② 不著撰人：《蓝氏族谱》，万历四十二年修。笔者在武平县大禾乡源头村田野调查时，见到当地村民的手抄本，并做抄录，个别地方疑有出入。
③ 《曾氏祖训、家规、族规》，载《武平文史资料》第24辑，第51—52页。
④ 蓝养明等编修：《源头蓝氏族谱》，1987，第14页。
⑤ 刘成崇等编修：《湘湖刘氏族谱》，光绪三年刻本。

水口，原蓄古荫，不许入山盗砍。如有犯者，阖族公议处罚，决不轻宥。"① 这种通过家训、祠规、族规来保证与实施风水观念的做法，在闽台客家的祖训家规中不乏其例。在《诏邑游氏族谱》中，甚至将风水师训当作祖训。②

闽台客家的祖训家规中也不乏男尊女卑的观念。如《宁化县翠江镇巫氏家规》云："谨闺门。……至于寺观之地，演戏之场，尤当绝迹。"③ 武平县《蓝氏家规》载："妇人者，服于人心者也。无专制之义，有'三从之道'。……《易》谓：家人离，必起于妇人……古之人重以垂戒也。……'四知'之念，岂可忽乎！盖古之戒曰：男子由外，女子由内，男女别途。一切戏游必须禁绝。"④

三、祖训家规的宣传方式

祖训家规作为一种制度安排，需要深入一般民众内心深处，那么，闽台客家又如何贯彻落实的呢？归纳起来，有如下几种方式。

（一）书之族谱，镌刻碑铭

前述祖训家规大都郑重地书之族谱，我们在闽台客家地区搜集和翻阅族谱的过程中，发现族谱往往由四部分内容组成，一是宗族的世系；二是祖训家规；三是祠堂、坟墓、族产的位置范围；四是宗族的历史。由此可见，祖训家规是族谱编纂的重要内容之一，是宗族的行

---

① 中共福建省委宣传部、中共福建省委文明办、福建省地方志编纂委员会等编译：《福建乡规民约》，第258页。

② 参见 邓文金、郑镛主编：《台湾族谱汇编》第70册，第144—146页。

③ 中共福建省委文明办、福建地方志编纂委员会、福建省妇女联合会编译：《福建家训》，第218页。

④ 不著撰人：《蓝氏族谱》，万历四十二年修。笔者在武平县大禾乡源头村田野调查时，见到当地村民的手抄本，并做抄录，个别地方疑有出入。

为规范。有的宗族甚至还将之镌刻在石碑上，更利于村落族众常读常记。如武平县帽村方氏光裕祠"祠规"十四条，不仅书之族谱，还镌刻在祠堂左右两边厢房的墙面边碑上。[①] 这些祠规不仅规定祠堂的功用、日常管理等事项，而且祠堂的宽狭、范围、结构等也一一载明。

我们在武平县十方镇黎畲萧氏崇德堂调查时，也发现了同样的现象，该祠亦镌刻了当地的萧氏族规：

各条目碑

尝思纲领有三，条目有八，治国固然，治家亦然。溯始祖显闻公由吉安徙丰田建祠，后舍为白莲寺，迁黎建祠宇，创垂规模，延至五世。至十四世，我父普也丁卯登贤书，缵□先祖之绪，相与董事，设祭田、立儒资，置赡可行，至辛卯勒石于祠。但纲领虽备，而节目未详，贤者固守□祖制，愚者或侵前规，不又失创业者之心哉。今合族复议，将祠坟、祭田、儒资、赡下各条目，再行勒石，使世世子孙毋更云尔。

一议每年清明日祭祠，拨田壹百捌十五秤零伍升正。祭毕颁胙，族长猪胙十斤、羊胙贰斤；房长五斤；普也创业十斤，赠尝十斤；斯九赠尝五斤；主祭礼生三人各猪、羊胙壹、贰斤；寿胙六十壹斤，加十岁再加壹斤，百岁十斤；绅胙秀、廪各七斤；监生各八斤，贡生各九斤，科甲各十斤，翰林龙衔各十贰斤；其余猪肉照丁均发，赠尝银十两者永颁胙一斤，至百两者永颁胙十斤。一为赠尝之胙，一为后世儒资。

一议清明第二日冷洋祭二世祖万一郎考妣、三世祖文一郎考妣、四世祖顺宗考妣、二世叔祖万二郎、三世叔祖妣钟氏、四世叔祖显宗等坟，共拨田五十秤正，到坟发肉。

---

① 杨彦杰：《永平帽村的方氏宗族》，载氏著：《闽西客家宗族社会研究》，第95—96页。

一议清明第三日丰田白莲寺祭始祖神主及始祖考妣坟，二世叔祖万二郎、萧满姑坟，三世叔文二郎、文三郎；第四日祭三世叔祖文五郎、二世叔祖妣饶氏、四世叔祖妣姜氏，共拨田七秤，到坟发肉。

一议儒资。文武新进生员，各专收一年；补廪，各专收一年；恩拨副岁，各专收二年；科甲翰林侍衔，各专收三年。如有空，年租各现在秀监贡均。□□□戊戌科进士蕃露记。

一议赡田。悉照前碑旧例，丰贮歉发，照男丁均给。

雍正四年岁次丙午季冬月嗣孙和律、锡任、汉文、斌生、步昌、友文合族立①

不仅如此，闽台客家的祖训家规还以楹联形式镌刻、张贴在门楼、大门及厅堂墙上。如我们在永定县田野调查时，就发现振成楼里镌刻了 20 多副楹联，如"能不为息患挫志；自不为安乐肆志""在官无傥来一金；居家无浪费一金""干国家事；读圣贤书""言法行则；福果善根""振乃家声，好就孝悌一边做去；成些事业，端从勤俭二字得来"等。长汀严婆田村林姓香火堂大门有联曰："九龙竞秀，遥承向礼宗风；双桂争荣，远绍称仁世泽。"② 这些楹联确立了当地宗族为人处世的规范，树起了自我修养的标杆，让后代子孙从呱呱坠地起，就接受家训文化的熏染。

（二）口耳相传，宴席朗诵

武平县大禾源头村《景常公太遗训》除书于《蓝氏族谱》外，还明确规定："每岁清明宜录一通，宴会之日，命一达士朗诵，或可知

---

① 此碑至今仍立于黎畲萧氏崇德堂，字迹清晰可辨。
② 汀州严婆田村林氏族谱编撰委员会编：《严婆田林氏族谱》，2002，第 258 页。

闻而知戒之。"① 其祖训亦"俱用浅近俗语,俾易通晓故耳! 每岁清明,
宜录一通,宴会之后,命一达士朗诵,或可以闻而知戒矣"②。上杭县
张氏《张氏续修房谱》云:"已(以)上家训,凡家中每岁行祭之后,
尊长绅耆命本家读书明顺者务要逐一宣讲明白,谆谆训诲,切不可视
为嬉戏。而各户家长统集子孙肃候静听,时时遵行,毋得任其子弟浇
薄成性,鬼蜮害人,放僻邪侈,嫖赌肆志,游闲飘荡,不务正业,逞
凶横行,好勇斗狠,生风滋事,拦途劫掳,甚且奸淫窃盗,乱伦灭
纪,种种不法,上玷祖宗,下辱门庭,以得罪于州里乡党,以累及于
众。族尊长者亲房人等切不可优柔容忍,务要擒拿,经族究处。如亲
房人等应不秉公执法,反有把持助恶情弊,则与犯者同处不贷。合族
慎之可不勉矣。"③ 凡此,均为闽台客家祖训家规传播的典型,其用意
是要为宗族的社会生活确立一个严格规范的秩序。通过一年一度的诵
读祖训家规,宗族成员反复地接受纲常名教、伦理道德和宗法思想的
洗礼,儒家伦理和宗法观念入脑入心,日益成为宗族成员日常行为和
言论的准则。这种教化、惩戒并举的祖训家规在闽台客家传统社会生
活中发挥了极为重要的作用。

(三) 临别赠言,临终嘱咐

生离死别是人生最为难忘、记忆最为深刻的时间节点,不少祖训
家规就诞生于这样重要的场合,让人终生难忘。前述刘黄两姓的临别
赠言开基诗是一例,永定县明代田心吴氏上祖《澹庵公太遗嘱》又是
一例,永平帽村方氏十三世祖定生公遗训更是其中的典型。其文曰:

① 蓝养明等编修:《源头蓝氏族谱》,1987,第14页。
② 不著撰人:《蓝氏族谱》,万历四十二年修。笔者在武平县大禾乡源头村田野调
　查时,见到当地村民的手抄本,并做抄录,个别地方疑有出入。
③ 上杭《张氏续修房谱》,同治元年焕公房编订。

予为不肖之人也，予又何言哉。先君元臣，讳廷贺，癸巳生，河南郡十二世嗣孙也。……配姓李孺人，名申姑，丙申生，亭头李公淑阳之女也，年五十有二，同卒于丁亥年十一月十二日。先君年三十四，乃生予一人。伶仃弱质，幼时多病，忆先君年二十七，贸易吴楚，栉风沐雨，予母家居，拮据万状，不借前人之资，创业巨万。予幼颇芸窗，不谙世务，二十有二双亲见违。身孤苦，形影相吊，逮二十有四，继娶湘坑湖刘公能甫之女名莲芳，甲戌生，此时芳年才十六而归于予。奈时值鼎革，天灾流行，人多疫疠。田园荒芜，广寇窃发，蹂躏乡村，房屋煨烬，满眼尽是蓬蒿，土棍乘衅结党横行，背租背债，门外俱成荆棘，然此属外患犹可言也。且骨肉秦越避居他乡，茕茕首鼠，难以备举……予夫妇苦极矣，曷可胜道哉！以致先人之业，废弃将半。迄二十有六，身叨黉序，夫妇始归宁家。芳生八子，抚字劬劳，夙夜傲予，曰：先人遗业已脮，毋贻前人羞。予泣曰：唯唯！虽面不识舅姑，遇祭祀诞期，必敬必洁，勤俭自持，艰辛自甘，前人之业得复者亦半。嗟呼！创业予前者先严先慈也，复业于后者室人与有力焉！予诚为不肖之人也，予又何言哉！冀复前业，始为分居，幸室人五十有二，厌凡辞世。蒙邑主杨学师、郑林防将、李武所防将、李捕主金俱亲身赐吊，亦少慰室人于九泉矣！无始前人之业，尚缺千余，予年老矣！异日仓卒之变，乱命难遵，不得已将现在之产，抽肆百秤以供先严慈每年春秋祭祀之资。又抽肆百秤以为予夫妇日后祭扫之资。世世子孙恪守成规，毋得忤逆，予命毁失尝业，自贻不孝之罪。……哀哉！我生不辰，所以终为不孝之人也。予又何言哉！而复谆谆言之者何，所以识前人之功业不敢忘耳！至于先君之好施于行善，载在县志云："朴厚少文，性喜行善，尝捐资修路，煮粥济饥，而教子式谷，春振家声，彰彰可考也。"

予又何赘焉！之后人为予谅之，毋予咎焉。幸甚！康熙叁拾肆年岁次乙亥五月十九日七十叟方醒作泣书。①

如前所述，永定吴氏《澹庵公太遗嘱》记述了吴常镇的发家史、处世信条和巨额家产分配，以及对后代子孙的训诫。与此类似，永平帽村方氏定生公遗训也在历数家史、艰苦创业史之后，细分现有家产，对后代子孙进行训示。

四、祖训家规的社会功能

形式多样、内容丰富的祖训家规是宗族制度化的产物，也是祖先崇拜的一种特异形式。成功的祖先及宗族精英往往成为村落族众的偶像，其言行也常常被奉为典范。而族众则对他们的遗训、遗言以及与其相关的族规、家规保持足够的敬畏，使其在村落宗族运行和社会生活中发挥了极为重要的功能。

（一）村落族众的规矩，乡民生活的守则

我们在闽西武平县大禾乡源头村田野调查时，发现该村蓝姓有《景常公太遗训》，共计十条：

余溯我祖青公太，初由江右移居广东胶州，再移闽杭回龙，披星戴月，居无所定，后携诸子寻居此地名曰源头开基。父作子述，创置田园屋宇，大辟山岗。唯恐后裔不正，难守斯土，爰立遗训十条，以为后嗣之遵守焉。

一、遵守王法，当知国课早完。

① 《永平帽村方氏定生公家训》，载《武平文史资料》第24辑，第4—5页。

二、毋得互相欺凌，以大压小，各宜安分业，永维亲爱。

三、当知去邪归正，不准开场聚赌，结党抢劫，或闲不务业。

四、凡上祖续置境内山岗，现有异乡异姓坟墓应准永远安葬，不得添金换骨，加开墓位，以免侵森林；已买入坟山屋基亦不准卖出异乡。

五、不准畜养羊鸭，伤害农产，亦不准结党成群，盗牵耕牛，并盗割田禾，改挖薯姜芋菜。

六、嗣裔等当思创业维艰，守成不易，抽有祭扫尝产，当公平出入，不得私行吞食或典卖。

七、后龙山及水口栽种之树木，原为保障乡村，以壮观瞻，不得任意剪伐。

八、蓄养后龙及管辖松杉竹木，不得任意盗砍，或放火焚烧，致减生产（此条所述之管松杉竹木，系指青公嗣裔所有山岗而言之）。

九、每值祭祀之日，为首人应于祖祠右侧内念五公地坟，直上左侧田寨园里，直上铲至后龙山东顶上二相交界之处，以防火烧。

十、以上遗训，凡我嗣裔务宜严格遵守，如有故违，永不昌盛。谨嘱。①

与此类似，武平县大禾乡大磜村磜迳自然村高氏的族规亦有六条。② 这些遗训与族规对守法纳税、族众关系、坟山屋基、农业生产、山林管理、日常行为等事项作出相当严格且十分具体的规定，成为村

① 蓝养明等编修：《源头蓝氏族谱》，第 14 页。

② 不著撰人：《福江高氏族谱》，光绪四年重修本。

落族众的规矩和乡民生活的守则。田野调查中，我们发现《景常公太遗训》对源头蓝氏宗族的影响是至深且巨的。这些遗训，当地的老人至今还能背诵，并且在一些日常事务处理中仍不时体现。历史上，源头村民在处理村邻关系时，就常常秉承这一遗训，显然，祖训家规既是宗族制度化的表现，同时又在宗族社会运行中发挥了重要的社会控制作用。

（二）宗族治理体系的构建，家国互动的载体

在中国传统社会，国家权力通常只到达州县一级的行政单位，所谓"皇权不下乡"，对县以下的乡村社会往往鞭长莫及。国家意志则通过士绅等基层精英制定的祖训家规、乡规民约等渗透到民间，从而实现从宏观上控制基层社会，使天高皇帝远的偏僻村落也纳入国家运作的治理体系。例如，在闽西客家村落一般百姓面前，士绅是国家意志的代言人，往往协助执行官府的禁令。现存武北梁山村禅隆寺的《奉宪永禁供应木料等项碑记》，其落款就署有大量"生监"的大名。士绅在传统村落社会中占据领袖地位，他们在维护官方所倡导的价值观念方面，也是不遗余力的。举凡村落社会中的祖训家规、乡规民约、祠规禁令，以及碑记、碑文、合约，无不出自士绅之手，也无不打上他们思想意识的烙印。如礤迳高氏的家训与族规，为廪生二十一世高攀所撰；源头蓝氏的祖训家规，为士绅蓝卓明所转抄；帽村方氏的祠规，出自十三世庠生方跃予之手，《重修云霄古寨缘引》为廪生梁耀南所书。因此，这些祖训家规中无不渗透着浓厚的儒家伦理和维护统治秩序的气息，如礤迳高氏家训共六条，首条即为"供赋税"[①]；源头蓝氏的祖训家规中，与儒家伦理相关的有五条，与赋役编民有关

---

① 参见刘大可：《闽西武北的村落文化》，第268—269页。

的亦有一条①。

除了武北村落的例子外，闽西客家培田村祖训、家法、族规的构
建也是一个典型。我们在连城县宣和乡培田村田野调查时，发现培田
吴氏于清乾隆五十二年（1787）首次制定了《家训十六则》，并将之
刊于当年木刻本的《吴氏族谱》卷首：

家训十六则

家之有训，所以昭示来兹，为子孙法守也。《书》曰：聪听
祖考之彝训。《诗》曰：不愆不忘，率由旧章。愿我世世子孙守
之毋忽。

敬祖宗

维桑与梓，必恭敬止。矧乃祖宗，人所托始。

孝父母

父兮母兮，恩深靡底。椎牛祭墓，何如负米。
毋贻亲忧，毋辱亲体。大孝小孝，备载于礼。

和兄弟

戚戚兄弟，本之一人。如手如足，非越与秦。
有侮宜御，有财宜均。克笃天显，式用顺亲。

序长幼

父事兄事，各视其年。随性雁行，毋与比肩。
凡属卑幼，各宜勉旃。以少凌长，维德之愆。

---

① 参见刘大可：《论传统客家村落的纷争处理程序——闽西武北村落的田野调查
研究》，《民族研究》2003 年第 6 期。

别男女

男女别涂，授受不亲。别嫌明微，风化乃淳。

嘱尔家室，各宜自珍。桑中溱洧，贻诮风人。

睦宗族

惇叙九族，古有明训。一本之亲，无分远近。

相侃相赒，释争解忿。岂若涂人，肥瘠不问。

谨婚姻

婚姻之礼，万化之原。家道攸系，胚胎子孙。

彼昏不知，财利是论。子言弗信，盍视姜嫄。

慎丧葬

亲丧自尽，事莫大焉。比其葬也，慎择于先。

无使土亲，当令骸全。一朝失措，永贻后惩。

勉读书

士为民首，读书最高。希贤希圣，作国俊髦。

扬名显亲，宠受恩褒。各宜努力，毋惮勤劳。

勤生业

民生在勤，勤则不匮。里布失征，游民是出。

农工商贾，勉励乃事。酒食游戏，终亦自累。

崇节俭

制节谨度，满而不溢。慎乃俭德，家国理一。

一念骄奢，遂生淫佚。转眼空虚，言之可栗

戒淫行

淫为恶首，厥罪弥天。况兹同族，一本相联。

渎伦灭理，人面兽膻。削系送官，法不其延。

戒匪僻

盗窃赌博，无赖之尤。辱人贱行，隶卒倡优。

家世清白，恶居下流。敢或蹈此，屏逐不收。

戒刻薄

积善余庆，积恶余殃。天命不僭，隐有主张。

忠厚传世，久而弥昌。从事刻薄，立见灭亡。

戒贪饕

贫穷有命，富贵在天。莫为莫致，听其自然。

一萌贪念，遂丛众怨。败廉丧耻，罔或不颠。

戒争讼

民之失德，干糇以愆。一朝之忿，永世祸联。

强弱胜负，不能独全。各笃宗盟，幸勿相煎。

　　至光绪三十二年（1906）培田吴氏在第六次修族谱时，在卷首家训之后增加了家法十条。同时，也增加了族规十则。通过家训、族规、家法的制定，培田吴氏完成了宗族治理体系的构建。

　　祖训家规的具体执行则通过房族长、族正或其他公正练达之士来完成。如武平县《高氏族规》云："倘有两家争竞之端，只许报知长老向前平心公断……不许具席投人，亦不许生端具控，违者长老秉公出首与究。"[1] 永定县吴氏《澹庵公太遗嘱》亦云："吾今老矣，长子吴璇死矣，次子吴玑智识不更事矣，后有事务一切大小家门听命吴璘教训，门户则协力当之，官府人情则以礼应之。违我祖命，戕尔生理，敢有违命紊乱者，乃系不孝子孙。吴璘死后，凡有一切大小家门内外官府上下之事，听从长孙吴文经主宰。子在付子，子老付孙，家道事

---

① 不著撰人：《福江高氏族谱》，光绪四年重修本。

务任于老成，治家之常理也。敢有变乱成规，许吴璘、吴文经执此遗嘱付官。伏望父母本官明察秋毫，以理曲直，先坐以悖逆之罪，后理以曲直之分，此老夫之实心臆。"①

武平县《曾氏族规》亦载："秉公正。族有族长，房有房长，有族正，所以摄一族一房之事，振一族房之纲，治伦常之变，释、子北乖也。但举族长房长族正，俱要公平正直，谨守礼法，断非阿谀附会见利忘义者言，不可怀挟私仇，徇情曲断，变不容富者以酒肉胜人，强者势人丁为恃。若有一事偏曲，一言党护，即属不公不法，合族聚议，另行公举，不得以派尊自擅。如族长房长既秉公正，不听公断，两造经营族长房长，自行到案，证其谁是谁非，庶善良不至终枉。"②《宁化县翠江镇巫氏族规》曰："举族正。一姓之中，有族长，有房长，而尤重有族正。……唯于各房之中，不拘年齿，公举正直谦明之人，奉为族正。凡同姓有是非口角事，投明族房长外，请族正判断。……族正亦不得徇情。"③

由此可见，族中长老、宗族领袖在民间纷争中发挥了重要作用，而其处理一应事务的依据则是祖训家规，换言之，祖训家规在闽台客家社会生活中具有法律条文般的效用。

"朔望讲约"是清代官方倡导的一种重要社会教育方式，闽台客家县域亦积极响应。康熙《永定县志》载："每月朔、望清晨，耆老摇铎以徇于道路，大声呼《圣谕六条》……随赴县，候县宰升堂，由中门入，诵《圣谕》：尔俸尔禄，民膏民脂。下民易虐，上天难欺。仍诵《六条》，由中门出。县宰堂事毕，率属下官民，择城内空阔公所，悬《圣谕》于上，设坐两旁。有司列左，乡绅列右，选声洪亮者

① 永定县吴氏《澹庵公太遗嘱》，本遗嘱由永定一中原校长吴兆宏先生提供。
② 《曾氏祖训、家规、族规》，载《武平文史资料》第24辑，第51页。
③ 中共福建省委文明办、福建地方志编纂委员会、福建省妇女联合会编译：《福建家训》，第218页。

朗诵《六条》，用民间浅近俗语解释之。每条毕，童子数辈歌诗一章结之，士民环立拱听。乃赏里人之善而罚其恶者。每月率以为常。"①值得重视的是，闽台客家村落宗族结合官方倡导的"朔望讲约"，将祖训家规渗透于《圣谕广训》宣讲活动之中，体现了宗族与国家的互动。如武平黄陌《李氏宗族·仲十郎公脉系》载《圣谕广训十六条》②；武平县《颍川钟氏族谱》亦有对《圣谕广训拾陆条》大同小异的记载，同时载明："每月朔望诣祠宣讲，宜父诏其子，兄勉其弟，实心奉行，服膺弗矣。"③

　　上杭县《院前李氏族谱》更是对《圣谕广训》作出进一步的解读与发挥："《圣谕广训》十六条宣示合邑军民人等，李生而欲使族人知所法也，舍此将焉，属因语之曰：洪唯我圣祖仁皇帝保赤诚求，特颁上谕十六条，晓谕八旗及直省军民人等，式恪遵行，子之族家庭之内，毋亦有父诏子而兄勉弟者乎？子曷弗敬告曰：敦孝弟以重人伦，同姓之亲，毋亦有序尊卑而别长幼者乎？曷弗敬告曰：笃宗族以昭雍睦，且比闾之间，耕织之事，毋亦有讲揖让而儆游惰者乎？子又曷弗敬告曰……是宜诵曰……是宜诵曰……是宜诵法曰……他如明礼让以厚风俗者，士之责也；务本业以定民志者，庶人之事也。训子弟以禁匪为，息诬告以全善良者，则在父兄之严为，督率而为秉口之泯灭也。若夫戒逃匿、完钱粮、联保甲、解雠仇，是又圣心恻恒欲使民皆良民，咸晓然于保身保家之计者也。子之族人其一一奉行矣乎？吾子读书明道，一旦得志，方将为圣朝布化宣猷本圣言之切要者，推而行之，而为法于天下，今日之谋所以为族人法者，特其始事耳。余不

① ［清］赵良生、李基益修纂：《（康熙）永定县志》卷二《封域志》，第 33 页。
② 参见《十方黄陌李氏仲十郎公脉系家训、广训》，载《武平文史资料》第 24 辑，第 21—22 页。
③ 不著撰人：《颍川钟氏一脉族谱》，民国二十四年（1935）钟晋书录，原稿藏武平县文博园。

能文，又不善口用，敢交向日所刊圣谕十六条宣示杭邑军民者，敬述之，以弁子之谱端，子以为何如？李生曰善，因书之以遗李生，即以报李生之伯父者，并以告李生之族焉。沔阳进士裕泉王冠南敬撰。"①

与此类似，上杭《再兴张氏族谱》所载《谱规小引》曰："伏读《圣谕广训》十六条，剀切详明，各府州县定期讲诵。吾乡离城八十里，不能遍闻，责在各父师，家喻户晓，传诵多年。迄今修谱告成，合族会立谱规，终不越十六条明训：第一条，敦孝弟以重人伦……第三条，和乡党以息争讼；第四条，重农桑以足衣食；第五条，尚节俭以惜财用……第七条，黜异端以崇正学；第八条，讲法律以警愚顽；第九条，明礼让以厚风俗……第十一条，训子弟以禁非为……第十五条，联保甲以弭盗贼……五族佩诵明训，父师谆谆告诫，诚虑族众人繁，立心不一，其中恐有不率教者，议立谱规，以防范归正。"②

在编制祖训家规时，有的家族直接以《圣谕十六条》作为其基本框架，杨彦杰曾将连城县培田吴氏的家训十六条与《圣谕十六条》进行比较，认为其内容除了涵括历史上许多有名的家训之外，更直接受到清朝《圣谕广训》的影响。③ 由此可见，祖训家规亦是闽台客家社会家国互动的又一重要载体。

（三）家族教育的训诫，修身养性的箴言

儒家学说是中国传统社会的主流文化，儒家所提倡的"修身、齐家、治国、平天下"的人生信仰也渗入闽台客家的祖训家规之中，成为其社会教育、家族教育的主要内容。这集中反映在以下两个方面。

其一，闽台客家祖训家规是当地宗族、家庭教育的主要形式与内

---

① 上杭县《院前李氏族谱》卷首序，光绪三十年续修，汀郡步云轩刻本。

② 不著撰人：《再兴张氏族谱》，光绪八年重修，汀郡步云轩刻本。

③ 参见杨彦杰：《祖训家规与客家传统社会——以培田吴氏为中心》，载刘小彦主编：《第四届石壁客家论坛论文集》，福建教育出版社，2016，第11页。

容。闽台客家传统社会虽然也有私塾、族塾、书院乃至国子监等不同形式的学校教育，但对山高皇帝远的边陲地区和偏僻村落而言，学校教育所占比重较少，祖训家规等宗族、家庭教育往往是全社会最基础、最核心，也最普遍的教育形式。

其二，闽台客家的祖训家规通常以儒家伦理纲常为主旨，注重道德上的自我修养，因而这些祖训家规又往往成为个人修身养性的箴言。纵观闽台客家名目繁多的"家训""遗训""遗嘱""诫子书""家诫""族规"等祖训家规，囊括了家庭生活的诸多方面，包含了家国情怀和人生智慧的众面相，涉及治家、立业、相处、规范、发展，以及启智、心术、立志、修身诸层面。如《南阳邓氏族规十则》载有"正人伦""正名节""正心术""正品行""谨言词""慎交友""洽邻里""忍气忿""节色欲""制酒狂"诸条，武平县《钟氏族规》载有"家法当道""耕读当勤""贫而无谄""富而不骄"诸条。举凡学习、立业、立身、正家、社会、内外之道，莫不成为闽台客家祖训家规关注的内容，也是当地民众修身养性的核心所在。

（四）姓氏认同的符号，群体凝聚的纽带

前述刘、黄两姓的传说与记载，存在着诸多大同小异之处，不但开基诗惊人雷同，而且一为二七男儿（十四个儿子）八十三孙，一为三七男儿（二十一个儿子）八十三孙，何其相似也！类似刘、黄两姓的开基祖诗，在闽台客家的口头传说与族谱中十分普遍，甚至粤东客家地区也广为流传，其符号性至为明显。《蕉岭程官部黄氏家谱》载："峭公……娶三妻：官氏、吴氏、郑氏，俱封夫人。……因世乱纷纷，公于嘉祐四年正月初二日，置酒邀亲友，召诸子训诫……诚有孝心念我者，何异我在乎。有诗一首，登程执别。后世黄氏各州邑居者，念诗符合，即属宗派。其诗有云：'年深外境犹吾境，日久他乡即故乡。

朝夕莫忘亲命语，晨昏须荐祖宗香。'"[1] 从历史考证学的角度看，这些开基诗未必是历史的真实。但是，这些开基诗及其相关传说通过世代相传，植根于姓氏族众，形塑群体成员，使之"真实"而神圣地存在于这些姓氏族众之中，而成为"文化的真实"，并由此引发心理上的共鸣，产生强烈的认同感，从而在社会生活中发挥着增强姓氏认同的功能。

与此类似，永定县江氏《金丰祖训》的制定也主要基于江氏族人认同和宗亲凝聚的考虑。永定江姓祖先从宁化石壁迁至上杭县胜运里三坪，后又从三坪迁至金丰里高头及平和、诏安等县。传世久远，子孙繁衍昌盛，所在地实在难以容纳江氏人口的增长，于是他们又外迁至漳州、潮州等地，年深日久，族众互不来往，亲情日益淡薄。"我祖因聚族会议，设立训辞"，其中有"忘本背义者，贫穷夭折""贵显莫得恃强凌弱，微贱切勿附势趋炎""莫因小忿而成大祸，勿贪小利以致大害"等语。[2]

（五）人生经验的总结，生活智慧的结晶

闽台客家的祖训家规之中，不乏祖先的生活经验与生存智慧。如关于婚姻，闽台客家祖训家规中多有论及男婚女嫁之处，其中包含了相当的民间智慧。武平县《王氏守训》载："昔胡安定先生曰：娶妇必须不若吾者，则妇事舅姑必执妇道，嫁女必须胜吾家者，则女人之事必敬、必戒。司马温公曰：议婚，尤当察其婿与妇之性行与家法如何，勿苟慕其富贵。妇者，家之所由盛衰也。倘慕一时之富贵而娶之，彼挟其富贵，鲜有不轻其夫而傲其舅姑者。"[3]

---

① 罗香林：《客家史料汇篇》，第188—189页。

② 参见中共福建省委文明办、福建地方志编纂委员会、福建省妇女联合会编译：《福建家训》，第275页。

③ 《武平王氏守训四则》，载《武平文史资料》第24辑，第5页。

又如饮酒。闽台客家的祖训家规并不反对喝酒，甚至认为"酒以合欢，圣人不废"，但应"节饮"，对于嗜酒、贪酒、恋酒、酗酒则严格限制。武平县《南阳邓氏训子课孙三事》云："毋嗜酒贪花"，《南阳邓氏族规十则》曰："但多饮必醉，醉则发狂……故宜节饮。节则血脉调和……"①武平县《万石堂家戒十则》曰："酗酒。世上是非，多起于酒……乱语糊言，得非亲友。甚至醉时，胆大如斗。酗酒放风，裂肤碎首。醒后问之，十忘八九。如何节饮，免致献丑！"②《宁化县翠江镇巫氏家规》云："酒，固可以合欢，而亦最足丧德。旷观古来嗜酒之徒，或因此而偾事，或因此而致疾，或因此而破家者，种种召灾，不可胜道。……故量可饮五分，只可饮二三分；量可饮十分，只可饮六七分。总之，酒非养人之物，自冠昏祭祀外，不可多饮，亦不可长饮，愿我辈其慎之。"③

再如，闽台客家的祖训家规对于处理夫妻关系亦有独特之处，即认为既不能"戾情"，亦不应"溺情"。《宁化县翠江镇巫氏家规》载："夫妇，道之造端也。不得戾情，亦不得溺情……何谓戾情？妇人见理未明，往往狃于一己之偏，而不知自反。唯为夫者，躬先倡率，事事导之以正。其或有小不是处，不妨宽为包容，默俟自化。……何谓溺情？夫情闺房静好之地，易于狎昵，不节以礼，心将陷入于淫……若为阴险之妇，一意奉承，百般献媚，为丈夫者，渐且入其彀中，始则渔其色，继则信其言，终且显予以权……一念溺情，遂至于此。可

---

① 《南阳邓氏族规十则》，载《武平文史资料》第 24 辑，第 8、10 页。
② 《万石堂石氏宗规十六条、〈百字铭训〉、家戒十则》，载《武平文史资料》第 24 辑，第 14 页。
③ 中共福建省委文明办、福建地方志编纂委员会、福建省妇女联合会编译：《福建家训》，第 215 页。

不畏哉！有室家之责者，尚其思之。"①

　　关于戒气，《宁化县翠江镇巫氏家规》曰："今人开口，动曰争气。争之云者，如见人大富，自己即当勤俭，而与人争为富；见人大贵，自己即当发愤，而与人争为贵。……如此则气不大伸乎？本无所争，而有似乎争之也。……圣人云：'一朝之忿，亡其身，以及其亲。'即此之谓。然则人可不平气哉！"②关于戒讼，《宁化县翠江镇巫氏家规》亦云："戒之之道有二。其上者，横逆之来，如孟子之三个必自反，不可及矣。其次，则当退一步思量，又进一步思量……与其忍辱于公堂而其费大，曷若忍气于乡党，而其费小。所谓退一步者此也。至于进一步工夫，彼无理而敢于欺人者……我输则固受其辱，我胜，则亦结其仇，是不如让之为吉也。……是虽以奸雄之术处世，而亦戒讼之一道也。"③

五、祖训家规的当代价值

　　闽台客家的祖训家规，是传统客家社会千百年来积累下来的优良传统，也是客家先民的生活智慧与生存策略。探讨闽台客家祖训家规的核心要义，总结其经验与教训，对于弘扬客家文化和中华优秀传统文化，以及形成良好家风、培植社会风尚、遵守政治伦理、增进文化认同等，具有重要的精神价值。

---

① 中共福建省委文明办、福建地方志编纂委员会、福建省妇女联合会编译：《福建家训》，第 214 页。

② 中共福建省委文明办、福建地方志编纂委员会、福建省妇女联合会编译：《福建家训》，第 215 页。

③ 中共福建省委文明办、福建地方志编纂委员会、福建省妇女联合会编译：《福建家训》，第 216 页。

（一）形成良好家教家风

家风是一个家族或家庭的良好风尚，一个兴旺发达的家族或家庭，必有其良好的家风家教。家风的形成既有赖于家族族众、家庭成员的长期垂范身教，亦有赖于祖训家规的言传。祖训家规为闽台客家社会良好家风的形成提供了制度准则，它们摒弃了空洞说教，贴近现实，内容生动形象，富有感染性与启发性，因而为民众所喜闻乐见，易于接受其熏陶。闽台客家家族或家庭因其富含的重要人生哲理、宝贵的经验与智慧，如爱国、公正、诚信、勤俭、和气、和睦、友善、谨慎、惜福，以及笃定恒心、艰苦创业，敬业乐群、奋斗向上等，而易形成一门和睦、进取之风。由此，闽台客家祖训家规的形式、内容、核心要义、宣讲方式以及发挥的社会功能，对于当前以家风为载体培养和践行社会主义核心价值观具有重要的精神价值和参考意义。

（二）引领社会风尚

家风、家训引领社会风气。闽台客家的祖训家规曾经引领客家地区形成良好社会风尚，以故闽台地区崇文重教，人才辈出，著于东南。如永定县廖鸿章的《勉学歌》[①]流传甚广，成为旧时闽西永定县民众教育学子读书求学的经典名篇，激励了一代又一代的客家人。廖氏一族之中，除廖鸿章是翰林外，四代之内还出了四个翰林，三个举人：其子守谦是举人，孙文锦是翰林、文耀是举人，曾孙维勋是翰林、维嵘是举人，玄孙寿恒、寿丰都是翰林，成为"四代五翰林"的科举世家，创造了永定俗语所谓"独中青坑"的科举奇迹。同样，江

---

① 廖鸿章的《勉学歌》原文如下：东方明，便莫眠，沉心静气好读文。盥洗毕，闭房门，高声朗诵不绝吟。食了饭，便抄文，一行一直要分明。听书后，莫搅情，书中之理去推寻。过了午，养精神，还要玩索书中情。沐浴毕，听讲文，文中之理须辨明。食了夜，聚成群，不是读书便说文。剔银灯，闭房门，开口一读到鸡鸣。后生家，这般勤，何愁他日无功名。

坑《蓝氏族谱》载，正因为该村秀士的出现，江坑蓝氏才开始形成一系列的宗族规范，"后之人赖其箴规者，以息邻里争夺之风也……振一乡之规，莫不为子孙计之"[1]。流风所及，在新的历史时期，绝大部分客家家庭仍承续了传统的良好家风，形成了积极向上的家庭风尚，家风、家训依然在引领社会风气。因而，承载传统社会良好风尚形成的祖训家规，在培育和践行核心价值观方面仍具有独特的优势。习近平总书记在 2015 年春节团拜会上说："家庭是社会的基本细胞，是人生的第一所学校。不论时代发生多大变化，不论生活格局发生多大变化，我们都要重视家庭建设，注重家庭、注重家教、注重家风，紧密结合培育和弘扬社会主义核心价值观，发扬光大中华民族传统家庭美德，促进家庭和睦，促进亲人相亲相爱，促进下一代健康成长，促进老年人老有所养，使千千万万个家庭成为国家发展、民族进步、社会和谐的重要基点。"[2] 也正因为此，充分挖掘客家祖训家规的宝贵资源，发挥其当代价值功能，是客家学研究的题中之义。

（三）遵守政治伦理

蔚为大观的闽台客家祖训家规，形成了集教育、管理、惩戒于一体的完整体系，其最大的特点是务实，可操作性强。其选择家族管理人员，具有严格的德、才要求。如武平县《曾氏族规》载："但举族长房长族正，俱要公平正直，谨守礼法，断非阿谀附会见利忘义者言，不可怀挟私仇，徇情曲断，变不容富者以酒肉胜人，强者势人丁为恃。"[3]《宁化县翠江镇巫氏族规》说："举族正。……公举正直谦明

---

[1]　不著撰人:《江坑蓝氏族谱》，嘉庆三年抄本。

[2]　习近平:《在 2015 年春节团拜会上的讲话》，《人民日报》2015 年 2 月 18 日，第 2 版。

[3]　《曾氏祖训、家规、族规》，载《武平文史资料》第 24 辑，第 51 页。

之人，奉为族正。"①《宁化县石壁镇张氏族规》载："要轮房值祭。董理尝租当择本房公正才干三人，以奉众祖之祭，兼掌本年出入数目及应行之事。"②

在处理家族事务时始终坚持公正、公开、公平。如武平县《曾氏族规》专列"秉公正"条："若有一事偏曲，一言党护，即属不公不法，合族聚议，另行公举，不得以派尊自擅。"③前述武平县蓝氏《景常公太遗训》亦云："嗣裔等当思创业维艰，守成不易，抽有祭扫尝产，当公平出入，不得私行吞食或典卖。"在内部监督管理上，则有通过族长、族众共同监视、明断、惩戒，乃至送官究治等举措。武平县《王氏继宗公宗系族规八则》云："……族人如有不孝其亲者，初则由族长痛加训斥，以启其悔悟之心，倘再不知悔改，即由族众送请法庭惩治。""……族人如有兄弟不知友爱，而自贼者，轻则由族中严加训诫，重即缚送官厅呈请究治。""族人如有夫不夫而妇不妇，夫妻时相反目者，族众闻知应切实责令痛改，毋令乖气致戾以致身不修而家不齐。""……族人如有视同姓如路人，全不顾水源木本大义，甚或因细故微嫌而视同仇人者，此等人，宜族众共弃之。"④

"家是最小国，国是最大家。"一国之治理，有同于一家一族的治理。闽台客家在齐家的基础上出仕从政，忠诚爱国，服务国家，而其祖训家规则对此方面仍有重要之规范。宁化县湖村镇黎坊村《黎氏族规》曰："家声必须清白，凡族中有出仕者，耀祖荣宗，固属可嘉，当忠敬尽职，廉明存心，以为名宦。若尸位素餐或贪滥不明者，族中

---

① 中共福建省委文明办、福建地方志编纂委员会、福建省妇女联合会编译：《福建家训》，第218页。

② 中共福建省委文明办、福建地方志编纂委员会、福建省妇女联合会编译：《福建家训》，第229页。

③《曾氏祖训、家规、族规》，载《武平文史资料》第24辑，第51页。

④《王氏继宗公宗系族规八则》，载《武平文史资料》第24辑，第6—7页。

尊长必公斥之。"①清流县《陈氏祖训》曰："世卿公曰：汝曹事亲以孝，事君以忠，为吏以廉，立身以学。学也者，学乎忠孝廉而已也。""渊公曰……能爱君则爱国，爱国则爱民，故爱子则家齐，爱君则国治，爱民则天下平。""渊公又曰……居官不爱子民，为衣冠之贼，立业不思积德，如眼前之花。"②武平县《何氏家训》"训廉"条曰："语云'贪夫徇财，烈士徇名'。……临时不苟谓之廉，廉者察也，察其所当取而取之，是谓义，然后无伤于廉也。"③

闽台客家祖训家规涉及政治忠诚、为官清廉、爱国爱民、勤于政事等多方面内容，形成了颇具特色的客家廉政文化，对新时期构建勤廉文化，营造"忠诚、干净、担当"的从政氛围亦具有重要的现实意义。

（四）促进大众传播

中国祖训家规的传统源远流长，早在上古时期就有"周公诫子""孔子庭训"之说，汉代以后，刘邦、东方朔、郑玄亦有诫子书文，曹操的《诸儿令》、陶渊明的《与子俨等疏》堪称家训的精品。隋唐以后，颜之推的《颜氏家训》、司马光的《家范》、郑文融的《郑氏规范》、袁采的《袁氏世范》、朱熹的《紫阳朱子家训》、朱伯庐的《治家格言》，都是祖训家规的典范之作。但这些帝王将相、名流世家的祖训家规是上层社会教育子孙的经典，其目的在于服务士大夫阶层，属于精英文化、雅文化和大传统。闽台客家的祖训家规则不然，众多书之于族谱、镌刻于碑铭或口耳相传的祖训家规，虽托名于其祖先或某一公太，但实质上多是"聚族会议，设立训辞"，"皆族众合

---

① 中共福建省委宣传部、中共福建省委文明办、福建省地方志编纂委员会等编译：《福建乡规民约》，第257页。

② 中共福建省委文明办、福建地方志编纂委员会、福建省妇女联合会编译：《福建家训》，第370页。

③ 《何氏家训》，载《武平文史资料》第24辑，第26页。

议，非个人私言"，属于集体的创作，服务的对象则为普通的村落族众和百姓，属于平民文化、俗文化和小传统。这些祖训家规尽管仍以儒家学说为核心，却有一个由雅到俗、由士大夫到平民、由经典到通俗，甚至"俱用浅近俗语，俾易通晓故耳"的过程，实现了祖训家规由高头讲章到大众化的传播。因此，研究闽台客家祖训家规核心价值观教育的大众化传播载体与渠道，可以为当前社会主义核心价值观的培育与践行提供借鉴和启示。

（五）增进文化认同

闽西客家的祖训家规还与整个客家世界的祖训家规息息相关。如武平县《武平城厢陈氏大成谱》载有义门陈氏家训七条和家禁六条，以此作为当地陈氏家训、家禁。[①] 不仅如此，一些祖训家规不唯客家地区所独有。前述刘、黄两姓大同小异的开基诗，在非客家县市的邵武黄氏中亦广为流传。据邵武黄姓人氏称，黄氏峭山公娶了三个老婆，每个老婆生了七个儿子，共计二十一个。峭山公八十大寿时，在盛大的宴席上，他面对儿孙将家事作出安排，各房只留下长子以侍母尽孝送终，其他十八个儿子各给一匹马、一份家财和一套家谱，令他们离家外出，信马由缰，随止择留，并吟了一首《遣子诗》赠别。[②] 比较刘、黄两姓前后三首遣子诗，其相似、雷同之处一目了然。

晚清名臣曾国藩以其祖父星冈公"考、宝、早、扫、书、蔬、鱼、猪"八字诀和"不信地仙、不信医药、不信僧巫"的"三不信"为治家之道，反复告诫兄弟子侄："治家之道，一切以星冈公为法。"同时，他将素日立身处世治学做事的体会归纳为"八本"："读书以

---

① 参见《江州义门陈氏〈家法〉、〈家训〉、〈家禁〉》，载《武平文史资料》第24辑，第29—35页。

② 参见中共福建省委文明办、福建地方志编纂委员会、福建省妇女联合会编译：《福建家训》，第253页。

训诂为本，作诗文以声调为本，事亲以得欢心为本，养生以戒恼怒为本，立身以不妄语为本，居家以不晏起为本，作官以不要钱为本，行军以不扰民为本"，并教兄弟子侄谨记之。[①] 后曾氏五代之内代有英才，为海内极为少见的长盛之家。曾氏家规家训堪称祖训家规之典范。

扬州何园主人望江何氏作为一个凭借数代人艰辛积累而显达的家族，对家族教育极为重视。《何氏族谱》载有"家训"十一则："孝敬亲长之规""隆师亲友之规""鞠育教养之规""节义勤俭之规""读书写字之规""出处进退之规""待人接物之规""饮食服御之规""量度权衡之规""撑持门户之规""保守身家之规"[②]，详尽地规范了家族成员的为人处世、待人接物之道，彰显了中国传统家族的文化渊源、道德理想与生存智慧。扬州何氏严格奉行其家训家规，发展成与晚清李鸿章、孙家鼐等名门望族联姻结盟的家族，创造了"祖孙翰林""兄弟博士""姐弟院士""父女画家"等一系列人才奇迹。

由此不难发现，闽西客家的祖训家规是中华优秀传统文化的一个缩影，亦是客家文化的重要组成部分。这些祖训家规中既有祖先的临终遗嘱，又有家族对后辈的训示、教诫，更有取材祖上的种种遗言、族规、族训、俗训，涉及家庭、人际、社会、政治伦理诸多方面，是传统闽西客家社会民众行为的规范、处世的准则和道德的教化，既是宗族的法规，又是家族教育的重要形式，深入传统国家法律、学校教育无法触及的领域，引领着客家社会的良好风尚。正因为此，闽西客家村落虽为穷乡僻壤，却崇文重教，人才辈出。

伴随着闽西及闽西南客家人移居台湾，其祖训家规亦传播到台

① 参见 [清] 曾国藩:《致澄弟》,《家书之一·咸丰十一年》,《曾国藩全集》第20册，岳麓书社，2012，第585—586页。

② 此为笔者赴江苏省扬州市何园调查时所抄录。

湾，使台湾客家秉承福建客家原乡遗风。闽台客家人在漫长历史长河中形成的祖训家规就积淀为一种信仰、一种崇拜、一种精神力量。兹举三例，以见大概。

其一，1931年游大容撰《诏邑游氏族谱》，有借神示书之族谱的祖训：

关帝君训

一曰忍。二曰慈。三曰孝养父母。四曰敬惜字纸。五曰毋谈人过。六曰勿阻止人善。七曰毋面是背非。八曰毋口正心邪。九曰[毋]作难于人。十曰毋自高其己。十一曰无破人方术。十二曰无损人物品。十三曰无迫人财无力。十四曰毋欺人老与贫。十五曰指引失路人。十六曰宽慰落难人。十七曰扶孤子老稚过危桥。十八曰遵引不谙事者。十九曰饮人渴□一□。二十曰助人公言一语。二十一曰昆虫草木勿□杀。二十二曰他人妻子勿妄想。二十三曰不□人情为他作余地。二十四曰不竭勿（物）力留子孙作受用。[①]

其二，1931年赖长荣纂修《心田赖姓族谱》，从中我们可以看到祖训在渡台客家人中的传承：

一斯谱之作，天序民彝，焕乎攸寓，且为传之典法，告我后人珍而藏之，非如金石之器，或已失之后，可以复得也。数世之后，有同心以尊祖敬宗者，务求立言君子序其前后，名为誊录，分送各房收存备阅。倘有不虞之变，或从此可无遗失之

---

① 游大容:《诏邑游氏族谱》，载邓文金、郑镛主编:《台湾族谱汇编》第70册，第28—29页。

患也。龙明之曰，三世不修谱牒者即不孝之言，君子以为至训，吾宗子孙当慎知之。

姑记条目于左：

岁时祭献祖宗，或忌辰致尊，不论祭品多寡厚薄，必排列次序整齐，方为恭敬。切不可因祭献人多席狭，不能妥设，而杯左箸右，饭后羹前，香登于炉，酒酌于杯，即化冥财，草率作揖，苟完厥事。或遇广阔之地，亦盘碗错置，杯箸参差。如此举止，所谓恭敬安在？虽祭品十分丰洁，亦若无也。

祭献之时当想恍如考妣在上享祭，不可高声致于神怒。

前代祖宗平生嗜好，无从而知，至己身父母及祖父母生平嗜好之物，不论粗精……宜备忌辰作祭品……是也。

银纸号曰冥财，考妣冥间享用。虽未确见，但既因祭而设，亦宜卷折方正，不可歪斜，纸钱不可乱折揉坏，以蹈不敬之愆。

祖祠乃祖宗灵爽所依凭，本源系焉。宜爱惜恐若不及，况可残毁乎？若戕其本，绝其源，支有支流未有不竭也，戒之慎之。

春秋享祠，理之常也。况祖宗既置有祀田，而子孙反敢侵渔，薄于奠献。甚至鲸吞，祀事以缺，试问身自何来？他日亦欲为人祖宗，而受子孙奠献乎？清夜扪心熟思之。

坟墓原有高低旧式，内外分水，及前埕填满壅塞者，逐年祭扫时修理旧观，亦不可太加挖掘。若有崩毁凹陷，则补平之，当依旧制，不可过高。斩刈草木，周围务大，以壮观瞻，不可专以饱厌为事。

溪边书馆三间，上加层楼，前围短墙，此乃先人所以养育人才者。略有揖坏即行修补，以礼先人之志，不可任从崩颓，贻笑大方，自处焉可。

己身生辰，乃父母忧危之日。若父母在之时，宜先奉于亲，乃及于己。父母既卒，值生辰，虽薄物不献于祠，只宜家中焚香，陈设拜献，乃尽厥心。

祭物当随家资厚薄买办，若富足而菲薄于祭祀，固为不孝；贫而借贷拖欠，虽极丰盛，亦可不必。

人生在世，财禄有足。贪取不义之财，必损应得之福。苟取非义献于祖宗，称渎莫甚。神若有灵，必有汝享，且远汝祸。

祭扫必先于墓，然及司土。盖有墓然后有司土。祭扫专诚在墓，司土盖连及之耳。

排列祭品，鱼左而豚肉右，羹左而饭右。神以右为尊，故也。

遇父母祭辰，虽里中演梨园，不可往观。盖念亲死之日，不忍故也。

婚姻宜于门户相等者择配。若立身端正，贫薄何嫌。品行污秽，富厚何益。强悍者异日必分其辱，骄傲者有时而受其欺。宜慎于前，勿悔于后也。

世人若不孝父母、不友兄弟、贫其旧交，虽与我暂时相善，切当谨防，不可深交。

诗曰：善恶分明谱有载，吉凶异报天无知。

曾忆先君于戊戌年冬欲渡台湾，是晚夜深，兑独侍坐，先君手书片纸示兑云：

一祖母宜孝养也；一母命宜奉行也；一叔父宜畏敬也；

一小妹宜爱惜也；一治家宜勤俭也；一立身宜端正也；

一读书戒怠惰也；一朋友戒狎昵也；一戏场不可往也；

一赌博不可试也；一恶人不可近也；一凶人先须避也。

以上数条，皆身家性命所关，最宜书绅，兑授而识之不敢忘。次早先君启行。呜呼，先君往矣！遗训在焉，兹因修谱，故并记于首，以垂不朽云云。

嘉庆十年荔月　男　友兑　谨识

窃谓士达而在朝，则志在立功；穷而在野，则志在立言。兑以菲才，焉敢立功是念；即欲立言，何能动听。但涉猎诗书，颇识义礼，岂敢与村野莽夫，混淆一类乎？碧岭僻处山间，易惑难解，出语无文，交际无礼，器量浅狭，得其时则肆行无忌，失其势则丧志垂头。偶学华美，雅俗不称，视诗书为余事，指法语为迂谈。器用不论粗精，一概乱掷，作于始不虑于终，顾于今不计于后，种种陋习，难以指数。不囿于俗，十难得一，特指其弊之九者著以示异日子孙，异其留意，幸甚。先伯金言，裕后应从获福寿无疆。侄敬奉不怠，不幸渡台未数年辞世归阴，侄至庚寅年玩赏阴府。呜呼，先伯何不留长生至今乎。

愚侄 南阅历族谱叹记 [1]

其三，廖丑《西螺七嵌与台湾开拓史》记有所谓"七嵌箴规"（七条祖训）：生廖死张，故曰张廖；不食牛犬，知恩无类；得正祀位，犹胜篮轿八台；嗣续为女，继绝为先；制无苟，恐生戾气；堂教修谱，敦亲睦族；迁籍修谱，天下一家。之所以称作"七嵌箴规"（七条祖训），据说第五世廖道文、廖道行在祖祠周围兴建溪口大楼时，其大门门槛设七嵌，用意为后代子孙要时刻牢记祖先留下的七条遗训，故又称作"七嵌箴规"。[2] 对于"七嵌"，当地还有不同说法。1959年台湾《张廖氏族谱》载张廖氏第十七世祖廖名经《七嵌（坎）》云："乾隆五十三年岁次戊申，族内有廖昌盛、廖盛周、廖天体、廖裕贤、廖世歇、廖拔琦、廖贞义等七人发起，共同捐资在下湳建立祠

---

① 赖长荣纂修：《心田赖姓族谱》，载邓文金、郑镛主编：《台湾族谱汇编》第24册，第82—85页。

② 参见廖丑：《西螺七嵌与台湾开拓史》，台北前卫出版社，1998，第447—452页。

堂（现在西螺镇福田里新厝崇远堂之前身）奉祀先祖，订立春秋二祭……当时为盛大举办轮流迎神祭祖大典，以人丁并经济情况为基础，划分为七角落，或一村里为角落，或有数部落合并为一角落，共分成六角落半（作为七角落），故称为'七嵌（坎）'。"所以，七嵌（坎）乃台湾张廖氏所居区域的地域单位。[①]

由此可见，《七嵌（坎）祖训》是迁台张廖氏在七嵌地区"乡规民约"的基础上形成的祖训家规。但这一祖训家规与祖地原乡诏客官陂客家一脉相承。如《七嵌（坎）祖训》中所提到的"凡张廖子孙作祖官陂，生则姓廖，死则书张，以报廖公之德"，这些内容早已见之《官陂张廖氏（上祀堂）族谱》所载清乾隆年间十四世祖朝玉撰《正祖张元仔公传》。而《七嵌（坎）祖训》中所见地方风俗更是由渡台客家人传播过去的，如"不食牛犬，知恩无类""篮盛神主"，普遍流行于赣闽粤苗瑶畲和客家地区。

闽西北清流县马氏始祖马发龙被称为闽台客家马氏的入闽始祖，据《马氏族谱》载：台湾地区前领导人马英九亦系其支系派衍。马发龙开基于清流北团里南山下，至殷公五代居福建，后辗转迁往湖南衡阳，马英九为马发龙第三十二世裔孙。2010 年，清流县马氏宗亲会赴台参加"两岸宗亲交流暨姓氏族谱展"，与台湾马氏成功对接。马英九堂兄马重伍会见了赴台参展的马氏宗亲会一行。2011 年，马重伍亦到清流县赖坊南山马氏宗祠拜谒先祖。2012 年，来自马来西亚、中国大陆和台湾地区的马氏宗亲会聚在赖坊南山，举办清流县赖坊南山马氏宗祠修复竣工暨省级文物保护单位揭碑典礼。现今，赖坊南山马氏宗祠神龛亦悬挂马英九手书马氏家训"黄金非宝书为宝，万事皆

---

① 参见刘劲峰、魏丽霞：《官陂镇的张廖氏宗族与民俗文化》，载杨彦杰编：《闽客交界的诏安》，社会科学文献出版社，2014，第 85—87 页。

空义不空"的条幅。[①] 闽西永定县创办了首家"客家家训馆",由祖籍永定的中国国民党荣誉主席吴伯雄题写馆名,为两岸客家交流搭起了新平台。客家家训馆开馆后,两岸客家人在此共同举办系列活动,共同表演民俗风情,共同品评祖训家规。在这里,闽台客家祖训家规成为两岸客家民众共祭祖先、共享宗族亲情的重要文化资源,成为增进两岸民众文化认同的重要纽带。

时至今日,闽台客家民众共修族谱、共守祖训、共同举办宗族活动,其祖训家规理应成为两岸客家民众交流交往的重要纽带与宝贵资源,并为进一步增进两岸民众的文化认同,推进"两岸一家亲",促进两岸民众心灵契合,发挥更重要的作用。

---

① 参见中共福建省委文明办、福建地方志编纂委员会、福建省妇女联合会编译:《福建家训》,第185页。

第三章　闽台客家的圣贤崇拜

第一节　固始传说与闽台民众的文化认同

闽台地区的族谱普遍声称其先世来自河南光州固始，但自宋代始，历代学者多有质疑、考辨。本节跳出传统的考证思维，从人类学的角度追溯这种现象的成因及其社会功能。固始传说的形成，除了受帝王故里的政经特权、中原正统观念影响外，还与地缘关系建构、圣贤崇拜心理等因素密切相关，因而具有族群凝聚、文化认同、精神教育、文化交往的功能与作用。

一、闽台两地固始传说的谱志记载

从历史事实看，确有一些闽人祖先来自河南光州固始。据《新五代史》记载，当时淮南道光州刺史王绪"自南康入临汀，陷漳浦，有众数万"。后来，由于王绪滥杀部众，队伍中的光州固始人王潮"乃选壮士数十人，伏篁竹间，伺绪至，跃出擒之，囚之军中"，而后王潮被推举为新的统帅。王潮以其众平定福建，王潮死，其弟审知继之。审知死，其子延翰建闽国。从王氏入闽至闽国灭亡，王氏经营福建达 60 年之久。[①]

王氏在闽建立了首个具有完整政治、经济、军事制度的割据政权——闽国，其子孙亲戚成为"皇亲国戚"，而那些追随入闽的亲兵将士亦以正统自居，显赫一时。他们的子孙后代分居各处，成为当地的巨姓大族。各族在编修族谱时，自然将这一历史大肆渲染，以显耀乡里。如《怀德堂庄氏族谱》载："（开闽始祖森公）原籍河南省汝宁府光州固始县人……公与光州刺史曾延世皆王潮之甥也……而潮及弟

---

① 参见 [宋] 欧阳修撰：《新五代史》卷六八《闽世家第八》，中华书局，1974，第845 页。

审邦、审知素以才气著名，绪遂以潮为平军政……光启元年乙巳，潮招抚宗权。宗权责输于光州，王绪不能给……转掠江洪虔三州。是月，陷汀州、漳州，然皆不能守……行至南安，森公及潮乃晓谕其将前锋……森公亦已从王潮归州矣。我子孙何得为闽人乎，事曲文亦曲……森公遂不王潮，于是择于泉之永春涂桥坑桃源里家焉，遂为开闽庄姓之基祖。"①

与此相仿，其他姓氏在编修族谱时，也分别将自己先世的入闽时间、中原居住地与唐末五代、河南光州固始联系起来。至今闽人族谱、史志中多有其祖先来自光州固始的记载。如《侯官县乡土志》载："光启初，林穆又由固始随王氏来闽"；陈氏，"……孙咏，官光州，留居固始，后人又随王氏入闽……"；刘氏，"唐末有固始人刘存随王氏入闽……刘宅八贤皆裔也"；张氏，"唐季张睦自固始随王氏入闽"；吴氏，"唐末有吴文卿者，自固始随王氏入闽……传二十五世"。② 民国《福建通志》载："曹朋，字仲益，固始人。……其子孙附籍于沙。"③《榕城张氏族谱》载："始祖……讳睦公……公由河南光州固始县入闽，居福州南关外乌龙江口浚边乡侯官县仙塔街凤池境，间吾宗约二三千家，祠堂在焉。"④

闽东和闽北亦然。《袁氏宗谱序》载："柘城之袁，本于富水之袁，其先徙自光州之固始。传十六世而生邦宁公。"《汝南袁氏宗族后序》云："柘城之袁，本于富水，而富水之袁，复本于洪源云。富水之袁，

---

① 不著撰人：《慎德堂庄氏族谱》，载邓文金、郑镛主编：《台湾族谱汇编》第80册，第419—422页。

② 参见[清]朱景星修，郑祖庚纂：《侯官县乡土志》，福州市地方志编纂委员会整理，海风出版社，2001，第385—391页。

③ 李厚基等修，沈瑜庆、陈衍等纂：(民国)《福建通志》总卷五一《宦者传》，民国二十七年（1938）刻本。

④ 张添贵编：《榕城张氏族谱》，载邓文金、郑镛主编：《台湾族谱汇编》第74册，第166页。

其先徙自固始，传一十四世，而为修。修年四十未有子，以语其所厚戚洪源林深。"①《黄氏大成宗谱》载："膺公自光州固始入闽邵武之平洒。"②

在闽南，我们在厦门田野调查时发现，白礁王氏家庙有石刻楹联曰："分支来自固始，到白礁腾浪万里；创业本在同安，振乌衣长享千秋"。上联追溯白礁王氏家族来自河南光州固始县，亦即闽王的派裔；下联阐述王氏到同安创业，振兴东晋宰相王导（居南京乌衣巷）的门风。据田野调查报告人说，白礁王氏声称开基始祖王隆是闽王十四世孙，生有右泰、右丰、右丞、右辅 4 子。元末明初，右丰携右泰三位幼子（正本、正始、正翕）奔居白礁。《佛耳安溪詹氏族谱》载："按詹氏之先出于姬姓，始封于詹，后以国为氏，其居光州固始者讳缵……从福建观察使王潮入闽。""詹敦仁，字君泽，五代光州固始人，迁闽隐于仙游植德山下。"③ "粤稽溪我祖原系河南省光洲（州）府固始县人，自五代唐周末宋初偕王审知入闽，平定开方遂隐，堂自号为清隐居士，即我始祖敦仁公是也。"④《佛耳安溪詹氏族谱》载："吾氏之先本光州固始……清隐公开创多乡，继分为坑内芹山二派，各自流传。芹山世次流传莫考，吾坑内一派流传至今凡二十有一世矣。"⑤

① [明]游朴：《游朴诗文集》附录二《佚文》，魏高鹏、魏定榔、游再生点校，福建人民出版社，2015，第 593、595 页。

② 不著撰人：《黄氏大成宗谱》，载邓文金、郑镛主编：《台湾族谱汇编》第 21 册，第 97—98 页。

③ 不著撰人：《佛耳安溪詹氏族谱》（Ⅱ），载邓文金、郑镛主编：《台湾族谱汇编》第 72 册，第 15、108 页。

④ 不著撰人：《台北五分埔詹氏族谱》，载邓文金、郑镛主编：《台湾族谱汇编》第 72 册，第 203 页。

⑤ 不著撰人：《佛耳安溪詹氏族谱》（Ⅰ），载邓文金、郑镛主编：《台湾族谱汇编》第 71 册，第 40 页。

　　另一种关于祖籍固始的传说则与陈元光的籍贯有关。明万历《漳州府志》载："陈元光……后家于光州之固始，遂为固始人。"① 何乔远《闽书》云："陈元光……固始人。"② 康熙《龙溪县志》曰："而漳人多祖元光与泉人多祖审知，皆称固始。按郑樵《家谱后序》云，吾祖出荥阳，过江入闽，皆有源流，孰为光州固始人哉？闽人称祖，皆曰光州固始来，实由王潮兄弟从王绪入闽，审知因其众克定闽中，以桑梓故，独优固始。故闽人至今言氏族者，本之当审知之时重固始也，其实谬滥。"③ 道光《平和县志》曰："漳人称祖，皆言来自光州固始。由王潮兄弟从王绪入闽，王审知因其众克定闽中，以桑梓故独优固始；而陈将军元光亦出固始，故言氏族者至今本之，而不尽然也。按郑樵《家谱后序》云：'吾祖本出荥阳，过江入闽，皆有源流，孰为光州固始人哉？'即此可知向来相沿之误。"④ 这些记载一方面批驳了"闽祖光州固始"之说，另一方面则认定陈元光为"光州固始人"。

　　类似的情况，在福建几成一种普遍现象，相沿成习，至今不辍。据戴吉强主编《固始移民史料简编》所收《南迁姓氏谱志汇编》，福建各地至今新、旧谱志记载祖籍源自光州固始的有闽侯、漳州、福清、长乐陈氏，莆田、晋江、闽清、南靖黄氏，福州、南安、石狮郑氏，长乐、泉州、永泰邱氏，闽侯、仙游、福州叶氏，大田、闽清、福州、永泰张氏，沙县胡氏，漳州、建阳、南安余氏，永春潘氏，漳州、石狮卢氏，南安戴氏，漳州韩氏，诏安、闽清、安溪许氏，古

<hr />

① [明] 罗青霄修纂：(万历)《漳州府志》卷一六《龙溪县人物志中》，陈叔侗点校，福建省地方志编纂委员会整理，厦门大学出版社，2010，第143页。

② [明] 何乔远编撰：《闽书》卷四一《君长志》，第1012页。

③ 康熙《龙溪县志》卷一二，漳州图书馆2005年影印本。

④ [清] 黄许桂主修，[清] 曾沣水纂辑：《平和县志》卷一一《杂识》，平和县地方志编纂委员会点校，福建省地方志编纂委员会整理，厦门大学出版社，2008，第500页。

田、漳浦林氏，云霄、福清方氏，漳州汤氏，仙游尹氏，福州、晋江、南安、福鼎刘氏，建阳蔡氏，南安傅氏，沙县邓氏，同安、南安李氏，泉州、永春姚氏，仙游、平潭杨氏，德化赖氏，宁德、连城、松溪谢氏，永春尤氏，福州、石狮、南安、诏安吴氏，柘荣游氏，泉州施氏，永春、德化、宁德周氏，惠安庄氏，顺昌、周宁萧氏，沙县曹氏，柘荣袁氏，仙游茅氏，泉州柯氏，南平应氏，南平范氏，南平骆氏，平和、南平朱氏，永春颜氏，同安吕氏，永安冯氏，柘荣魏氏，莆田宋氏，南平欧氏，石狮龚氏，闽侯金氏，晋江高氏，晋江彭氏，永春康氏，福州、连江、惠安孙氏，安溪廖氏，福州梁氏。[①]

　　台湾同胞祖籍多来自闽南地区，相关族谱亦声称其先世源自河南光州固始。与闽南族谱一样，台湾相关族谱也大致分为三种类型。第一种是与王审知有关。台湾《灌口王氏族谱》载："始祖讳审知公，字信通，先世琅琊人……自高祖晔公宰定城，遂家于光州固始。晔公传友公，友公传蕴玉公，蕴玉公传太尉恁公，恁公传三子长潮公、次审邦公、三审知公。唐僖宗光启元年乙巳寿州人王绪陷光州，闻公兄弟材勇挟军中，公偕伯兄潮公、仲兄审邦公奉母董氏从军入闽。"[②]台湾《柯氏族谱》载："始祖讳，字号塘边叟，其先光州固始县人，唐僖宗光启中有礼讳延公，从王氏刺史至王绪部将王潮入闽，遂家焉。家世阀阅，传至公居泉之晋邑南塘，开创基址，置立产业，是为南塘。"[③]台湾《同安兑山李氏族谱》载："三十三郎仲文公者，其始光州固始县人也，随闽王审知入闽，遂卜于同安县南人得里天马山前兑山系家

① 参见戴吉强主编：《固始移民史料简编》，河南人民出版社，2010，第148—166页。
② 王荣业录：《灌口王氏族谱》，载邓文金、郑镛主编：《台湾族谱汇编》第50册，第463页。
③ 柯槐黄撰修：《柯氏族谱》，民国十七年（1928）修，写本，载邓文金、郑镛主编：《台湾族谱汇编》第23册，第151页。

焉。"① 台湾《李姓历谱》载："考其先世曰三十三郎仲文公者，其始光州（州）固始人也，随闽王王审知入闽，遂卜于同安县南仁德里山前兑山保家焉。"② 台湾《柑园田尾王氏族谱》载："祖乃光州固始人，实出武肃王审邦之后……""安溪之有王氏其来旧矣，初以华美著名，发源于光州固始定城令晔公及玄孙潮审知九代孙烨，来住泉州西南隅船坊巷，孙万臻迁居清溪，遂为清溪王氏始祖。""余阅其谱，知祖派出于光州固始，入闽居泉，曰潮审邦审知兄弟，皆有材气雄名，而审邦□□□派之所从出……避元乱至治三年□□□□于华美，建立华美都田元帅庙。""盖今王氏旧传其先为光州固始人，唐时武肃王昆仲据泉闽之地，蕃厥苗裔簪缨□□烂……于清溪之华美境，遂世称华美王姓为清溪祖。""吾宗自光州固始入闽居泉，至二十世太公徙清溪华美支派。""源委一世祖起自光州固始……材雄入闽，封为八闽之祖，十三世烨公为泉州之祖，二十世万臻公□清溪华美始，溯之审邦公之支派也，在闽在泉，类皆王公卿士大夫，著名于世。"③ 台湾《清溪王氏族谱》载："王氏盛于江左……因家于光之固始……长审潮、次审邦、三审知，兄弟皆有雄名才气。王绪辟为军正。唐光启元年，以前锋将提兵自南康入汀州，遂得全闽土地。潮公福建观察使，追封广武王；审邦公全紫光禄大夫……审知公仕尚书令、琅琊王，至后梁晋封闽王。兄弟三人坐镇闽疆，建国六十余年，与五代相终始，历子孙多有拜王公侯伯乡君尹大夫爵位者，昭昭在于谱牒。"④ 安溪县珍山陈氏移

① 李朝绎等修订：《同安兑山李氏族谱》，抄本，载邓文金、郑镛主编：《台湾族谱汇编》第 25 册，第 229 页。

② 李雨水、李清潭编修：《李姓历谱》，载邓文金、郑镛主编：《台湾族谱汇编》第 27 册，第 155 页。

③ 王观民纂修：《柑园田尾王氏族谱》，载邓文金、郑镛主编：《台湾族谱汇编》第 51 册，第 3—4、6—7、9—10、11—12、14、20 页。

④ 不著撰人：《清溪王氏族谱》，抄本，载邓文金、郑镛主编：《台湾族谱汇编》第 54 册，第 3—4 页。

居台湾支派所修《清溪感化后溪陈氏族谱》载："后溪陈氏其来久矣，有祖朝翌公，居河南光州固始，于五代间，仕后唐金紫光禄大夫，长子启端，特进奉请……公偕弟启端公并其侄及长子光绪公，次子荣绪公，奉孺人桂氏，自固始间关入闽住建阳。值王延曦延政，乱日治兵相攻……"①台湾《钱江施氏上新厝房份家谱》载："祖籍河南光州固始县，唐季仕为秘书承清官也。值中原鼎沸，光寿二州不靖，迨昭宗末年闻王审邦刺泉州，安恤流寓，又礼待中州士大夫，因皆（偕）子二宣郎避乱入闽。"②台湾《沈氏前柱家谱》载："一世祖始祖群荣公别号有能公暨妣洪、庄氏，大唐天祐年间自广（光）州固始县全二世祖勇公入闽福建省泉州府同安县马巷辖沈井古名曰金井乡居住。"③台湾《叶姓家谱》载："汉之先叶氏光州固始也，始三学士洙公五代间从王审知入闽，其嗣子熹公始卜居占籍于同安南门地名佛岭下。""吾宗始自光州入闽徙居同安佛岭，世为岭下叶氏始祖，光宗德隆，代有显人。"④

　　第二种则与陈政、陈元光父子有关。台湾《颍川陈氏汇世族谱》曰："自东汉光武帝建武二年丙戌，第四十一世祖孟琏公为固始侯国相，因由俊仪移家光州固始县。""自唐朝高宗总章二年己巳，第五十九世祖政公奉诏镇闽，因由河南光州移家岭南泉潮二州之间……"⑤《澎湖郭氏流传派家谱抄本》说："入闽始祖乃河南固始县十二使公

---

① 不著撰人：《清溪感化后溪陈氏族谱》，载邓文金、郑镛主编：《台湾族谱汇编》第 7 册，第 81 页。

② 施学筹重修：《钱江施氏上新厝房份家谱》，载邓文金、郑镛主编：《台湾族谱汇编》第 46 册，第 57 页。

③ 沈翰轻编：《沈氏前柱家谱》，载邓文金、郑镛主编：《台湾族谱汇编》第 44 册，第 303 页。

④ 叶清河修：《叶姓家谱》，民国三十年（1941）修，载邓文金、郑镛主编：《台湾族谱汇编》第 66 册，第 98、105—106 页。

⑤ 陈瑚琏编纂：《颍川陈氏汇世族谱》，载邓文金、郑镛主编：《台湾族谱汇编》第 9 册，第 13 页。

也，公讳淑翁，字里芝，号览溪，唐总章二年己巳随陈将军政公来闽卜居龙溪之郭埭。"[1] 台湾《鸿儒蔡氏源礼祖派下小谱》载："按蔡氏之先乃光州固始人也，自唐垂拱二年从陈将军元光来征于闽，因不旋师，居于浦之绿溪桥，继迁于念都鸿儒屿。"[2] 台湾《念厥先人黄氏族谱》载："始祖守恭公自唐垂拱间由光州固始而莅官于泉，遂籍于此焉。"[3] 台湾《板桥西安林氏家谱》载："始祖二十八致政讳孔著公，原籍河南光州固始县人，唐垂拱二年择巨室且贤，上命公为军咨祭酒，佐妻弟左郎将陈讳元光公开闽，及洞平置郡，卜居西安而因建仰孟岩焉……""始祖……公之原籍河南光州固始县也，唐朝垂二年受命为军咨祭酒，佐左郎将陈将军开漳有功，爰有二十致政之号，卜居西安，即今之廿八都吴宅社。"[4] 台湾《卢氏世传实录记》载："卢氏……南北朝时，右相国子阳公玄孙中湛公，官河南汝宁府光州牧采食固邑，遂家世固始县东隅坊卢桂街焉。因唐初天下未平，江南岭南等处盗贼蜂起，移檄州县，僭立国号，四海危急。高宗总章元年，中湛公玄孙如金公奉命从主将玉铃将军陈公政戍闽杀贼……是如金公为开漳始祖。……始祖公……家世河南汝宁府光州固始县……为我唐朝圣天子天下未平闽越赵地江南岭……总章元年，奉命领兵从主将陈政公戍闽讨贼，授爵府兵校尉兼领本州司仓司空。"[5]

① 郭朝勋修纂：《澎湖郭氏流传派家谱》，抄本，载邓文金、郑镛主编：《台湾族谱汇编》第 14 册，第 53 页。

② 蔡清标纂修：《鸿儒蔡氏源礼祖派下小谱》，民国二十五年（1936）刊本，载邓文金、郑镛主编：《台湾族谱汇编》第 1 册，第 299 页。

③ 不著撰人：《念厥先人黄氏族谱》，载邓文金、郑镛主编：《台湾族谱汇编》第 20 册，第 334 页。

④ 林泗川编撰：《板桥西安林氏家谱》，载邓文金、郑镛主编：《台湾族谱汇编》第 31 册，第 411、421 页

⑤ 卢元璞编修：《卢氏世传实录记》，载邓文金、郑镛主编：《台湾族谱汇编》第 38 册，第 7—8、13 页。

第三种则是笼统地称先世来自河南光州固始。如台湾《锦田大宗（黄氏）族谱》载："始祖，汉道隆公光州固始人也，为东部会稽市令东（原末字今改正）建康之乱，弃官避地入闽，初居仙游大尖山、小尖山之阳。"[1]台湾《溜江陈氏族谱》载："溜江陈氏之先，河南光州固始人也。"[2]台湾《陈氏世传大族谱》载："古生孟琏，为光州固始侯相。死焉，葬浮光山之麓。""稽我开饶，始祖木苑公……溯其源，出自河南光州固始县浮光山也。"[3]台湾《大溪黄氏族谱》载："我族先世光州固始人也，从众入闽，时观福公，分居于温陵晋邑之十都，屋宅里居，东石故里也。"[4]台湾《漳浦官塘山后吴氏族谱》载："伯器公皇明洪武年间自河南光州固始郡从戎而闽官于漳浦，见其人文蔚起，风俗醇厚，堪为发祖之地，爰择旷野之区，因定居焉，厥后蟊斯日盛，迁徙多方，余台湾始祖克洁公固伯器公之裔也。"[5]台湾《武功周氏族谱》载："我祖孟公，家居固始县……随王审知入闽，闽省有苏氏者盖孟公始也，公建家同安葫芦山下……故星散居处于漳平县，可安公同其子七郎公号卓周，由漳而泉，居卓源，遂乞讨苏为周……"[6]

① 黄玉柱、黄玉缵续修：《锦田大宗（黄氏）族谱》，载邓文金、郑镛主编：《台湾族谱汇编》第20册，第85页。

② 不著撰人：《溜江陈氏族谱》，同治十二年修，载邓文金、郑镛主编：《台湾族谱汇编》第4册，第257页。

③ 陈庆年修录：《陈氏世传大族谱》，光绪十七年刻本，载邓文金、郑镛主编：《台湾族谱汇编》第4册，第297、304页。

④ 黄师樵：《大溪黄氏族谱》，载邓文金、郑镛主编：《台湾族谱汇编》第20册，第313、315、317页。

⑤ 吴学海等编纂：《漳浦官塘山后吴氏族谱》，载邓文金、郑镛主编：《台湾族谱汇编》第54册，第434页。

⑥ 不著撰人：《武功周氏族谱》，光绪十八年抄本，载邓文金、郑镛主编：《台湾族谱汇编》第79册，第295—296页。

二、福建历代学者对固始传说的认识

最早质疑"闽祖光州固始"的是宋代文史学家莆田人郑樵，他在《荥阳郑氏家谱》序言中说："今闽人称祖者，皆曰光州固始。实由王绪举光、寿二州，以附秦宗权。王潮兄弟以固始众从之。后绪与宗权有隙，遂拔二州之众入闽。王审知因其众以定闽中。以桑梓故，独优固始。故闽人至今言氏谱者，皆云固始。其实谬滥云。"①宋人方大琮追随郑樵，主张闽人伪托固始籍贯是为了换取闽国统治者的优待，他先后在《题跋叙长官迁莆事始》《跋方诗境叙长官迁莆事始》两文中反复陈述这一观点。②陈振孙《直斋书录解题》、洪受《光州固始辩》亦赞成此说。③明代王应山《闽大记》也说："予采掇前鉴，五季之乱极矣。审知虽起列校，姿表奇杰，将士归心；又俭约礼士，有惠政于民，开国吾闽，非偶然者。翰、钧、曦、政骨肉相残，窃干大号……岂子文之泽尚浅，栾黶之恶已彰乎？方文进代兴，尽杀王氏子弟；及仁达送款南唐，又迁政之族于金陵。今闽人王姓附丽为固始，皆妄。予尝访审知庆城故宅，有穹碑高出屋……虽后昆孑然，其祀尚未殄也。"④

20世纪80年代以后，福建学界仍对"闽祖光州固始"问题保持了长足的兴趣。前辈学者朱维幹在《福建史稿》中说："按闽中各著

---

① [宋]郑樵：《荥阳郑氏家谱序》，载莆田《南湖郑氏家乘》，民国刊本。

② 参见[宋]方大琮：《题跋叙长官迁莆事始》，《铁庵集》卷三二，北京图书馆古籍珍本丛刊本；《跋方诗境叙长官迁莆事始》，载[明]郑岳纂：《莆阳文献》卷七，北京图书馆古籍珍本丛刊本。

③ 参见[宋]陈振孙：《直斋书录解题》卷八《谱牒类》，清乾隆武英殿木活字本；[明]洪受：《沧海纪遗》，隆庆二年刻本。

④ [明]王应山纂修：《闽大记》卷一三《闽王氏世家》，陈叔侗、卢和校注，福建省地方志编纂委员会整理，中国社会科学出版社，2005，第216页。

姓族谱，多溯源固始，实不足信。"[①] 此后，谢重光、陈支平、杨际平、汪毅夫、徐晓望等著名学者也对此展开了热烈的讨论，不同程度地对"闽祖光州固始"这一观点进行质疑和考辨，发表了各自的创见，为推动学术进步作出重要贡献。[②]

不难发现，从历史学的角度看，闽人祖先来自河南光州固始的真伪问题是一个重要而严肃的学术问题，历代学者试图通过自己的研究来探索历史真相，是十分值得称道的。但是，从人类学与社会学角度看，在当前的情况下，将不同姓氏的族谱和庙志、史志进行逐一鉴别、考订，用确凿的证据考定其真伪，殊非易事。正如一些族谱编纂者所言："由唐迄元凡五六百载，世系之由来多忘之者，况由元而明而清具遗漏，何可胜叹哉！"[③] 因此，对此一历史真相的探寻，既不可能，也非十分必要。另一方面，闽人将先世上溯到光州固始祖又是一种普遍的社会现象，甚至已成为一种民间信仰或大众信仰。尽管前人多有诘难，历代学者多有指正，甚至族谱编纂者中的有识之士亦甚明了，但诘者自诘，正者自正，而编者自编，谱志中关于"闽祖光州固始"的记载有增无已，愈演愈烈。如号称"陈林半天下"的巨姓大族林氏，向来自认为商代名相比干的后裔，其郡望堂号为"下邳""博陵"，但宋代以后也有部分林氏将其祖籍变为河南固始，甚至在一些

---

① 朱维幹:《福建史稿》，福建教育出版社，1985，第 113 页。

② 参见谢重光:《陈元光与漳州早期开发史研究》，台湾文史哲出版社，1994，第 73 页;《南方少数民族汉化的典型模式——"石壁现象"和"固始现象"透视》，《中共福建省委党校学报》2000 年第 9 期。陈支平:《福建族谱》，福建人民出版社，1996，第 126—127 页。杨际平:《从〈颍川陈氏开漳族谱〉看陈元光的籍贯家世——兼谈如何使用族谱研究地方史》，《福建史志》1995 年第 1 期。汪毅夫:《中国文化与闽台社会》，海峡文艺出版社，1997，第 152—153 页。徐晓望:《闽台汉族籍贯固始问题研究》，《台湾研究》1997 年第 2 期。

③ 郭朝勋修纂:《澎湖郭氏流传派家谱》，抄本，载邓文金、郑镛主编:《台湾族谱汇编》第 14 册，第 54 页。

地区的本土居民和唐宋后从波斯湾地区东来的阿拉伯人的后裔中间，亦流传着其先祖来自河南光州固始的传说。[①] 如何看待这种普遍的社会现象和特殊的文化心理，是一个十分值得探讨的问题。

三、闽台两地固始传说成因及其社会功能

与我们经常讨论的闽台地区"石壁现象""瓦子街现象"，以及刘氏内部相传的"广传公十四子，杨生九子，马生五郎"和黄氏峭山公"二十一子临别赠言"的祖先传说一样[②]，"固始传说"已成为群体认同的一种重要符号。因而，我们认为，关于固始传说的研究，除了考证其真伪问题外，还应更深入地探讨其成因和社会功能。

关于固始传说的成因，诚如论者所言，一为羡慕帝王的荣耀，以及因王审知"以桑梓故，独优固始人"，人们为了换取闽国统治者的优待而纷纷冒籍；二是受中国传统社会的门第观念和中原正统观念的影响。居住在中原而又出身名门望族的人，社会公认其地位崇高、出身高贵，这种身份、地位可以成为一种无形资产、隐性的社会资本，帮助人们在社会上取得更高的地位，故而冒籍伪托。此外，还有两个很重要的因素值得探究：一是地缘关系的建构，即居住在同一地方、属于同一地域文化类型的不同姓氏居民，希望通过相信自己的祖先来自同一时段、同一地点来共享更加牢固的纽带关系，共享富有传奇色彩的历史记忆；二是对祖先、圣贤的崇拜心理，或者说，这是祖先崇拜和圣贤崇拜的一种特殊表现。固始传说作为一种具有特别文化意蕴的社会现象，在现实生活中发挥了重要的社会功能。

---

① 参见陈支平：《福建族谱》，第126—127页。

② 参见刘大可：《田野中的地域社会与文化》，第25—27页。

1. 族群凝聚功能

闽人祖先来自河南光州固始的传说，与客家人的宁化石壁传说、华北人的洪洞大槐树传说、广府人的南雄珠玑巷传说、山西北部的朔县马邑传说、四川人的麻城传说、苏北人的苏州阊门外传说、两广客家人的瓦子街传说，以及瑶族的千家峒传说、四川成都府铁碓臼传说等，在内容和结构上具有惊人的相似性，属于各族群在与相对峙的"他者"展开生存竞争背景下形成的祖先同乡传说模式。

陈世松在考察明初胶东半岛川滇移民由来时指出："最早进胶东半岛的四川移民家族，凭借迁入时间早，较早地融入当地社会，故能率先在各个领域取得成功，在当地社会中享有较高的威望。对于他们而言，认同'铁碓臼'、认同原乡四川，就等同于承认其社会地位。而对于成都府以外其他州县的移民后裔来说，将自己祖籍与成都府华阳到'铁碓臼'相'粘连'，则意味着他们对于迁入时间早、数量最多、社会地位最高的移民前辈的附会。应该承认，在以'奉节铁碓臼''丰都县铁碓臼''南溪县铁碓臼''绵竹县铁碓臼''隆昌县铁碓臼''峨眉县铁碓臼'等方式来表达祖籍的人们中，确有一些人的祖先是以设在成都华阳县的前卫驻地出发外迁的，但也肯定有不少人是因为先世失考而随大流盲从的。"[1]此前，谢重光在论及"客家人先世来自宁化石壁"传说的成因时已表达类似的观点。[2]

显然，这种现象在全国各地的移民史中具有普遍性。在闽台两地的族谱中，不难发现祖先来源原本广布北方不同郡县的不同姓氏，在宋明以后也开始流传着其先祖来自河南光州固始的传说。这一现象为超越、融合不同的世系与族群提供了极好的解释。因为族群的凝聚除了要有共同的文化特质外，还要有共同的起源作为支撑。这种对共同

---

① 陈世松：《明初胶东半岛川滇移民由来考》，《历史研究》2016 年第 5 期。

② 参见谢重光：《闽台客家社会与文化》，福建人民出版社，2003，第 100 页。

起源的建构，实质是当地民众选择的一种生存策略，在现实生活中发挥了族群凝聚与人群整合的作用。

2. 文化认同功能

将祖先来源与中原地区联系起来，把区域族群文化与中华文化的正统联系起来，从而证明自身的正统性与合法性，是中国民间文化创造的一种通例。这种文化创造与其说是血缘的认同，不如说是文化的认同。闽人祖先来自河南光州固始的传说，具体到一姓一族未必是历史的真实，但折射出北方各地民众移民福建的历史背景，在一定程度上体现了东南边陲地区对中原文化的认同与向往，这也是祖先崇拜的一种形式。闽台民众将祖先移民创业的历史与王审知入闽、陈元光平蛮开漳联系起来，继而与中原文化的中心地域联系起来，与中华文化的正统联系起来，从而凝聚成一种很强的向心力。正是这种向心力使得先民们将中原灿烂的文明带到南方而不被同化，在闽台民众的社会生活中闪耀着中华文明的精神光芒，并从中焕发出强大的凝聚力与生命力。

千百年来，福建民众移民港、澳、台地区及海外各地，他们大都以中华血统为光荣，以自己是中原后裔为骄傲。他们不仅传承了福建先人的中华文化传统与奋斗精神，也把"固始"符号刻在庙堂，记入家谱，融入生生不息的血脉。正如台湾《武功周氏族谱》所云："迨至清朝，我派衍渡台者甚众。而我济祖讳冷，谥贤明，于嘉庆六年辛西岁偕标祖临台，入淡水大加蚋堡卜宅居住，以农为业。即今各处有武功周氏者，皆原于福建省泉州府安溪县新康里卓源乡而来；漳平县始有武功苏氏者，皆原于安溪衡洋而来；衡洋有苏氏者，皆原于葫芦山而来；葫芦山始有苏氏者，皆原于孟公固始县而来；固始有苏氏者，皆原于长安而来；长安始有苏氏者，皆原于河南河内而来；河南河内有苏氏者，皆原于昆吾而来。盖自昆吾至汉时，始家于长安，历一千九百余年，凡六十世；自长安始家固始，历七百五十余年，凡二十三世；自固始始家于同安，历三百余年，凡六世；自同安葫芦山，始至安溪卓源乡，历五百左右年，凡十二世；安溪卓源自廿七郎公元末明初始也，自元末始家于卓源，至今五百三十余年，凡十五世矣。"[1] 而在当代，台湾同胞和海外侨胞怀着对故土的深情与向往，纷纷组团到福建各地及河南光州固始寻根谒祖，凭吊祖地。这种固始情结表现了他们认同祖居地、认同大陆、认同中华文化的倾向，在增强台湾同胞、海外侨胞对祖国的向心力与认同感方面发挥着重要作用。

3. 精神教育功能

闽台民众对祖先来自河南光州固始的认知，根源于王审知入闽开发、陈元光平蛮开漳的历史贡献，是圣贤崇拜的一种表现形式，符合"夫圣贤之制祀"的信仰原则。陈元光平蛮开漳，为当地的开发和社会经济发展作出重要的贡献，"其有德于漳最久"[2]。因此，陈元光殁后，漳州民众"以其尸涂塑神像祀之"，"庙祀遍境内"，如云霄威惠庙和漳浦威惠庙、燕翼宫、天宝威惠庙等。王审知对福建的开发也作出巨大贡献，他在任时安抚流民，发展生产；轻徭薄赋，与民休息；修复学校、官署、城池，在闽中百姓中拥有很高的威望。五代后期吴越国占据福州后，为王审知立庙祭祀，称为忠懿祠[3]，其后历有修建[4]。此外，闽中各地还有不少祭祀王审知的庙，如民国《福建通志》载："忠懿王庙。在浔洋里。王以军民筑大湖洋塍，民祀之。一在海坛，曰'白马王'。""闽王庙。在三魁坊。祀五代闽忠懿王王审

---

① 不著撰人：《武功周氏族谱》，光绪十八年抄本，载邓文金、郑镛主编：《台湾族谱汇编》第 79 册，第 297—298 页。

② （乾隆）《龙溪县志》卷二四《艺文》，乾隆二十七年刻本。

③ 参见 [清] 吴任臣：《十国春秋》卷九〇，中华书局，1983，第 1315 页。

④ 参见 [清] 郝玉麟主修，[清] 谢道承、刘敬与纂：（乾隆）《福建通志》卷一五《祠祀》，乾隆二年刻本。

知。""白马庙。在县东龙池巷内。祀闽王王审知。"[1] 闽西客家地区的长汀、宁化、清流等县，也遍布闽王庙。[2]

不仅如此，邓光布、曹朋、张睦、邹磐、陈国忠、郑济时、罗汉冲、张大郎、李大敷、詹敦仁等固始人也成为闽中百姓崇拜、祭祀的对象。黄仲昭《八闽通志》载："灵卫庙。在（沙）县治南凤凰山下。祀唐崇安镇将邓光布。""曹长官祠。……祀唐摄县事曹朋。""通灵庙。在（龙岩）县西砾山。俗呼邹公庙。神姓邹，名磐，光州固始人。""龙溪协济庙。……长神张氏，名大郎，次神李氏，名大敷。唐末固始来闽……轻资急义，时能赈乏，其没也，立庙祀焉。"[3] 乾隆《福建通志》载："灵应庙。……有二神，曰监仓陈公国忠，曰青屿郑公济时，皆固始人。""忠惠庙。……神为罗汉冲，光州固始人……既殁，民怀其德，立庙祀之。"[4]《福州府志》载："榷务庙。……祀五代榷务使张睦……有惠于民，民庙祀之。"[5]

闽台民众将其祖先移民创业历史与陈元光平蛮开漳、王审知开发福建的历史联系起来，颂扬陈元光、王审知的"惠政"及其祖先追随陈元光、王审知由固始入闽的光辉业绩，无论是虚是实、是真是假，都真切地表达了他们对圣贤的崇拜与对英雄业绩的追求。祖先来自固始的传说，体现了闽台民众对"圣人""圣地"的血缘和地缘认同，在他们心中凝聚一种绝对的精神，进而焕发出亘古不变的道德神

---

① 李厚基等修，沈瑜庆、陈衍等纂：(民国)《福建通志》总卷九《坛庙志》，民国二十七年（1938）刻本。

② 参见刘大可：《闽西客家地区的闽王信仰》，《福建论坛》2017年第10期。

③ [明]黄仲昭修纂：《八闽通志》卷二〇《食货》，第402、403、393—394、401页；卷一九《地理》，第374页。

④ [清]郝玉麟主修，[清]谢道承、刘敬与纂：(乾隆)《福建通志》卷一五《祠祀》，乾隆二年刻本。

⑤ [清]徐景熹修，[清]鲁曾煜纂：(乾隆)《福州府志》卷一《坛庙》，乾隆二十一年刻本。

圣感，因而具有精神教育和引导功能。

4. 文化交往功能

闽台民众的固始传说，是其人称羡中原先进文化的一种心理反应，"固始"在某种意义上成为"中原"的代名词。这种文化心理使得闽台地区祠堂、厅堂的匾联、碑铭，古文书、谱牒中的人物出身、头衔，以及民间俗信中的祭祀行为、民谚歌谣中的祝贺吉词等，无不展现出中原文化的风采。这就使东南边陲地区的乡野村民萌生对中原文化的向往之情，有利于中原先进文化向东南边陲地区的传播，为中原文化在闽台两地生根发芽提供了深厚的文化土壤。

改革开放以来，随着两岸关系的发展，越来越多的台湾同胞回到福建祖地寻根谒祖。闽台民众共修祖祠祖墓、共修族谱家谱等宗族活动，进一步密切了两岸同胞的联谊交往，加深了台湾同胞对根、祖、脉的认同，并逐渐形成"台湾之根在福建，而福建之根在河南光州固始"的认识。固始传说已成为连接包括台湾同胞在内的众多海内外闽籍后裔交流交往的桥梁与纽带。旅菲华侨郑玉书依福建旧谱编撰《三修永春夹漈郑氏族谱》，内载旧谱序云："而闽中之郑，则皆自光州固始而来……本族之聚居夹漈也，一世祖从南安十二都广信林与二兄弟分析而家于此焉。父老口口相传，以为始祖自光州固始入闽，始居于兴之莆田，历数传支派蕃衍，于是由兴之漳，由漳之泉，有居南、居永、居清溪，种种不一，各择其所可处之地而处焉。"[1] 据台北郑氏《柑园郑氏族谱》载，其祖籍即为源自泉州之安溪（清溪）。[2] 因此，固始传说作为一种文化认同的符号，关乎闽台关系，关乎众多台湾同胞的寻根情、故乡梦，关乎海内外闽籍后裔的交流交往。正因如此，早在2002年就有论者提出"固始寻根"的概念。河南省固始县

① 郑玉书：《三修永春夹漈郑氏族谱》，1965。
② 参见郑连碧：《柑园郑氏族谱》，1995。

从 2008 年开始每年举办"唐人故里·闽台祖地"中原固始根亲文化节，召开了以"固始与闽台渊源关系"为主题的研讨会，先后编撰了《固始移民史料简编》《固始近现代历史简编》等著作。在福建省福州市，两岸王氏宗亲定期聚集在福州闽王陵前，焚香祝祷，同祭闽王王审知。金门王氏宗亲理事会亦将两岸同祭闽王视为一次"寻根之旅"。2009 年，闽王金身首次入台湾本岛巡安。2010 年，第二届闽王文化节在福州开幕，以两岸共植同根同源树、两岸共祭闽王典礼、王审知金身巡安等活动推动两岸民众的交流交往。

第二节 闽西客家地区的闽王信仰

伴随固始崇拜而生的，是闽王王审知信仰。为纪念王审知建设福建的功绩，福州和厦门等地建有专祀闽王的大型庙宇。闽台地区普遍流行闽王王审知信仰，前人也有过不少论述，但对于闽王王审知信仰在闽西客家地区的传播及其发挥的社会功能的探讨比较忽略。本节在前人研究的基础上，结合田野调查和相关历史文献，就闽王王审知信仰在闽西客家地区的宫庙分布、活动情况以及发挥的社会功能做初步的考察。

一、闽西客家地区的闽王信仰缘起与宫庙分布

闽西客家地区的闽王王审知信仰起源甚早，宋修《临汀志》载："白马将军行祠。在清流县南拱辰坊。乃灵显庙中一神也。淳熙间创，为纲运之护。"[1] 清代《宁化县志》载：白马庙"……在北城翠华山之侧，其神无可考……按《南唐书》，王审知状貌雄伟，常乘白马，军

---

[1] [宋] 胡太初修，[宋] 赵与沐纂：《临汀志》，第 67 页。

中号'白马三郎'是也。……然则闽有三白马神也，宁之祀，其谁指欤？必审知耳"①。杨澜《临汀汇考》载："今汀城有白马庙，相传所祀为闽王王审知。审知主闽有德政，汀又亲至地，祀之宜也。"② 民国《清流县志》则载：白马庙"按旧志载，在进贤坊邹氏祖祠内。嘉庆五年漂没无存"；闽王庙"在仓盈里嵩口。神姓王，名审知，唐封忠懿王，梁封闽王。第七子延升徙居清流，遂为王氏祖。其子孙立庙于嵩口以祀焉。庙今废"。③ 民国《连城县志》载："镇川庙。县南城外。祀蛤蝴公王。宋绍兴间建。洪武间重建。崇祯末年，水圮。顺治七年，士民复建，后圮。乾隆十五年，士民重建。"④ 民国《武平县志》载："白马寺。在鲜水遥水口。"⑤ 由此可见，宁化、长汀、清流、连城、武平五县都曾流行闽王王审知信仰。

在闽西连城，河源十八坊共祀的蛤蝴侯王被认为与闽王密切相关。清康熙《连城县志》载《蛤蝴王庙考》云：

> 按宋人余良弼云：唯王姓王讳延钧，禀忠勇刚正之节，《五代史·世家》章矣。爰自朱梁正明四年知建州军州事，寻授刺史。逮唐天成初，王延钧嗣奉闽王位，拜奉国军节度使、同中书门下平章事、检校太尉侍中。长兴二年，提兵往福唐，未班师而薨，封灵昭王。龙启二年，当末帝清泰元年也。晋天福末，王延政据建州，改元天德，加封武平威肃王。厥后闽地并入南唐。保大二年，加封弘烈王。宋乾兴元年，避宣祖庙讳，改封

---

① ［清］李世熊修纂：《宁化县志》卷七《坛壝庙祠志》，宁化县志编纂委员会整理，福建人民出版社，1989，第417页。
② ［清］杨澜：《临汀汇考》卷四《山鬼淫祠》，光绪四年刻本。
③ 林善庆主修：《清流县志·庙祀志》，福建地图出版社，1989，第399页。
④ ［清］李龙官等修纂：（民国）《连城县志》卷一九《祠祀志》，第650页。
⑤ 丘复主纂：《武平县志》卷二〇《古籍志》，第458页。

英烈王。县令曰："汉韩说封龙额侯，击东越有功，封按道侯，盖一人而再受侯封。而《汉书》功臣侯表乃以龙额侯为韩说，按道侯为韩说。夫班固号称为良史，且生于东汉，距说时未甚远，其所撰次宜可考信，尚疏略如此。况历年久远，且蛮音咽嘈如云蛤蝴者哉？揆断大义，王号非可以苟称也。莲城辟于宋祀，去五代已远，传呼失真，其王为王延钧无疑。邵武祷雨避壤祀之，况连与邵相毗壤者乎？存其说，俟博古君子考焉。"①

清乾隆《汀州府志》亦移录此文。② 杨澜《临汀汇考》则载：

> 而延钧淫虐无道，不应庙祀。考晋天福六年，闽以王延政为富沙王。天福八年，延政称帝于建州，国号殷。至晋开运二年，唐兵拔建州，延政出降。闽自审知至延政，中更七主，历六十年而国亡。玲珑王疑即富沙王之讹。③

连城县上河源吴家坊的吴泰钧《玲珑公王辨》又另有说法：

> 玲珑公王，长连十三坊福主也，相传为五代时福建节度使闽王王延钧，盖自前明宏治三年肇祀以来无异辞矣。道光己丑，师叔祖佛谷先生官寿宁，阅《通鉴》及闽省志，邮书归告诸坊：后唐庄宗册封延钧为闽王，王篡逆荒淫，不应为神，当定为厥考白马忠懿公王王审知，功德遍及全闽，馨香宜流万

---

① [清] 杜士晋修:《连城县志》末卷《增添·论说》，连城县地方志编纂委员会编，方志出版社，1997，第339页。
② 参见 [清] 曾曰瑛修, [清] 李绂纂:《汀州府志》卷四二《艺文四》，第923—924页。
③ [清] 杨澜:《临汀汇考》卷四《山鬼淫祠》，光绪四年刻本。

载，云云。顾闻之原曰"蛤蝴"，字虫旁，新泉张鹏翼飞子先生改从玉旁。若然，则谓延钧者固非，谓为审知亦未必是矣。岁甲子，发逆踞南阳，搜及百里外。予邀同人诣神前降乩，乞求默护，明示避寇之方。因进叩神王来历，当荷鸾书，王乃六朝时人，姓琲名瑚，曾扶宋高祖刘裕小字寄奴于洞庭湖，以功封闽王。旋稽东晋史，义熙六年，高祖战卢循于左里，险被风涛（注：左里即彭蠡，洞庭湖也）。王之显圣，当在于兹。夫名者，实之宾。崇庙貌而奉之，备馨香而祀之。循其名相与忘其实，犹等诸无怀、葛天之荒远难稽；循其名而妄举其人以实之，冥冥中当亦所不许也。今王之声灵，固日被日远矣，乃颂其德，歌其功，不知其实迹可乎？故为此辨，以告后之竭诚致敬者。乙丑秋，十三坊酬神乐捐，除醮需外，新置神龛金漆。予书横匾"夫微之显"，联句"刘宋褒功千七载；长连戴德十三坊"。[①]

以上诸说虽然对闽王是谁分歧甚大，有曰王审知，有曰王延钧，有曰王延政，但都指向了闽王子孙。吴泰均虽据公王原作"蛤蝴"非后之"琲瑚"否定了公王系王延钧、王审知的观点，但他称琲瑚"以功封闽王"是另一种"闽王"之说，也明显受到"闽王"之说的影响。[②]

闽西客家民众更多是把琲瑚侯王说成是王审知，而且许多民间传说都反映了这方面的内容。如王审知治闽期间采取了很多政策和措施，有利于中原移民的安居乐业，所以客家人崇敬他；王审知曾经率

① 吴泰均：《琲瑚公王辨》，载长汀县《培田吴氏族谱》，光绪三十二年刊本。
② 吴泰均《琲瑚公王辨》一文系邹文清君提供。邹君提出，吴泰均称琲瑚"以功封闽王"是"闽王"之说的一种新观点。本书采用此说，谨此致谢！

军路过连城，秋毫无犯，还济弱救贫，当地人感激他；王审知的香
火在福州、泉州很盛，后来有人从泉州把"闽王庙"的香火带回来，
在马埔建庙崇祀，等等。①甚至有些对联也加入了王审知的内容。如
1991 年吴家坊"迎公太"时，就在祖祠内贴了一副对联：白马阵中
显伟绩；黄连川内建奇功。河源十三坊轮流祭祀珨瑚侯王的活动一直
很盛行，并且有明确的规定：第一年科里，第二年温坊，第三年张家
营，第四年张家营，第五年朋口，第六年冯坊、陈坡，第七年洋贝、
岗上，第八年江背，第九年吴家坊，第十年曹坊，第十一年墙里，第
十二年城溪，第十三年黄沙坑。②

　　在长汀县，珨瑚侯王被认为是王审知。河田镇珨瑚庙的碑文开篇
即曰："珨瑚侯王乃开闽王王审知也。河南固始人。"我们在田野调查
时，当地民众告诉我们，由于王审知入闽主政后，对外睦邻通好，对
内整顿吏治，平息动乱，安定政局，发展经济，重视农业，减轻人民
负担，使山区"草莱尽辟"，沿海则围垦造田，兴修水利，封山育林。
汀人为仰慕王审知的功勋，在汀州城建有"白马庙"以表崇敬。③清
《汀州府志》载："白马庙。在郡治预备仓后。闽越王常乘白马，死后
民思祀之。又有小庙在十字街。"④府辖之下的各邑及乡村多建有公太、
公王庙加以供奉，分别位于南山镇、河田镇的珨瑚侯王庙就是典型的
例子。

　　我们在田野调查中见到的南山镇珨瑚公王庙，又称汀州闽王庙，

---

① 参见李传耀：《珨瑚庙与王审知的故事》，载中国人民政治协商会议福建省连城
　　县委员会文史组编：《连城文史资料》第 11 辑，1989，第 77—80 页。

② 参见杨彦杰：《珨瑚侯王：一个跨宗族的地方土神》，载氏著：《闽西客家宗族社
　　会研究》，第 247 页。

③ 报告人 LGT，男，70 多岁，长汀县河田镇珨瑚侯王庙理事会会计；YKY，男，
　　70 多岁，长汀县河田镇珨瑚侯王庙理事会副理事长。

④ [清] 曾曰瑛修，[清] 李绂纂：《汀州府志》卷一三《祠祀》，第 286 页。

是在民国四年（1915）南山村西山桥头所建珨瑚庙的基础上另选址而建的。据当地报告人说，1981年，河田、三洲、南山、涂坊、童坊五个乡镇六十八个村（含自然村）号称"十三方"的善男信女，派出代表实地考察，确定在小地名叫墩子潭右岸的小山岗上兴建新庙。此岗形似一只口渴的乌龟将头伸入河中吸水，堪称风水宝地。当时盖建的庙属民居式土墙庙堂，面积仅300平方米左右。1998年，庙理事会筹划第二次改扩方案并附之实施，2008年夏季始又将庙正栋上、下殿堂改建为宫殿式的结构。现今庙门属五凤楼门，飞檐羽角，雕梁画栋，门楼柱为巨型石雕龙柱，整座庙宇金碧辉煌。历经多年的努力扩建后，公王庙现有办公、宿舍、厨房、膳厅、戏台等配套建筑，左有万福桥（含天后宫）、福寿亭、巨龙，右有玉帝座、观音堂，前有护墙、护栏杆，占地8000多平方米。庙中塑有珨瑚公太夫妇身像，有珨瑚侯王金身雕像一尊，万岁牌一尊，侯王印一枚，左右令旗架二副，令箭一副。该庙的祭祀活动亦由十三坊，即中复方、大田方、朱坊方、塘背方、举林方、南山方、河甫方、余地（大坪）方、河田（黄屋塘）方、谢屋方、刘源方、朱溪方、洋背方，轮流举办。此外，每年的五月初六至十六、十月十八至廿六还由信众自愿捐资，举行福醮唱戏活动。

河田镇的珨瑚侯王庙原位于河田下街大塘行温泉澡堂边，始建于明宣宗正统年间，每年二月初二隆重祭祀。该庙"文化大革命"时被毁，现仅存一对石狮子。我们在田野调查中得知，该庙是长汀、连城一带珨瑚侯王信仰的祖庙。据一位80多岁的报告人说，闽王信仰从福州传来，雕有三尊乌金做的小菩萨，当地人常说："公太、公太脚趾一样大"。有一天，连城马埔有一人挑了一担碗路过珨瑚侯王庙到长汀卖，结果不小心被打破了一头（意为一担碗的一边被打破了），便回头到庙里烧香请求侯王保佑，向公王祷告说："如果半担的碗能卖到一担碗的钱，他就会把菩萨偷到连城去建庙，那里会有更多的人相信，香火将会更旺。"结果，他剩下的半担碗真的卖到了一担碗的钱，于是他就将三个小菩萨偷到连城马埔去了。所以说，连城马埔公太庙的菩萨是从这里偷过去的。[①] 现在，我们见到的珩瑚侯王庙位于河田镇朱溪村，始建于 1993 年。当时，河田到南山珩瑚侯王庙去做理事的人回来后，觉得河田也应该重新建庙，经十三坊各位老辈提议，便集资兴建。侯王庙主殿于 1993 年农历四月二十六日动工，1994 年农历四月竣工，而配套设施则直到 1998 年才完成。[②] 新的珩瑚侯王庙主殿供奉闽王王审知外，左边建有戏台，右边则是项南纪念馆。[③]

时至今日，闽西客家地区的闽王庙还在不断兴建。2013 年，长汀县河田镇的伯湖村伯公岭自然村正好是连城十三坊的轮值年，村中傅、涂、李、杜等姓人早在前一年就集资二百多万元建庙，并于 2013 年农历六月五日举行落成典礼，庙里供奉从连城朋口分香而来的珩瑚侯王画像。而相邻的马坑村下坑自然村，亦于 2012 年建起了规模不小的闽王庙，供奉珩瑚侯王。

二、闽西客家地区闽王信仰的信仰活动

闽西客家地区的闽王信仰活动形式多样、内容丰富、仪式繁多，主要有打醮、唱戏、点光明灯、烧香还愿、跌玟和求签等。

（一）打醮

在传统时期，长汀河田镇的闽王信仰一年有两次醮期，一是二月初二，相传为王审知的生日；二是八月初二，相传是王审知入闽的日期。二月初二的醮期被称为"人头醮"，意为打醮的经费主要靠挨家

---

① 报告人 SZB，男，82 岁，河田珩瑚侯王庙理事长。
② 报告人 LMH，男，69 岁，河田珩瑚侯王庙副理事长。
③ 报告人 DRL，男，63 岁，三洲乡农民。

挨户按人头收取；八月初二的醮期被称作"换灯醮"，意为其费用主要来自信众点光明灯捐款。1995年至1996年丙子年农历五月九日重建汀州闽王庙后，每年农历五月六日至十日在闽王庙内建醮五天。又因玲珑侯王十三方轮值金身是1967年农历九月十六日在塘背村举行的开光仪式，故每年农历九月十五日至十七日会将金身接回塘背建醮三天。

每当醮期，每家每户都会备好三牲（鸡、鸭、鱼）前往供奉，有的民众甚至在庙门口当场宰杀猪、羊，然后用红纸包着供奉，回家将肉煮熟后再将猪（羊）头、猪（羊）尾等凑成整猪、整羊，送往庙内供奉。打醮活动以坊为单位。我们在长汀县河田镇玲珑侯王庙调查时，看到了2011年农历四月建醮时各村交来的香火钱：

上街：郑仲德1270元、李文权280元、陈十妹1130元；中街：俞开盯1420元，俞开跃、傅三金、卢建靖、叶马连2380元；下街：俞火金长1600元，丘定远、丘金远、丘樟樟、丘石木生、陈志辉1800元，李荣荣320元；松林：丘明火620元，丘金美、丘火石、卢壁盯720元，丘明罗、丘来生、廖玉玉1360元；明光：沈绍培、沈绍盯310元，沈宁发750元，俞成全1600元，罗仁桂820元；游坊：游六哩600；罗地：李广涛1970元、傅马石445元；晨光：钟临兴、曾四兰1140元，吴石木生1390；朱溪：丘日辉200元、曾马叻230元、曾庆尧700元、赖细九160元、赖水华160元、吴春秀370元、谢石保130元、赖土保340元、李马炳400元；茶场：廖太阳930元、曹广安70元；南塘：陈先南150元、陈先来720元、陈盯盯440元；窑下：曾浓毛270元、刘林盯火200元、曾洪长380元、俞华昌100元、俞马来90元；路湖：沈火寿生110元，涂天福生110元，丘星开270元，傅石水养250元，钟炳昌330元，沈绍左、林水泉

490元，沈德元220元，以上总合计29745元。此外，外宾赖桥生300元，赖木生200元，管前300元，李明明、李光明120元，另外90元，各村到庙直接捐香款130元，水东坊、高乾日、赤岭、上修坊、伯湖计2540元。

我们在长汀县南山镇的汀州闽王庙田野调查时，也见到2010年、2011年农历五月以方（坊）为单位的捐款名单，其中2010年的捐款数为：

中复方7056元、大田方4650元、朱坊方1770元、圹背方2730元、举林方3200元、南山方8500元、河甫方4630元、余地（大坪）方4445元、河田（黄屋圹）方4675元、谢屋方2890元、刘源方（不详）、朱溪方4460元、洋背方2000元，其他：茶果场260元、荷树排390元、河田丘维有1045元、散户480元。

2011年的捐款数为：

中复方7220元、大田方5495元、朱坊方2075元、圹背方2760元、举林方2810元、南山方8845元、河甫5015元、余地（大坪）方5145元、河田（黄屋圹）方4930元、谢屋方3335元、刘源方7070元、朱溪方46900元、洋背方2005元、观音堂1200元。

从捐款的村落和数额可以看出，闽王信仰至今仍有规模盛大的十三坊人按坊轮流举办的定期建醮活动。这种打醮活动，近年甚至扩大成为一种"艺术节"。为了更好地说明问题，我们不妨看看2011年农历二月二日杨谢村的打醮活动。

该村将这一年的打醮活动界定为"恭迎蛤蝴侯王公太纪念闽王文化艺术节"。为此，成立了 8 个小组，各司其职：（1）文化宣传组。主要任务是宣传发动，宣传十三年一轮的重要性与必要性，决定全村集中信奉，并协调恭迎前的一切准备工作，组织订戏、守香火和演戏安排，开展各种文化娱乐活动，张贴公告、宣传标语，布置专栏，负责游行线路畅通。（2）恭迎组。负责端金身、万岁牌、令旗、令印、宝伞、车队、旗铳。（3）财务组。主要负责收清捐款，完成采购后勤所指定的物资，节前做好预算，节后做好收支结算，张榜公布。（4）后勤组。主要任务是戏台建设、彩门彩旗、会场布置、接待来宾和演职人员，负责各种"师傅"的食宿茶水，以及水、电、桌椅等一切用具。（5）治安保卫组。负责维持全村治安，做好会场、演戏场所的安全保卫工作，并监管各自然村防火防盗、打架斗殴、酒醉闹事、赌博等，在节日期间禁止一切野外用火，防止森林火灾。（6）游行小车队。通知本村 23 部小车节日归村迎接，并发动亲朋好友小车参加迎接，二月初二六点到峡水桥福满楼的六坪等接。（7）游行旗队。负责每户一把旗，要 12 岁以上的男女，从开始到结束要点名，少一把罚款 30 元，硬性执行。（8）游行天铳队。负责全村 20 把天铳，谢屋8 把、江下 5 把、杨屋 3 把、赖屋 4 把，各组铳手月底要选拔了，落实到人，教育铳手要慎重、千万注意安全。游行期间，铳旗先行，按序进行，每到各姓宗祠要停留 15 分钟烧香敬拜，其余不停留，随鞭炮声顺行。[①]

（二）唱戏

闽西客家地区向有"歌舞媚神"和"演戏酬神"的传统，闽王信

---

① 报告人 ZYJ，男，70 多岁，长汀县南山镇蛤蝴侯王庙文书；LYH，男，60 多岁，长汀县南山镇蛤蝴侯王庙文书。

仰打醮期间通常举行由信众捐资的唱戏活动，其捐资踊跃程度往往让理事者难以排班。我们在长汀县南山镇闽王庙田野调查时，抄录了贴在墙上的2011年农历五月福醮唱戏登记表、2011年农历十月福醮唱戏登记表和2012年农历五月福醮唱戏登记表，上书日期、一台二台、姓名、住址、电话、当天的场次（上午、中午、下午、晚上）。

其中，2011年农历五月福醮唱戏登记表内容为：

五月十三日：

一台：上午蒋纪斌（南山村蒋屋，15280849227），中午廖鸿森（廖坊村，13950842442），下午吴泉隆（大田村，18760131319），晚上吴泉隆（大田村，18760131319）、林观连（许愿"黄金"，13685999817）

二台：上午蒋逢跃（南山蒋屋，13507509921），中午俞新发（河田，6517578，13950842831，丘有华报），下午易石木（南山易屋，1360099），晚上吴春花（大田，联系电话吴纪城13515918679）、钟石头生（13980813442）

五月十四日：

一台：上午傅老三（余地，6514122），中午钟元长（来油坑，6510894），下午廖兴剑（谢屋，联系人廖蛤生13959462769），晚上钟春玉（三明，13515986904）、陈火长（南田迳，13950860725，上午加班）、罗炳火（小零坊，6510026，下午加班）

二台：钟开菊、许刷体（长汀城、湖里区，13950859722），中午钟春玉（三明，13515986904），下午钟春玉（三明，13515986904），晚上午钟春玉（三明，13515986904）、曾令彪（城关，上午加班、下午加班，13507546693）

五月十五日：

一台：上午钟剑锋（南山蒋屋），中午胡奇斌（童坊胡岭，

15280822515），下午吴玉生（大田，13515918679，吴征城转告），
晚上胡小燕（童坊，15280822515）、肖积杰（肖坊，6557700，上
午加班）、肖雪（下午加班）

二台：上午刘泽源（河源罗地嵩，15860178831），中午胡小
燕，下午胡小燕，晚上钟保文（南田迳，13950834859）、谢家清
（肖坊，6558049，上午加班）、谢家华（肖坊，13052970311，下
午加班）

十六日：

一台：上午刘树美（刘源村，13950814097、13957848092），
中午李连城，下午涂二金（南山罗屋，15960925615），晚上饶富
生（6528403）、赖水哩（上午加班）、易炎昌、易元木合本（南
山，6564149，下午加班）

二台：上午刘水木（刘源村，6511533），中午吴火火（大田来
油坑，6518812），下午刘长坤（南山刘文春，13559317715），晚上刘
津美（刘源村，18760010730）、谢氏水生（谢屋，18760131611）、丘
金长生（余地，15257090301）

2011 年农历十月福醮唱戏登记表内容为：

十八日：上午刘升章（南山），中午傅修平（刘源村，铭升
手，6513261），下午李观林（汀城，13959013116），晚上刘灵美
（13859579571）、丘有京（上午加班，13950842831）

十九日：上午刘发斌（南山，15159081738），中午俞钦芳（潘
屋，玉鉴手，15059936983），下午邱荣生（南山村，13559316400），
晚上邱汀水（南山村，13715962215）、廖永松（上午加班，汀城）

二十日：上午傅老王（余地，6514122），中午钟勇云（邓坊，
18959454289），下午曹世波（元坑，6587817），晚上廖永顺（刘

屋坑，钟水木，15159055107）、吴克成（大田，1300676183）

廿一日：上午杨香香（廖坊板寮，13950807484、13859518849），中午林任祥（严婆田，15280372376），下午林任祥（严婆田），晚上戴水金、戴成水（香坪，15860180755，15760925183）、吴火长（朱坊，1880653075，上午加班）

廿二日：上午廖汉斌、廖小平、陈光辉，中午吴克城（大田，13110616183），下午廖兴旺（谢屋，6561823、15880385709），晚上吴纪城（大田，13515918679）、廖永春（石桥头，15080219078）

廿三日：上午（不详），中午易秋琴（南山村易屋，13105925368），下午罗富祥，晚上吴洪生、林田木（严婆田，13959063819，上午加班）

廿四日：上午谢汝彬（城关塔东，18950867017），中午刘金福（城关，18950867017），下午刘腾金（城关，18950867017），晚上易金荣一本、刘继华（刘源村，13593626425，上午加班）

廿五日：上午刘冬美（刘源村，15159018639），中午胡冬秀（汀城，15880385782），下午刘凤兰（刘源村，15159018639）

廿六日：上午戴金林（朱坑，13860204992），中午陈林林（河田，65133330），下午傅炎天（河田，132404326）、丘维洪（南山，13685183533，上午加班）

2012 年农历五月福醮唱戏登记表内容为：

五月初六日：

一台：上午丘桃生（河田松林），中午刘发美（13962457189），下午刘元耀、刘善挺合一本，刘名余、刘玉林共一本，晚上刘鲜口、刘美易（刘源村，6519088）

二台：上午罗金福、傅新丰（永胜张坑，6514292），中午罗

楠南、饶炳火，下午蒋继梅（蒋屋，1362602245），晚上戴开锋（河田东坑，15959720048）

五月初七日：

一台：上午赖水华（朱溪，13507540797），中午张寿长（15959720***），下午（不详），晚上饶永明（城关南寨，15860188413）

二台：上午罗小西（永胜罗屋，15160690248），中午饶建林二本（城关，6880696、135075407***），下午饶克光（城关南大街，15860278413），晚上谢金水（南山，6562398、13646931137）

五月初八日：

一台：上午朱溪二本（13507540797），中午罗建峰（罗屋，13959486815），下午沈正兴（河田曹坑，13599615056），晚上饶如光、饶如胜、庄建平（6897834）

二台：上午丘金远（河田下街，136869794989）、饶长贵（牛坑，6514643），下午朱溪二本（13507540797），晚上曹智、曹春生一本（6564715），蔡木水一本（6564658）

五月初九日：

一台：上午吴庆祥（永安小陶，13860557911），下午朱溪二本（13507540797），晚上吴斌（13850614307）、丘有京（松林，13950842831）

二台：上午朱溪二本（13507540797），下午朱溪二本（13507540797），晚上游辉（13537672535）、罗良生（张坑，6514628）

五月初十日：

一台：上午一本胡养基（汀城，13459795135）、马红卫（13453599636），下午兰跃辉（大同镇，6827885，13950150089）、刘敏（刘源村，13559982299），晚上赖永祥、赖永峰共一本（3165833），胡罗永晚上一本（13459795135）

二台：上午胡小柳（汀城，上午一本，13459795172），上午、下午、晚上林清华五场五本（严田，15280372376）

五月十一日：

一台：上午罗新铭（罗屋岗，13950839875）、钟寿生（罗屋岗，13515918938），下午谢元树（谢屋村，18760131641）、吴小娟（15259002792），晚上易云生（15880640748）

二台：上午陈如祥（南阳，13950865033）、刘周水（刘源，6515369），下午刘焜金（6561849）、丘家雄（13806991107），晚上刘杨廉（13850615986）

五月十二日：

一台：俞水养（河田中街四组，6510853），下午吴纪城（大田，1351591867）、吴春花（大田，15280849727）

二台：上午丘林连（河田松林，6511373）、丘金材（河田松林，6510853）

五月十三日：

一台：林田木（严婆田，13959063819）

五月十四日：

一台：上午吴马荣（南山大潭头，6564602）

五月十六日：

一台：刘水木（刘源，6511533）

由此可见，时至今日，"歌舞媚神"和"演戏酬神"仍然是闽王信仰活动的重要组成部分，也是民间文化生活的组成部分。

（三）点光明灯

一般百姓为祈求健康长寿、事业发达、五谷丰登、平安幸福、发家致富、科名顺遂等，会向闽王庙捐一些添油钱，由管理人员或神职人员代为祷告，并在长明灯内添一些油。有人曾向闽王许愿，许诺事成之后为之添油、点长明灯，如愿后即兑现诺言。也有人在求到不如意的签后，请求解签者化解，解签者也会要求其为闽王"添油""点灯"。有的签诗内就直接注明"许油""赏油贰斤""赏油一斤"等。无论长汀县南山镇的闽王庙，还是河田镇的珨瑚侯王庙，主殿左右两边都各有一盏塔状光明灯，信众自愿捐资点光明灯，越靠近塔尖人名越少，捐资也越高。据河田镇珨瑚侯王庙的报告人说，该庙每年约有9万元的点光明灯收入。从2011年福寿光明灯名录看，点灯分左右两盏，有五十元、三十元、二十元三种，其中点左灯五十元的有234人，点三十元的有402人，点二十元的有161人。每月和尚前来念经一次，为点灯信众祈福。每年八月初二则更换新一年的点灯信众，所以该次打醮名曰"换灯醮"。我们在河田镇珨瑚侯王庙调查时，抄录了一份《珨瑚侯王台前光明灯赞》：

> 干部点上光明灯，工作胜利步步升；科技人员点上光明灯，勇攀高峰多发明；司机点上光明灯，一帆风顺保太平；工人点上光明灯，安全生产财源增；农民点上光明灯，六畜兴旺粮丰登；商人点上光明灯，利达三江事业兴；学生点上光明灯，天天向上学业成；军人点上光明灯，保家卫国立功勋；老人点上光明灯，添福添寿百岁人；青年点上光明灯，成家立业美如春；儿童点上光明灯，健康活泼更天真；日日月月年年点，越点心里越光明；点得心明眼又亮，点得心想事有成；光光华光像灯塔，照亮锦绣万里程。

由此不难发现，点光明灯寄托了闽西客家村落各个阶层、各种人群的美好愿望。

（四）烧香还愿

民谚云："跨进庙门两件事，烧香求签问心事。"烧香也是闽王信仰的一项重要活动。我们在田野调查中发现，现在的玲瑚侯王庙香火很旺，每天都有二十多户人前来烧香，用二十多只鸡鸭供奉。大年三十都有人在此守庙，年初一"开门"后就有人来烧香。每年烧香时燃剩的蜡烛油可卖到七八千元。在烧香的同时，往往伴随着许愿、还愿活动，祈求生男孩、升学、发财、出门平安等。香火的旺盛，一方面在于神明灵验的传说，另一方面则在于急剧的社会变迁。在社会变迁过程中，社会流动性加快，事业发展风险增大，偶然性事件增多，在这种情形下，民间信仰中的各种祈福避祸的做法就会很容易地渗透到民众日常生活之中。一旦传出闽王宫庙或某法师很灵验，就会吸引更多的人前往朝拜。而在闽王面前许了愿，则必须还愿才算完满。经济社会的发展使很多人获得了事业的成功，那些曾经在闽王面前许过愿，后来获得成功者，在感恩之际，自然会到庙中还愿。即使许愿者未必认为其事业的成功得益于闽王保佑，但他们心中仍会有一个未了的心愿。经济状况改善后，他们有条件举办各种信仰活动，最常见也最便捷的方式就是按照当初的许愿进行还愿，即烧香、添油、点光明灯、唱戏、换神袍，甚至捐建宫庙等。这些许愿、还愿的活动又为其他人所仿效，使得到寺院宫庙许愿、还愿的人日渐增多，宫庙香火亦更兴旺。

（五）跌玟

"跌玟"也是闽王信仰的活动形式之一。据当地报告人说，玟是用两块凹凸的竹片制作而成，凸面是阳，凹面是阴，"一片朝天、一片朝地为圣卦，二片朝天为阳卦，二片扑地为阴卦"[①]。若是圣卦，表

[①] 报告人 DRL，男，63 岁，长汀县三洲乡农民。

示闽王同意所求；若是阳卦，说明闽王不准所求；而若是阴卦，则表明闽王讥笑求者心不诚，或对所求之事不予表态。跌珓时，跌珓者先跪在闽王前，虔诚地磕三个头，表达自己的诉求，祈求闽王给予指点；然后点香，拿着珓将凹面对凹面合在一起，在闽王神像前袅袅的香烟上环绕几下，同时进行祷告；最后虔诚地将珓向上轻轻抛起，使其落在人与神像之间的地上，视其朝向进行判断。跌珓一般只能跌一次，然而跌珓的结果往往并非求者所愿，心有不甘者总还会再卜一二次，但最多不超过三次，三次连在一起的结果就需要判珓。所谓"判珓"，就是按照所卜的"卦象"，对照已经编好的内容，来解读其含义，此即代表闽王的旨意。

一般民众在跌珓时，想得到的答案并不是简单的神明准与不准所求，而是请求神明指引。如卜问财运、官运、家运等比较复杂的问题，更需要判珓详细地加以分析。判珓根据三次跌珓所得的"阴""阳""圣"的结果，共有 27 种可能。"阴"字开头的有：阴阳阳、阴阳阴、阴阳圣，阴阴阳、阴阴阴、阴阴圣，阴圣阳、阴圣阴、阴圣圣；"阳"字开头的有：阳阳阳、阳阳阴、阳阳圣，阳阴阳、阳阴阴、阳阴圣，阳圣阳、阳圣阴、阳圣圣；"圣"字开头的有：圣阳阳、圣阳阴、圣阳圣，圣阴阳、圣阴阴、圣阴圣，圣圣阳、圣圣阴、圣圣圣。根据跌珓结果，对照判珓的内容，就能得到神明的指示。不同宫庙的判珓也有所不同。

我们在长汀县南山镇珌瑚庙田野调查过程中，抄录到一份悬挂在庙中的《珌瑚侯王判珓注解》，该注解挂于"公元二〇〇三年岁次癸未农历二月初二日"，全文如下：

连三圣：一树花色好，芳菲好□□，未能结实子，强风吹散了。（桃园结义：求财有得、功名有成、诸事得到、先难后易）

圣圣阴：前节事难求，遇事下人工，眼下求得遂，自后运

亨通。（东方朔偷桃：求财有得、宜事有理、婚姻能成、六甲平安）

圣圣阳：片月未团圆，枯木逢春发，慢行三步路，万事得成就。（高怀德封侯：求财有利、官司得胜、病者见好、婚姻能成）

圣阴圣：莫贪无义财，天知躲不开，宜早做善事，可免受灾危。（杨文广困柳州：病者缠长；求财无得；前难已过，后难又来）

圣阳阴：凡事心有得，小心一定有，不必多费力，自有福禄来。（王文瑞遇张四姐：求财有得、婚事有成、官司得胜、六甲生男）

圣阴阳：半夜一天星，四更起黑云，五更云露散，旭日天上升。（陈香得道：婚姻有就、病者有望、感情挫折、凡事能成）

圣阳圣：家里清淡凑，重孙在河岸，少年时不济，临老遇苦王。（姜太公八十遇文王：功名天就、求婚贵子、求财迟得、求寿遂成）

圣阴阴：人生未延时，秋后凉风吹，明日勉强过，随缘度春秋。（苏东坡受气别晋：闲事莫理，免生是非；官司不利；凡事难成）

圣阳阳：今朝好得意，青云当大路，淘沙得金宝，买卖风流归。（薛仁贵拜建王：求财有、婚姻晚、功名成、求立业、百事通）

连三阳：天地发雨水，龙门不肯开，功名须受旧，诸事迟缓来。（水漫金山寺：求财辛苦、功名再斟、婚姻难成、诸事不利）

阳阳阴：石上想种梅，黄芰很难坐，冬天露风起，不结也难当。（红梅阁：求财无得、求婚不成、病者危险、根基不稳）

　　阳阳圣：心好奇发迹，致富若春来，黄金用升量，大富世间稀。（石崇豪富：此卦大吉昌、豪中百业祥、万事能顺遂、向善得求昌）

　　阳阴阳：好事受风折，相报几时休，好妄逞恶意，遭害是忠良。（潘仁美害死杨六郎：凡事切莫为、枉劳心受苦、让步是功高、祈神得受益）

　　阳阴阴：善事多可做，恶事切莫为，多行方便事，贪心枉为劳。（黄遗容撤官：病者不是、婚姻不成、官司破财、失物无弄）

　　阳阴圣：家中事不祥，捐财人不康，功名费气力，眼前吃亏多。（刘裕复汉：求财难得、婚姻迟迟、出外不利、在家待机）

　　阳圣阳：孝感动天地，财丁两双全，虽尝苦中苦，自有今日甜。（郭巨埋儿天赐金：求财必得、婚姻团圆、六甲生男、病者安然）

　　阳圣阴：善人天不欺，忍耐度时日，天眼终有报，长久见是非。（吕蒙正住破窑：功名有就、求财晚得、婚姻良配、先苦后甜）

　　阳圣圣：昏昏跟□灵，深潭困住□，□□滩上跃，又遇□真□。（许真君收精：行人多至、病者难当、官司不胜、多求少苦）

　　连三阴：瞎子做祠堂，眼看字不真，哑子唱官腔，有理说不清。（刘英忘恩：诸事让人、忍耐百日、□□□□、凡事多心）

　　阴阴阳：千山万水到西天，受尽艰苦志石坚，战胜妖魔并百怪，终把大功告成完。（唐僧取经：求财辛苦、病者迟安、婚姻迟得、灾祸难□、功名□□、创业迟成）

　　阴阴圣：为人做事莫冒风，风渡行头必遭凶，须防□□用暗叶，徒劳受苦又无功。（孔明赐东风：病者不安、诸事不成、

善事多做、婚姻才成、祈祥□望、□□□□）

阴阳阴：为人切莫有贪心，贪心还是害自身，螳螂捕蝉为求利，谁知黄雀在后处。（太阳山桥金：求财不得、病者危急、婚姻硬就、功名不成、行人无音、多为灾害）

阴阳阳：先天卦卜定乾坤，阴阳为理在其中，推毁残暴安天下，人防长寿兴朝邦。（文王卜卦：此卦大吉昌、事事显名扬、处处贵人助、步步得风光）

阴阳圣：龙虎相斗路逢能，两争相让斗不停，喜得神人来劝解，合力同心建宏图。（龙虎相斗：凡事莫逞强，退让是□□、眼前是小事、□□有好报、日后福寿来）

阴圣阴：凡事种福田，求财得遇起，婚姻得团圆，功名苦中求，病者得安然，求嗣难如愿，失物不□□。（老和尚：求财有得、婚姻有□、功名难成、□□□□）

阴圣阳：为人在世不枉穷，只需志气加福通，苦读诗书通百事，智悉渊渊似海深。（不详）

阴圣圣：狂风吹塌一凤桥，险境丧命更慌慌，事逢贵人来援助，□□□□□□□。（三圣：婚姻难成、病者危急、财丁不得、诸事不成）

由此不难发现，跌玟亦是起源于古代的阴阳学说，是古代占卜术的延伸和发展。

（六）求签

求签也是闽王信仰的常见活动。签一般用竹片做成，签中标有号码，有"签诗"，分上、中、下三类。求签时，求签者先在闽王神像前点香跌玟，"圣玟"表示同意求签，否则视为不同意。闽王同意求签后，求签者跪在神像前磕几个头，然后报上姓名、家庭住址，陈述所求事项，是自己所求还是替别人所求。接着从签筒任意抽取一支签，或双手倾斜签筒，多次反复激烈摇晃后从签筒跳出一支签掉在地上。求到签后，拿着签诗请解签者解释，付给其报酬。求签者到庙里都想求得好签，但一般也不希望求到最吉之签，担心自己无福消受，反而会克损自己。签诗未必完全按照字面含义直解，同样的签诗会因人、因时、因地而有不同的解释，甚至不同季节、不同时段所求之签会有不同的解释。我们在长汀南山镇闽王庙调查时，曾抄得签诗四十首，不妨移录如下：

第一上上签：求问头签及尾签，报君财禄两相连；向产生男求讼胜，婚姻和合福寿全。（赏油贰斤）

第二中签：金藏在水土相生，得火分明是主恩；非火不能成大器，吉凶尽在火中行。（念合家经）

第三上签：蓝田白璧喜成双，秦晋联欢是凤缘；任尔天涯并海角，月中水上早订盟。（赏油贰斤）

第四上签：收拾琴书往帝乡，迢迢马首任观光；秋圆放榜君先看，却把金花醉后装。（赏油壹斤）

第五中签：幽怀百绪万意签，愿神降福永绵绵；蛟龙池中今欲变，化作云雨上九天。（求神保安）

第六下签：如蛇如蝎又如狼，此卦逢之最不祥；若闭门来清过吉，何须装束苦奔忙。（戏解灾）

第七中签：北去南来任尔行，无牵无绊系自身；旁人问说往何处，要跨仙鹤上广陵。（赏油求吉）

第八下签：久向炉前学炼丹，丹成九转便超凡；木钻不能钻铁石，枉将辛苦效蕉山。（念经保平安）

第九上签：勿梦兰芬勿梦熊，房中英物是玲珑；本是麒麟天上种，任教手攀丹桂香。（赏油贰斤）。

第十中签：逐浪随波一叶舟，停橹且向岸边留；得风将息还摇橹，碧水清波任尔游。（祝神保泰）

第十一中签：有子无官不必忧，随时随分度春秋；莫嫌贫淡家风薄，分内生涯更自多。（福自来许念）

第十二上签：佩印归来骨肉亲，官亭迎接喜盈盈；早知换得金冠戴，卖钗何必怒生嗔。

第十三上签：迢迢巫山道路长，客心横锁利名强；须知来回归装载，断尽深闺九曲肠。（赏油贰斤）

第十四下签：荷装戴笠去耕田，赢得半年半岁闲；若向市中花醉里，空将发鬓自摧残。（许油）

第十五上签：天国英雄不自由，从前落魄楚江秋；如今身系黄金印，万古方知有马周。

第十六下签：病入膏肓药莫何，徒劳晋使渡江河；人生尽是如春梦，何必区区计较多。

第十七下签：作事及时便用功，莫怀犹豫在胸中；乌江一剑空挥泪，不知失策在鸿门。

第十八下签：皎月如同镜一团，山河无处不昭暗；年丰物阜人康乐，到处笙歌鼓乐喧。

第十九上签：松柏苍苍耐雪霜，岁寒方知两金刚；时人休作凡材比，培植皇家作栋梁。

第二十下签：虎豹贪残最不仁，牛马切莫与相邻；夜来不把柴门闭，不伤六畜定伤人。（祈福）

第廿一下签：鹬蚌相持久未分，谁知隔岸有渔翁；贪心毕竟为人害，始识穷途在数中。（许念）

第廿二下签：水流花谢两无情，瞬息光阴不暂停；楚关秦宫俱已尽，空余苔藓度芳春。（作福）

第廿三中签：石崇豪富范丹贫，分定由天不由人；余庆自

然归积善，森森金紫列朝班。（许油）

第廿四上签：喜鹤临门报好音，从今作事称君心；马忠贵人相助力，不劳心力自完成。

第廿五中签：黄叶纷纷飞满天，柳柯将败菊初浓；有事只宜秋末用，斯时财禄总相连。

第廿六上签：阳回运泰转人间，事到从心任喜欢；此卦任尔求亲贵，生子升官衣锦还。

第廿七下签：大凡作事莫欺心，日月贷明有悔蒙；忍耐此事须守旧，强为必定见灾凶。（念经、求生）

第廿八下签：水火原来性不同，行人不转信难通；不信但看亥卯末，小人灾祸一场空。（求生、念经）

第廿九上签：如今雨顺并风调，神喜人兴灾患消；显应必定人康乐，皇朝自古胜唐尧。

第三十上签：喜鹊临门报好音，功名显达折桂枝；四季任为财宝逐，祈婚向讼总相宜。

第三十一……

第三十二上签：此地原来是楚宫，佳人有信喜相通；行船遇得风雷力，手把桃花映日红。

第三十三中签：衙门之下可栖迟，铁砚磨穿自有功；七步奇才君罕见，劝君须用苦功夫。（许油）

第三十四上签：南先北后岭头梅，造化天功百花魁；结手黄金欣共赏，馨香满堂约朋来。

第三十五中签：潜藏谋事勿吹扬，隐隐相图内自商；柳果成珠有异术，仙家弟子疑羲皇。

第三十六中签：结草衔环信不虚，闭门修得遇诸君；渭滨垂钓鹰杨叟，奇遇文王载后车。（作福）

第三十七上签：天涯客路问津梁，一苇杭知归故乡；携手来迎忠勇士，笙歌鼓乐喜洋洋。

第三十八中签：草庐三顾志殷勤，为国求贤不自怜；孟获七擒恢主业，祈山六出报君恩。（许油）

第三十九上签：泥马渡河宋复兴，檀溪一跃振威名；文班武列施奇策，秉国三公定太平。

第四十上上签：百事军中出群英，皇都一旦显勋名；扬鞭策马行匆匆，万事皆春倚神功。

从上述四十签的签诗典故看，求签虽是一种特殊的民俗现象，但签诗内容取材有着丰富的中国传统文化内涵。它一方面凝聚和传承着中国传统文化的基本精神，另一方面则体现和反映了闽西客家山村的社会需求和社会心理，如国泰民安、年丰物阜、家庭美满、婚姻和合、功名显达、财丁两盛、身体安康、知足安分、行仁守义等，直接影响着客家民众的思维方式和日常生活。

新建的两座闽王庙，其信仰活动虽然不如传统的闽王庙来得固定与规范，但每年也都选择夏收秋播之后举行打醮巡游活动。届时烧香奉烛，杀猪献祭，鼓乐齐鸣，还会举办一至两天的演戏酬神活动。

三、闽西客家地区闽王信仰的社会功能

闽王信仰和固始传说一样，是在特定历史背景下形成的。以往论者过多地纠缠于固始传说和闽王信仰记载的真伪，实际上，民间信仰的传说与相关文献记载向来真假莫辨，如王审知的生日，闽南地区为二月十二日，闽西地区则为二月初二日。而说到珨瑚侯王来历时，闽西民众绘声绘色地描述道："唐太宗率兵亲征，一路节节胜利，队伍直至凤凰城。李世民高兴，上山打猎，遇上盖苏文散兵追赶，掉进乌泥河。审知闻讯涉渡，薛仁贵过河，杀退了盖苏文，唐太宗得到挽

救。唐太宗在论功行赏时,封审知为净口玛瑚侯王。"① 唐太宗李世民与王审知生活的年代相差约二百五十年,这段描述活生生上演了一出"关公战秦琼"。因而,我们认为,关于闽王信仰的研究,除了要考证其真伪,还应更深入地探讨其成因和在现实生活中发挥的社会功能。那么,闽王信仰在现实生活中发挥了哪些社会功能呢?

(一)族群凝聚、人群整合功能

从田野调查看,无论是长汀县的闽王信仰,还是连城县的玛瑚侯王崇拜,都十分强调十三坊轮祀活动。十三坊轮祀活动,指的是玛瑚侯王庙周围十三坊民众按照固定的顺序轮流迎奉玛瑚侯王到村内祭祀的活动,亦即"一年度为一方,十三年周而复始,简称十三方"。这种活动起源甚早,如连城马埔玛瑚侯王庙,吴泰钧《玛瑚公王辨》载:"盖自前明宏治三年肇祀以来,无异辞矣。"十三坊轮流祭祀的具体内容是,每年的二月初二是玛瑚侯王的生日,前一天侯王必须在庙里,并举行十三坊集体性打醮。二月初二打醮结束后,侯王的小神像与其他画像就可以出庙,由轮祀的一坊民众把它们迎到村里供奉,为期一年。至第二年二月初一再送回马埔玛瑚侯王庙,周而复始。因此,每年的二月初二是十三坊民众的共同节日,也是马埔玛瑚侯王庙一年一度的庙会,热闹非凡。而每年轮到哪一坊迎侯王,这一年就成为该坊及其相关地区民众的共同节日。这一模式同样见于长汀县河田镇朱溪村的玛瑚侯王庙和南山镇的闽王庙,这两座庙都设有管理理事会,分别有理事长、副理事长、常务理事、理事会成员以及文秘、会计、出纳、保管、监管、醮事、治安、采购等。我们在南山镇闽王庙田野调查时还获得一本《恭迎玛瑚侯王十三方轮值簿》,轮值簿载,

---

① 我们在田野调查时曾多次听到这一传说。2011 年 10 月 18 日在长汀县南山玛瑚庙田野调查时,我们又在《建庙前言》中见到这段文字。

轮值从 2008 年开始，一直安排到 2020 年。这种祭祀活动带有很强的组织性。如南山十三方理事会规定，各方每年都要在正月三十日（月小在二十九日）将玲珑公太金身及用具送回庙里，并做出案醮事，一切费用由出案方大小村按人口平均分摊，并负担理事人员两天的生活费用。如有不遵照时间送回的，经常务理事会议决定罚款 3000 元，此款由出案方承担（注：2017 年游坊片和河田上、中、下街轮值时，游坊片负责接案费用，河田上、中、下街村负责出案醮事及费用）。接案方每年农历二月初二日，具体时辰除带禄时外可由接案方自行选定，且须提前派人到庙里办好手续。在过案恭迎中，本年内如有损坏或损失的任何用具、物品、身像等应由本方赔偿。各方接案如未发出请帖请各方代表，各方代表不得随意出席，否则入案方不予接待。每年度接案方按各大小村恭迎轮值，其一切费用及事宜由接案方负责主办，自行解决。此外，汀州闽王庙管理理事会于 2009 年 12 月 20 日出台了《关于要求轮值方在开展恭迎活动期间加强安全管理的新规定》。正是这种组织性，使得十三坊轮祭侯王的活动相沿不替。[1] 通过对这一神明的共同祭拜，闽王信仰把各村落人群有机地组织起来，发挥了重要的族群凝聚与人群整合的功能。

（二）文化认同功能

闽王信仰在一定程度上体现了边缘地区对中心地域的认同态度。闽西客家村落远离福建的政治、经济、文化中心，民众将祖先和神明与福建的中心地域联系起来，把区域族群文化与中华文化的正统联系起来，从而证明自身的正统性与合法性，这是民间文化创造的一种通例。长汀钟氏的来源就是一例。《长汀县志》载："钟全慕唐昭宗时为

---

[1] 参见杨彦杰：《玲珑侯王：一个跨宗族的地方土神》，载氏著：《闽西客家宗族社会研究》，第 247 页。

刺，王审知喜其骁勇有谋略，分汀州使守之。祀郡名宦。"玢瑚侯王信仰的来历又是一例。据连城县马埔的民间传说，蛤蝴侯王是个"青蛙精"。有一次李世民被人追赶，跑到乌泥河边，河水很大不能渡过，蛤蝴帮助他渡过河去。李世民当上皇帝后，就封他为侯王。长汀县涂坊的传说与之基本相同，不过他们说蛤蝴侯王不是"青蛙精"，而是"乌龟精"。杨彦杰认为，民间传说把蛤蝴侯王说成是青蛙精、乌龟精等，带有动物崇拜的意味，更具有"草根性"。而文人墨客的探索则大多把玢瑚侯王与闽国时期的帝王联系起来，这里面除了反映文人儒士的某些特性与癖好之外，可能与历代王朝屡次下令捣毁淫祠也有关系。如果把玢瑚侯王说成是某种精灵，玢瑚侯王庙即属于淫祠之列，应予以捣毁，因此文人墨客的努力或许包含着某种政治背景在内。但如果从更深的层次来分析，民间传说与文人墨客的探索也有相一致的地方。民间传说中玢瑚侯王曾经搭救过某个帝王，而文人墨客则把它直接变成某帝王，两者都把神与帝王联系起来，这样做有利于提高神的地位，有利于加强神明的神圣性，最终提高人们对它的崇拜程度。[①]这种认识是很有启发意义的，祖先、神明神圣性的加强，客观上有助于发挥其在文化认同方面的功能。

（三）精神教育功能

闽王信仰根源于王审知对福建历史的贡献，诚如项南给连城马埔玢瑚庙题的联语："避战乱施廉正福建有福；开海禁富山林功盖八闽"，符合"夫圣王之制祀也，法施于民则祀之，以死勤事则祀之，以劳定国则祀之，能御大灾则祀之，能捍大患则祀之。非是族也，不在祀典"（《国语·鲁语上》）的信仰原则，真切地表达了民众对真善美的

---

① 参见杨彦杰：《玢瑚侯王：一个跨宗族的地方土神》，载氏著：《闽西客家宗族社会研究》，第 245 页。

追求。对王审知历史贡献的认知，往往让人不知不觉地进入对圣贤人物心向往之的境界，在人们心中凝聚成一种绝对的精神，进而焕发出一种亘古不变的道德神圣感，因而闽王信仰具有精神教育的功能。长汀县河田镇朱溪珑瑚侯王庙旁建有项南纪念馆，其管理人员亦是"汀南珑瑚庙管理理事会""汀州河田项南纪念馆筹建理事会"管理人员合二为一。人们将项南致力于封山育林、治理水土流失的业绩与王审知开闽、治闽的功绩联系起来，正是这一精神价值的体现。

（四）文化传播功能

闽王信仰也促进了区域间的文化交流与传播。闽王信仰中寺院宫庙的匾联、碑铭，古文书、人物的出身与头衔，以及民间俗信中的祭祀行为、民谚歌谣中的祝贺吉词等，到处都体现出中原与都市文化的风采，常令乡野村民萌生对文化中心的向往之情，亦使最偏远的闽西客家村落得以分享中原与都市文化的芬芳。闽西客家地区的珑瑚侯王信仰，无论文献记载还是民间口头传说，都声称其来自泉州。杨澜《临汀汇考》云："长汀宜河里与连城河源里交界处，旧传宋里人彭某自泉州分来珑瑚王香火，乡人祈祷辄应，两邑十三坊立庙于此祀之。"① 口头访谈亦称珑瑚王是从泉州来的。他在泉州当侯王，后来出巡来到了连城。当时长汀、连城刚好遭受严重的虫涝灾害，老百姓没有粮食吃。珑瑚王知道后，就施米救济穷人，百姓很感激他。珑瑚王死后，泉州人塑了一座神像祭祀他。有一回当地人到泉州烧香，把神像偷了回来，先放在洋坊尾新建的一座小庙内，后来才在马埔盖起大庙。② "偷菩萨"的举动未必光彩，但也折射出区域文化传播的一个侧面。

---

① ［清］杨澜撰：《临汀汇考》卷四《山鬼淫祠》，光绪四年刻本。
② 报告 YJL，80 多岁，长汀县南山镇珑瑚侯王庙理事长；FXC，70 多岁，长汀县南山镇珑瑚侯王庙理事长。

（五）休闲娱乐功能

在传统社会，闽西客家地区星罗棋布着一个个贫穷、简陋、封闭的村落，一般民众为生活所迫，难得有休闲娱乐活动。闽王宫庙及相关信仰活动为一般民众休闲娱乐提供了场所和机会。这种民间信仰的社会功能至今仍发挥着无可替代的作用。如河田镇玲瑚侯王庙与朱溪、露湖村老年活动中心结合在一起，每天都向一般民众开放，而且是早开门、晚关门，成为村落社区中最为热闹的地方。宫庙旁的活动室有电视、报纸、书籍、扑克、麻将等供人休闲娱乐。南山镇的汀州闽王庙除设有闽王庙管理理事会外，还设有汀州闽王庙风景区管理站，旁边建有健身房、机械按摩室等，宫庙一天到晚人气很旺。而且这两座宫庙都建有专门的戏台，在打醮活动期间，也都有连续几天的演戏活动。如前述南山镇闽王庙，2011年农历五月的演戏活动从十三日持续到十六日，每天从早上到晚上一天四场，分两台同时演出；农历十月的演戏活动从十月十八日持续至二十六日，也是每天四场，从早唱到晚；而2012年从农历五月六日开始到五月十六日结束的演戏活动早在2011年农历十一月就被人预定完毕，大多数时候是一天分早、中、下午和晚上，两台同时演出。由此不难发现，演戏成为神诞庙会活动中不可或缺的内容，闽王信仰通过演戏活动烘托热闹气氛，发挥了娱乐的功能。闽王信仰的宫庙也充分体现了"娱神娱人""人神共乐"的特征，一反制度化佛道寺观的清静、严肃，而增加了世俗的气氛，成为村落社区社会文化活动的中心。

（六）心理慰藉功能

闽西客家地区的闽王信仰堪称庙貌壮观，活动规模浩大，香火鼎盛。平日烧香问卜求祷不断，打醮和神诞日信众更是络绎不绝，甚至挤得水泄不通。前往求祷者，有祈子、求婚姻的，有求高升、发财的，有求医问药、保佑外出平安的，亦有求添福添寿、赢得官司的，想求什么就求什么。庙中备有签诗和玟判，每一签和玟都配有相应的故事，其内容大致反映了香客求祷的种类，也间接体现了闽王的神性范围。我们反复琢磨签诗和玟判的内容，发现其涉及面虽然广泛，但多集中于求财必得、婚姻团圆、六甲生男、病者安然、功名顺遂、官司得胜等内容，紧紧围绕着客家村落民众的心理需求和生活需求。在这里，威镇八闽的闽王降格为客家山乡的守护神，为一般民众提供了日常生活的心理支撑。

凡事都有两面。闽西客家的闽王信仰诞生于社会文化相对落后的传统客家村落，是特定历史时期的产物，其发挥的社会功能相对于今日的先进文化显然不可同日而语，甚至其中一些陋俗对社会风气还会有消极影响，这是我们今天审视闽西客家闽王信仰的社会功能时需要特别加以注意的。

第四章　闽台客家的自然崇拜

第一节　闽台客家村落的伯公信仰

伯公信仰，有广义与狭义之分。广义的伯公，泛指一切土地神，又称为土地伯公，包括福德土地神、公王、社公和田头、地塅、山林、水口的守护神；狭义的伯公，则专指田头、地塅、山林、水口的守护神。关于福德土地神和公王、社公，前人有过不少论述，本人亦曾对传统客家村落公王与社公的设置、职掌、祭祀活动及仪式、社会功能等进行过比较系统完整的探讨。[①] 闽台两地事事相同，自然崇拜现象也不例外，本节在田野调查的基础上，结合相关文献，将学术的视野进一步拓展至台湾客家村落，就闽台客家村落的伯公信仰进行比较研究，特别是对闽西客家村落狭义的伯公信仰和台湾客家村落的伯公信仰展开讨论。

一、闽西客家村落的伯公信仰

在闽西客家村落，土地伯公（福德正神）有专祀的庙，有的甚至称作"福德土地祠"，或在祠堂、厅堂大厅神龛的左侧下方设立神位，或在祠堂、厅堂的后面设置神位，属于正神一类。如闽西武北大禾乡湘村献仕二公祠堂后面砌有龟背形石坪一块，宽约 12 米，坪后则是一排十多间的平房，正中间一间设有土地伯公神位，故又叫"福德土地祠"，跟祠堂内上祖神位一样供奉，每天晚上轮流烧香点灯。二月初二和八月初二为土地公生日，二月初二日当地居民多会做簸箕板供

---

① 参见巫能昌:《闽西客家地区的伯公、社公和公王崇拜》,《世界宗教研究》2014 年第 1 期;刘大可:《公王与社公:传统客家村落的保护神》,《世界宗教研究》2003 年第 4 期。

奉，而在八月初二日有的村落还会举办规模较大的"八月社"。①

公王与社公的神位，当地人称作"神坛"，都设在村落的水口，面朝溪流。旧时的神坛一般为一间宽1米，长、高各1.5米的小房子，房子为砖瓦结构，正面开口，里面竖着一块石碑，石碑正中刻着"敕封某某福主公王神位"，两旁则分别书有"文班""武列"，左上方书竖碑时间，右下方书"合乡弟子仝立"，碑前安放着香炉。小房子的两侧与上方则分别刻有对联和横批，前面放一块用来安放祭品的石板——祭台，祭台前面用石块做雨披，下放神灯一盏。神坛的前后均有高大的枫树、樟树、檀香树、细叶莲树、鸡目珠树等。也有少数公王与社公神坛没有建设小房子，仅如同一般的坟墓。②

客家地区土地神分布广泛，祭祀频繁。民国《武平县志》载："所谓田祖有神□，故社公小庙遍见畎亩间。"③汀州府"春祈，各坊社以金珠锦绣装扮故事，鼓乐迎神，晚设经坛，以祈岁稔"④。民国《武平县志》也说："社日，农家刑牲于社，熟荐之，佐以鸡黍，祈年也。秧长将熟，敛钱迎神斋醮，或用男巫婆娑吹筛舞，谓之保禾苗。盖□邑以农为本，城乡五月后，皆有此举，礼颇近古。""农人唯粮食是惧，于是为社公田神之祀，敛资祈祷呼巫奏鼓作醮事。""秋熟荐新，先祀社神，后敬祖先，知粒食报本之礼哉。"⑤

狭义的伯公是指田头地墈伯公，亦即杨大伯公。林宝树《元初一》云："又有田头地墈等，杨大伯公招几声。上至坑源下水口，通乡福主一切神。尽是恳求保庄稼，丰年大熟救贫民。"其神位可随意

① 参见刘大可：《中心与边缘：客家民众的生活世界》，第93、364—366页。
② 参见刘大可：《公王与社公：传统客家村落的保护神》，《世界宗教研究》2003年第4期。
③ 丘复主纂：《武平县志》卷一九《礼俗志》，第417页。
④ ［清］曾曰瑛修，［清］李绂纂：《汀州府志》卷六《风俗》，第95页。
⑤ 丘复主纂：《武平县志》卷一九《礼俗志》，第416—417页。

定夺，田头、地角、路旁、山上都行。在田头、地角，选择一个比较平坦而又便于休息的地方，安上一块较大的石头，贴上一张草纸，插上三品香，就算是杨大伯公的神位。或在路旁、山上，选择一棵树，既可遮阳又便于歇息，贴上一张草纸，插上三品香，也算是杨大伯公的神位。这棵树就叫作伯公树。伯公树谁也不会去砍，砍者不但会遭到众人詈骂，而且据说会大病一场。有些伯公树已是树龄达几百年的古树。在一些地方，尽管周围大大小小的树都砍光了，而伯公树仍岿然不动。有句俗语叫"伯公树讲冇倒"，比喻事情办不到，空谈，便是取此意。

　　伯公神位具有很大的随意性，几乎每个田坑、地墩或每座山都有伯公神位。旧时入山，第一件事就是先敬杨大伯公。如果山中已有杨大伯公神位，就要此处烧香供奉；如果没有杨大伯公神位，就要临时在当阳之地的大树下铲开一个神位，然后烧香供奉。村民在下田播种、入山砍伐等重大活计之前，一定会带上香纸、蜡烛等在杨大伯公面前祷告几句。如是播种，就说："杨大伯公，弟子今天在这里下种，保佑一年四季平安无事……"；如是入山砍伐，则向伯公祈求平安。妇女上山砍柴火，动手之前也先祷告杨大伯公，祈求保佑当日斫柴顺利。偶遇山猪、鸟害，糟蹋庄稼，村民也带上香纸在杨大伯公面前祷告。年终时，村民们还会挑着三牲、香纸、烛炮之类，前往田头、地墩杨大伯公神位前供奉，叫作"谢伯公"。部分村落有时还会打伯公醮，伯公醮一般定在冬天，无固定日期，也不会每年都打，其仪式较公王醮简单许多，为期一天。打伯公醮时，将伯公迎至祠堂，请道士念念经，居民则做一些板子、杀一只鸡或买一些猪肉煮熟后拿到神位前供奉即可，其目的主要是感谢伯公老大一年来对庄稼禾苗、牲畜的保护，祈望来年继续保佑。

　　我们在田野调查时，见到多座伯公坛庙，兹举数例，以见大概。

　　其一，位于闽西武平县湘店镇湘湖村夏屋祠堂背头，设置比较简单，仅有一块石碑，上刻"上坊本境福主伯公老人神位"。据当地老人报告说，这个伯公坛亦有一段来历：

> 相传刘隆幼时，有一天，父亲叫他前往三峰里田墩放鸭，刘隆贪玩，就吩咐"伯公神"说："你要看管好鸭子，倘有差错，归罪于你。"言毕，回身走了。傍晚，刘隆过来笼鸭，点点算算，鸭子少了一只，便要处罚"伯公神"。他把安奉"伯公神"的石块用绳捆缚，悬挂于松树枝上。当天夜里，刘隆的父亲梦见"伯公神"前来恳求说："我快要缢死了，快点给我松绑，你的一只鸭子在大田角头地窖里，无法起来。"第二天，刘隆父亲前往察看，鸭子果在其中，即往松树边，把安奉"伯公神"的石块解下，安放原处。并下跪祷告许愿，若他年刘隆有荣达之日，当置庙祀奉。刘隆中进士当官后，其父遂履行诺言，在这里设立了伯公坛。①

类似的传说也见于连城县姑田镇上堡。据当地报告人说：

> 上堡人张达请了一位公旦（伯公）帮其看管小鸡，承诺小鸡长大后三七分成，并掷珓以卜神意，结果连掷三次圣珓，即所许之愿得到了公旦的同意。但是张达的小鸡在五日之内便因鼠害鹰抓，损失殆尽。张达一怒之后买了张黄纸，请人写了一张状纸，至上堡公王处口诉之后再将其焚化，请求公王治罪失信的公旦。当晚，张达和公旦就被衙役押至公王面前对审。公王先惩治了失信于民的公旦以"严明法纪"，将这个原本管人口

---

① 参见刘振英:《刘隆生平及其传说》，载中国人民政治协商会议福建省武平县委员会文史资料工作组编:《武平文史资料》第9辑，1988，第15页。

平安的公旦贬为田公旦。公王又以张达竟敢劳烦公旦看管区区
几只小鸡，还为此告状，使公王手下少了一个公旦，将张达责
打四十大板。①

　　这一类传说具有多方面的含义，一是张达请伯公看管小鸡与刘隆
请伯公看管小鸭异曲同工，其职掌与功能同为庄稼禾苗和牲畜保护神
的一种；二是在伯公的类型上有人伯公、牲畜伯公、田伯公等；三是
在人们心目中，伯公的地位显然低于公王。

　　其二，位于闽西武平县湘店镇店厦村吴潭自然村吴屋背头。据一
位丘姓报告人说，吴姓背头的伯公十分灵验。如过渡时有的牛不管你
怎么吆喝或鞭打，它就是不上船，这时如果到伯公坛前求拜，回来一
牵它立即就上船；有些新买的小牛尚未教练成熟，如果到伯公面前烧
香朝拜，也很快就能教熟。此外，如果谁家丢失了耕牛，拿一条红布
条和一条绳子放在伯公神位后面，然后烧香求拜，通过跌玦方式询问
伯公能否找回耕牛，如伯公认为可以找回，再请他指明方向，根据伯
公指明的方向，最终都能找回耕牛；如伯公认为找不回了，你再怎么
寻找都找不回。他有一回丢失了耕牛，也去求了伯公，伯公所指的方
向是小东坑的崎岩石磜上，他觉得不可能，认为伯公也不一定有灵，
就没有按伯公所指的方向去寻找，但在其他地方一连找了几天都没有
找到。到了第七天，他抱着试一试的态度，根据伯公所指的方向寻
找，最后果真找到了。

　　其三，位于闽西武平县永平镇梁山村鹅姆窝蕉垫塘。据当地报告
人说，这位伯公老大会经常显身。有一次，一位鹅姆窝人到汀州遇到
一位老大，问其是哪里人、来自哪里，这位老大回答说来自梁山村鹅

---

① 连城县民间文学集成编委会编：《中国民间故事集成·福建卷·连城县分卷》，
1991，第213—215页。

姆窝的蕉垫塘。这位鹅姆窝人百思而不得其解，蕉垫塘并无人家居住，回家一想才知道遇到了伯公老大。又有一次，一位割松香者割完松香回家，见到一位着长衫、蓄有长胡须的老人拄着棍子从伯公坛走出来。为此他大病了一场。

这位伯公老大的灵验还在于它能替当地的老百姓寻找耕牛。据说如果有哪家丢失了耕牛，一定会到伯公老大处祈求帮助。祈求时一般要跌四次珓，第一次跌珓为判定能否找到牛，如果伯公老大认为找不到，不管怎么找也找不到；如伯公老大认为能找到，接着就跌珓判定方向。据说根据伯公老大指定的方向寻找耕牛，一般都能找到。

由于这位伯公比较灵验，近年有人还特地将其神位改造一新，安放上像样的石碑，上书"伯公、婆老大神位"，左右两边分写着"你说伯公我尊敬""他贺凉亭我尊重"。这一伯公神位比起其他伯公神位随意立一二块火砖了事，显然气派得多。

祭伯公的时间一年有两次，分别为六月和八月，俗称"六月尝新禾许愿，八月还愿祭伯公"。尝新禾时，需备办新谷一串、苦瓜一碗、茄子一碗和粄，祈求伯公保佑无虫无灾、丰年丰产。八月祭伯公则主要是还愿，感谢伯公老大的保佑。如闽西武北的源头村，"八月社"是该村最为盛大的一个节日，家家户户要宰鸡杀鸭、买猪肉、做豆腐、裹米粽，迎接亲友们的到来。每家里的粽子，少则2—3斗米，多至4—5斗米；少的有600—700个，多的则有1000多个。按品种的不同，分有肉粽、花生粽、羊角粽等。妇女们在八月社的前一二天里，便忙得不可开交，为了赶时间，她们晚上都得加班加点。到初二日一大早，亲友们从四面八方涌进村里，家家户户都宾朋满座，上请下迎，络绎不绝。下午3点钟以后，客人们开始一群群、一队队地挑着粽子满载而回，入夜方得平静。所以当地流传一首顺口溜：源头有个八月社，财神供品满地下，户户裹粽打糍粑，牛肉猪肉车打车，大细妹子一厅厦，上家食了到下家，男女老少笑哈哈。[①]

质言之，公王和社公是传统客家村落居民心目中的一村一落之主，主管全村的一切事务，举凡全村人的生老病死、婚丧节庆、衣食住行、科举功名、家庭幸福等，事无巨细，都在它的"管辖"之内。民谚"社公唔开口，老虎唔敢打狗"，形象地反映了它的部分社会功能。与其他神明相比，它在客家村落社会中充当的是村落保护神的角色，与村民的关系更为密切，也更亲近，当地人往往称其为"公王老大"或"社公老大"。而田头、地塥伯公则是具体某一个田头、地角、山坑的土地神和庄稼、山林的保护神，其作用是保佑禾苗庄稼免受糟蹋、入山砍伐顺利、寻找耕牛等，所以村民凡下田播种、入山砍伐等重大活计，以及丢失耕牛等，一定会带上香纸、蜡烛等物品，到伯公面前祷告。

土地伯公如此特殊而重要，与之相关的故事传说也显得活灵活现。如"练满伯公不要二婚亲"故事：

> 赌徒刘三输光了家业，求告当地的练满伯公说，如果我能将输掉的家业赢回来，必定送伯公一尊美貌的伯婆。刘三赢回家业后，就在潮州刻了一尊美貌的伯婆，伯婆刻好后他又派人去取。回来路上须宿一夜，那人怕客店不洁净得罪神明，就将伯婆像存放在附近的土地坛里，天亮时分取出带回。刘三接到伯婆雕像，赶紧将之送到土地坛。不料，这尊伯婆像连续三天被扔到河边。刘三前去问神，得到的回答是："神像固然新，唯嫌已失身。伯公虽是老，不要二婚亲。"原来，这尊伯婆像曾在路上土地坛过夜，遭到练满伯公的嫌弃。[②]

① 参见刘大可：《中心与边缘：客家民众的生活世界》，第 366 页。
② 参见汪毅夫：《客家民间信仰》，福建教育出版社，1995，第 43—44 页。

广东还有"伯公娶伯婆"的传说：

> 广东和平县东十里有个叫船坑的地方，那地方的伯公本来没有老婆。一天，有个兴宁县的杂货商来求告船坑伯公，说是如果伯公保佑他今年赚得100块花边，他就到雕刻店刻个伯婆来酬谢。当年，这个杂货商果然赚了100块花边，并果真刻了一尊伯婆用担子挑着来酬谢伯公。到了伯公坛前，他见坛前挤满了人。原来，伯公已托梦给船坑村民，他将在今日娶亲，村民们赶来赴会，却不知伯婆从何而来。杂货商见人多，于是放下担子先卖杂货。村民们看到担子里的伯婆像，又听杂货商说出一番缘由来，就烧香、点烛、打纸炮，请伯公婆登坛并排坐。后来，这个伯公又娶了个小老婆，因为有人学兴宁杂货商的样，赚了钱就还愿送伯公一个小老婆。[①]

类似的故事与传说在赣闽粤客家地区还有不少。

伯公信仰中的伯公在闽西客家村落社会中地位特殊，其称呼又与祖父的兄长——"伯公"相契合，所以"伯公"就成为村落社会中对年高德劭之人的尊称。伯公因其灵验的传说和神明的角色赢得人们的尊重，但其因贴近百姓和在神明世界中的卑微地位，而又成为村落百姓日常喜庆、娱乐的对象。闽西客家地区流传的类似"锤子、剪刀、布"的"倒手指"游戏就是一例：拇指（伯公）、食指（鸡公）、中指（铳）、无名指（狐狸）、尾指（蚂蚁、虫子），在这种一物降一物的儿童游戏中，鸡公用来"祭伯公"，举铳要问过伯（请示"伯公"），从而拇指（伯公）获胜；但是狐狸可以吸食或叼走祭祀伯公的"花纸"，

---

① 张祖基等：《客家旧礼俗》，台北众文图书公司，1986。转引自汪毅夫：《客家民间信仰》，第43页。

蚂蚁可以沿伯公（游走"伯公石"），又使得拇指（伯公）落败。闽西武平县的儿歌《月光光》有云：

> 月光光，秀才郎……做个学堂四四方，个个赖子读文章；读得文章马又走，逐得马来天大光；一逐逐呵伯公凹，伯公喊崖跌圣珓；跌个圣珓阴阴阳，伯公喊崖讨布娘……

而闽西武北亭头村流传的"三两鸡"与"三伯公"的故事则是一种反例：

> 清乾隆年间，亭头村湖寮下督尾屋有一孤儿寡母。这孤儿名叫李三俊，个子矮下，人称"三两鸡"。"三两鸡"十四岁那年，听人说四川物产富饶，是个谋生的好去处，于是他决意到四川去谋生。他经过日行夜宿，历尽艰辛，终于到达成都。在成都，他先经营家乡的风味小吃——油炸糕，待有点本钱后就与人合伙开店，逐渐成为一个富商，同时也恢复"李三俊"的本名，并娶妻生子，还花钱捐了个例贡生的功名，另取学名李成清。后来，他回老家探亲，前三天他化装成穷酸模样回到家中，一些房亲不嫌其穷酸，照样接待。但也有一些乡亲不无讽刺地叫道："三两鸡回来啦！"有人甚至还挖苦说："走遍天下路，还要回亭头磨豆腐。"李三俊好长时间没听到"三两鸡"这个绰号了，乍一听真是感慨万端。第四天，他穿上例贡生的功名服由房亲陪同到祖祠拜祖敬宗，有些乡亲顿时迎上去恭敬地招呼："三伯公上来啦！"不少乡亲还设家宴接风。有个平时冷眼看穷哥贫弟的人，也想访寻生财之道，询问"三伯公"在四川做什么生意赚了大钱。李三俊风趣地说："四川养鸡很赚钱，那里的鸡长得很快，有前一天才'三两'重，第二天就长到'三百'了！"

这个故事主旨是"人情冷暖，世态炎凉"，但从内容称呼看，当地的"伯公"是人们尊称的对象。

伯公信仰源于人们对山林、田地的开发，其神位往往成为山林、田地的界址与标志，两座山之间的山坳亦设有伯公神位，因而被称为"伯公凹"。我们在闽西永定县田野调查时发现，有一处伯公凹位于闽粤交界处，就是因山坳上供奉伯公神位而得名。据当地报告人说，此伯公庙始建于清末，1986年由当地上坜村、下坜村村民共同集资重修。伯公庙内供奉一盏油灯，近百年来昼夜长明不息。这是当年中央红色交通线上的指路明灯，更是地下交通员的信仰之灯。[①]

二、台湾客家村落对伯公信仰的传承

在台湾客家村落的开发史上，由于人与土地的依恋关系而具有土地神性格的伯公信仰仍然沿袭着大陆客家原乡的信仰模式。土地伯公庙坛是台湾客家地区最常见的神庙。据台湾学者张二文的调查，仅美浓客家地区就有379座伯公庙坛。[②] 这些伯公庙坛、神位不仅坐落于祠堂、厅堂内，还见于墓旁、庙内，更见于庄头庄尾、田头地尾、水口，甚至伴随着先民在山坳或埔地陆续建立座座伙房家园后，而位于伙房的入口，"伙房伯公"亦被视为全家早晚的心灵寄托。伯公因其管辖职能而被冠以不同的名称，如"伙房伯公""桥头伯公""井头伯

---

① 伯公凹交通小站位于福建省龙岩市永定区城郊镇桃坑村，是由广东进入福建中央苏区的第一站，距广东省大埔县茶阳镇党坪村的上伯公凹不足1公里。始建于20世纪20年代，土木结构，占地面积200多平方米，主楼为凹字形土楼，高二层，正厅四间一厅结构。伯公凹交通小站主要有交通小站（本体楼）、周恩来旧居、集结广场、烈士纪念碑、伯公庙、古坪道等建筑。

② 参见张二文：《土地之歌：美浓土地伯公的故事》，翰林出版事业股份有限公司，2004，第305页。

公"等。如美浓庄沿着羌子寮溪有坑底伯公、下横沟伯公、中横沟伯公、上横沟伯公到中圳湖出口的粮坡伯公。沿着山溪小径，山坳窝口出口成了聚落聚居地，同时也成为伯公神位的设立点，中圳里的大坑、田尾坑和美浓里的刺桐坑、牛眠坑、牛寮坑、榕树坑等庄民入山采薪或越山往杉林乡的路径，均成为伯公神位的密集处。[①] 客家人晨昏都会到房屋附近的伯公神位前上香奉茶，举凡婚丧喜庆、子弟入学、求职、服兵役，都到伯公坛前礼敬，祈保平安顺利。"伯公"原为对祖父兄长的称谓，将土地神称为"伯公"，是将其当作亲属尊长来称呼，足见对其尊敬有加。美浓客家"伯公"一词，已成为一种尊称。

随着客家人移居台湾，伯公信仰很早就从大陆原乡传播到台湾。如清乾隆元年（1736），林丰山、林桂山二兄弟率领四十余人，从武洛庄入垦灵山、双峰山、月光山麓，并建立开基伯公，这是客家人垦殖美浓的开端。它们建立的伯公有建庄完成后的庄头、庄中、庄尾伯公，因水利原因位于水圳口的水圳伯公，以及位于先人坟墓左右的后土伯公等。伯公因其辖境范围而有不同的祭祀圈和名称。更有甚者，为了伯公护佑常在身边，各家祠堂、厅堂祀奉伯公，凭借晨昏"点灯下火"获得更多的保佑。《柚子林庄福德祠暨中山堂修建序》亦云："溯我先民于乾隆初年定居于斯土，乃斧劈僻荒，铲除蔓荆。历代承先德泽，就青山碧水为宗社。斯时也，地广人稀，居民饱受恶兽怪禽以及"生番"之扰，民不聊生，人心慌惶，不可终日，心神无以寄托。乃于山头窟尾，田头园边，倚树靠石，设福德正神，借以保佑境内平安……"[②]

与此类似，六堆地区的客家村落也是初抵入台垦地就有开基伯

---

① 参见张二文:《土地之歌：美浓土地伯公的故事》，第 59 页。

② 柚仔林福德祠中山堂修建委员会:《柚仔林庄福德祠暨中山堂修建序》，1984，载张二文:《土地之歌：美浓土地伯公的故事》，第 345 页。

公。《六堆客家乡土志》载有台湾屏东六堆的开庄传说：

> 六堆客家的先人……一六九二年（康熙三十一年）（清军征
> 台部队）解队后，被安置于万丹乡滥滥庄从事垦荒……人数虽
> 不多，全系客家人，后来又回去原乡邀集垦民，大家在此住了
> 六、七年，才分别到现在的六堆各地。因此，滥滥庄可以说是
> 六堆发祥之地。滥滥庄是现在的万丹乡与竹田乡西势之间的滥
> 庄，离万丹约三公里，面临麟洛河下游。三十年前还留有当时
> 的福德祠，当地人叫作"客人的土地公"。①

台湾客家地区相当多的伯公庙坛都有较长的历史。《伯公沟福德
祠沿革》载："其中一位信士居住中坜，开垦伯公沟田园，发现神木
一株，距今二百三十余星霜，现今犹在。而乾隆四年立石，为神奉
祀；至嘉庆丁巳年修碑，立文参拜。"②《九芎树伯公沿革》云："本庄
于乾隆二十九年丁巳开基于此，九芎树福德正神莅于斯亦得其所。当
初在水圳路边一株九芎树下竖立河石奉祀，护佑民安，五谷丰收。"③
《中坜庄头福德祠序》曰："本村于乾隆元年丁巳开基于此，庄名中坜，
福神当时亦莅于斯亦得其所。溯日开基之初，在蔓罗树下竖立河石奉
祀而已，护佑民安，经历有年。"④
　　其他的伯公坛庙亦大有年头。《重竖开基碑文序》载："竣工之日，

---

① 钟壬寿主编：《六堆客家乡土志》，长青出版社，1973，第 70 页。
② 不著撰人：《伯公沟福德祠沿革》，载张二文：《土地之歌：美浓土地伯公的故
　事》，第 342 页。
③ 刘振源：《九芎树伯公沿革》，载张二文：《土地之歌：美浓土地伯公的故事》，
　第 342 页。
④ 刘振源：《中坜庄头福德祠序》，载张二文：《土地之歌：美浓土地伯公的故事》，
　第 342 页。

经古阿珍老先生执笔撰文，其文曰：'据乾隆元年嘉应州镇平县，林姓兄弟率少数之农人，渡台开垦于月光山之麓南野一带，结社立坛，祀福神于此，为护佑平安，繁华垦地，于兹历经两百一十五载矣。'"①《禄兴庄新福德坛重建缘由》曰："本新福德坛在于道光年间由刘禄然先生所创建，迄今有一百五十多年，历史悠久，历经沧桑。后民国三十七年又得其后裔刘阿双先生发起修建。"②《永安桥头伯公（又称坑仔底伯公）沿革》亦记载："一百二十年前未建设永安桥时，全靠中庄人民邱松兴、邱芹兴兄弟撑竹筏渡过。上下庄民众通往时常发生危险情事，固有下庄仔望族宋守四老先生建造伯公乙座，安置河边，祈求保佑过往民众渡筏之安全，不患水灾及小儿戏水等等。"③

不仅如此，伯公神位的设立和重建往往还伴随有神奇的传说。如《旗山镇广福里福德祠沿革》载："乾隆中叶，荒野地浮出约二尺高石头（众呼土地公），经洪水冲流奈无移动。夜间月照发出光亮奇迹，缘此正时为祈求免遭水灾、六畜兴旺、合家平安。就在旗屏二路十号地址，供奉参拜。"④《伯公沟福德祠沿革》曰："延至乙卯年信士刘达嵩重修建坛。而且落榜学生来祠研习，尔后金榜题名。古今皆有灵显奇闻。至此人民康泰，香火鼎盛。直至乙亥年信士刘鼎生等人，感觉交通不便，特建中圳桥。年久失修，坛壁破坏不堪，伯公神灵显赫，托梦二次于原福安里民，现居台北营商信士杨雄杰夫妇，二人感蒙大

① 不著撰人：《重竖开基碑文序》，载张二文：《土地之歌：美浓土地伯公的故事》，第 346 页。

② 张华昌：《禄兴庄新福德坛重建缘由》，1979，载张二文：《土地之歌：美浓土地伯公的故事》，第 349 页。

③ 邱钦盛：《永安桥头伯公（又称坑仔底伯公）沿革》，1979，载张二文：《土地之歌：美浓土地伯公的故事》，第 340 页。

④ 郑成金编辑：《旗山镇广福里福德祠沿革》，载张二文：《土地之歌：美浓土地伯公的故事》，第 339 页。

德，回乡发起……"①《永安桥头伯公（又称坑仔底伯公）沿革》载："重建时又议论纷纷，若建造古式，唯恐角度映射附近人家之安全。有一晚上主计邱秀友夜睡时，梦中听闻音乐响亮，霎时醒目，一看后面有神轿经过，才明了伯公自己指示用轿式屋顶、平面拜亭。本座亦升高原址三尺六寸，拜亭前扩展伸出八台尺宽，架设护栏与符合全景之美观。"②

从伯公坛庙的分布和传说，我们不难发现台湾客家村落移民垦拓的路径，亦可窥见先民拓垦之初对环境的不安定感，遂经过普设伯公和经年累月的祭祀，而形成心灵的守护神。这些形形色色的伯公信仰，一方面具有中华文化"土地崇拜"的象征含义，另一方面则是村落聚落与垦拓发展的一种标志，具有社区群体凝聚的性质。关于这一点，美浓下庄德胜伯公的源起颇能说明问题：

> 清乾隆五十一年十一月廿七日，"匪首"林爽文自彰化倡乱，勾结四处土匪，互通声气。故全台匪氛，遍地流布。弥浓之西，亦有党徒啸集，将抢掠邻境，肆其凶残。于时我庄开辟未久，户少人稀，虑其不敌。金谋女着男装，即解髻作辫，以助庄境之守备队。男子则各执干戈，巡逻探查边境。适牛埔庄方面，群匪蚁聚整队，各持石灰一囊而来，时乘西风大起，彼等散出灰粉，将以掩害我军之眼目。无何福善祸淫，天有常道。俄顷之际，西风突变为东风。众军眼中，曾见神人若隐若现，在空中挥扇，风势遂转。以故灰尘四起，反从西面吹去，众匪因此自受其害。我军乘势追杀，匪遂败绩。迨我军凯旋，咸以

---

① 林富生：《伯公沟福德祠沿革》，载张二文：《土地之歌：美浓土地伯公的故事》，第 342 页。

② 邱钦盛：《永安桥头伯公（又称坑仔底伯公）沿革》，载张二文：《土地之歌：美浓土地伯公的故事》，第 340 页。

为神力扶助，方能得胜。乃于弥农庄下之枢要处，立德用公奉祀，本季冬初二战胜日享祭以纪念之。但得胜德胜，字意不同。其不从得而从德者，实隐寓以德制胜之意焉。……[1]

从开庄伯公到水口的里社真官，各聚落的山凹伯公、庄头伯公、桥头伯公、祠堂里的土地龙神、住家附近的井头伯公、猪栏伯公、田头地尾水圳伯公，再到坟墓的后土伯公，对天地的传统崇拜和原始信仰，以"天圆地方""前虚后实""阴阳太极"的形式反映在伯公坛的形制上，构成一个牢固的防卫体系，使居民具有共同的安全感。

围绕伯公信仰，许多客家村落还会举行"四大福祭典"。所谓"四大福"，即新年福、二月初二、八月初二及满年福。其中，正月十五日举行的称作"新年福"，二月初二和八月初二为"伯公生日"，而"满年福"则是与"新年福"相呼应，在十一月下旬择一吉日举行，亦称"冬成福"。"新年福"为立春后，庄民为祈求上苍保佑整年的平安、五谷丰登，邀集庄内的所有土地公一起祭拜；"满年福"则是秋收后，同样邀集庄境内的所有土地伯公一起拜谢，其实就是传统意义的"春祈秋报"。正如《永安庄伯公新年福汇》序言中所说：

缅维上古郊社之礼，所以事上帝，官命祭酒，用以统司神，上凛天神，下尊地祇。自古及今我中华之文化，尤以神道为尊崇。今日者台湾光复，想前年被日本酷政迫令，台湾所有神祇废除、烧毁。例如每年春秋二祭，集福求安，礿祠烝尝之礼，久废不举。兹乃光复伊始，我等父老耆绅，复举祀神之道，鸠集众士议定，春秋二季恭结坛场，迎请庄中福德正神及得胜公爷、土谷正神、里社真官一同享祀，以格神庥。每年议举福首，

---

[1]　刘炳文：《前清秀才刘炳文手稿》，载《美浓镇志》，1997，第 1221 页。

从事备具祭仪，以便众士有参诣之所，又可警惕戒心，维持人道，钦神致敬，消灾锡福。是为之叙。①

不难发现，这些土地伯公的设立、形制、性质、功能及相关风俗，均完整地保留了大陆客家原乡的历史记忆和中华文化的传统，即便遭受日本侵略者的残酷破坏，亦未尝破灭。

不仅如此，与大陆客家原乡一样，以伯公为题材的民间文学作品在台湾客家地区也随处可见。台湾客家有山歌《送郎送到伯公亭》："送郎送到伯公下，伸手点香来唱野；双手唱野鞠躬拜，伯公保佑崖两侪。"② 台湾客家的长篇叙事长诗《渡台悲歌》云："土地伯公有应感，处处一有伯公坛，所目祀神乌龟板，所见有妻乌龟般。"③

凡此种种，说明台湾客家村落的伯公信仰，在在体现为移民同乡的凝聚、祖籍原乡的象征和日常生活的保护神，在台湾客家社会生活中发挥了举足轻重的作用。

三、基于共同中华母体渊源的闽台客家村落伯公信仰

在大陆客家地区，"伯公"更偏重狭义的伯公，与公王与社公相比，其职掌的范围最小，通常掌管某片山林、田地或某个田头、地塅，一般称为"田头伯公"或"杨大伯公"。从这个意义上说，伯公信仰源自人们对山林、田地的开发，并与人们的日常生计紧密相连。与此相关，社公职掌范围比伯公大，但限于村落内；公王的职掌范围则弹性更大，既可以一村一落，亦可为一个村落群，端视人群村落开

① 林富期：《永安庄伯公新年福汇》序言，载张二文：《土地之歌：美浓土地伯公的故事》，第166、350页。
② 转引自彭素枝：《台湾六堆客家山歌研究》，文津出版社，2003，第26页。
③ 黄荣洛：《渡台悲歌：台湾的开拓与抗争史话》，台原出版社，1997。

发情况而定。在称呼上，有伯公被称作社公的，也有社公被称为公王的，却没有公王被称为社公或社公被称为伯公的。换言之，民众会用职掌范围较大的神明的名称来称呼职掌范围较小的神明，却没有反向称呼的。这与现实生活中人们会以较大的官职称呼官职较小的人，而没有以较小的官职称呼官职较大的人是一个道理。由此可见，神明世界恰是人间世界的投影。

在台湾客家地区，一方面伯公信仰多是指广义的伯公，将福德正神称为伯公，伯公的踪迹不仅见于庄头庄尾、田间地头，而且见于墓旁（后土）、祠堂内（土地龙神）、神明寺庙内，甚至随着先民的拓垦，在山凹或埔地陆续建立了"伙房伯公"。从土地伯公的排列顺序看，拓垦初始的开基伯公、村落水口的里社真官、桥头伯公、庄头伯、聚落的山凹伯公、住家的周围的井头伯公和猪栏伯公、祠堂里的土地龙神，共同成为一个严密的防卫网络，使村民具有共同的安全感。但是，伯公的称谓与含义比较单一，就是通常意义的土地公，而不似大陆客家有"公王""社公""伯公"的区别与细分。

一般而言，台湾客家地区的伯公与"开基""拓垦"联系在一起，有聚落才有伯公，有伙房才有伯公，有水圳、交通要道才见伯公。在美浓旧部落每个庄均有开庄伯公，而其位置离聚落均有一段距离，那是先民开垦之初到达的位置，之后会再寻找更适合的立庄位置。随着开垦的范围扩大，庄民往聚落四周发展，在各个山坳建立小聚落。所以山坳、塘口、伙房旁纷纷设立土地伯公，甚至在伯公碑石上镌刻"开基"二字，因此，伯公的设立具有强烈的拓垦意义。如清乾隆元年（1736），原居于武洛庄的"右堆"总理林丰山昆仲鉴于武洛庄地区闽客对立，发展空间受限，便率领张、徐、黄、刘、曾、钟、陈、余、李、林、廖、何、邱、左、卢、宋等十六姓乡亲四十余人入垦灵山、月光山、双峰山山麓，并建开基伯公坛于灵山下，将新开拓的地区定名为"弥浓"。其时少数民族势力仍盛，水源获取不易，移民为求安全而不敢夜宿于新垦之地，只好将农具、耕牛放置于最西边的开庄伯公处。他们每日凌晨由武洛渡溪北上，来此处取耕牛、农具耕种，往北面蛮荒丛林地开垦；黄昏时，将耕牛、农具等放回原处，渡溪南返，伯公坛由此成为一时拓垦栖息的中心、移民晨昏的心灵寄托。

在一个典型的台湾客家村庄，有所谓庄头伯公、庄尾伯公和庄中伯公，其所在地通常是村民生活的重要公共空间和界标。在山脚和田塅，也会因人口繁衍形成独立的伙房，设立伙房伯公。而在田园之中还散布着众多的田头伯公，与开庄伯公相映成趣，具有同性质的垦拓意义，只是影响范围比较狭窄。有些桥头伯公同时也是庄头或庄尾伯公，甚至还兼具水圳伯公的性质。从伯公的种类和"职称"看，他们被赋予的职务与扮演的角色有所不同，或因聚落居民祭祀圈的大小而有神格的高低差异。自家内的井头伯公、猪栏伯公；伙房内的土地龙神，伙房外的伙房伯公；聚落中的庄头、庄中、庄尾伯公；外围的田头、水圳、山阙、水口伯公，加上拓垦时期具有标志意义的开庄伯公，形成一个具有不同等级的严密的护境安民的神明防卫体系。

在大陆客家内陆山乡，客家人不易习得操帆驾舟、牵罟渔盐的技巧，但开辟梯田、修筑水利的技术不凡，且深知山林藏有丰厚资源。与此相关的土地伯公信仰植根其中。而在台湾，"闽人滨海，客家近山"或"闽南人少近山，客家人舍滨海"的空间分布特性，蕴藏有不同的族群生活方式及其与居住地的地理环境关联。客家人对大陆原乡的地方依赖，隐藏于自身心理，再借由同乡同族同语，甚至同业，在台湾延续原乡的生活方式，创造与原乡相似的文化景观。台湾客家地区以农业为主，伯公信仰反映了客家人对土地、水源的需求和期望。因此，其伯公信仰以山林、田地、水利伯公占多数，彰显了其山林、水利保护神的特色。如弥浓庄是美浓地区最早建立的庄，羌子寮溪从庄中切过，重要的圳口成了伯公设立点，沿着羌子寮溪有坑仔底

伯公、下横沟伯公、中横沟伯公、上横沟伯公以及中圳湖出口的粮坡
伯公等，尤见水利是客家移民的重要需求。如中圳伯公，又名杨寮下
伯公，其神坛所在地是早期中坛水圳的要道，也是美浓河西栅门通往
中坛的要道，先民设立伯公坛祭拜，有"伯公沟"之称。《伯公沟福
德祠沿革碑记》载："叙述本祠位置中坛禄兴里之一隅，名称伯公沟，
祠前沟水环绕，宛如玉带……考绩前清乾隆元年开基弥浓庄，三十六
人刻苦耐劳，辛勤艰难，而奋斗成美浓镇福地……当时三十六人而分
居各部落，其中一位信士居住中坛，开垦伯公沟田园……"[1]《幼稚园
伯公碑记》云："由来清代乾隆年间始开美浓庄，后又开中坛庄。及
至乙未年'日本领台'，当时中坛以南平原广阔，皆荒芜之地，砂皮
石骨，大硼高崁。幸遇三五公司南隆投资开垦，四处农民移来耕种，
各有部落之称。当时有数家居住在此，名为六寮村，耕者用石头种落
为田头伯公……"[2] 再从民众向伯公的诉求看，其山林、田地、水利
保护神的色彩也至为明显。如《永安庄伯公新年福汇》所载《恳申意
者》曰："尤赖天时乃涤虑洗心，上干明威之赫，冀居高听俾，俯鉴
祷告之诚，为蟊为贼之伤禾潜踪灭迹，田鼠田豕之害稼匿影消形，出
作入息快睹如榔如塘……"[3]

　　而沿着山溪小径、山坳窝口出口处也是伯公常设之处，中圳里的
大坑、田尾坑，弥浓里的棘桐坑、牛眠坑、牛寮坑、榕树坑等，是庄
民入山采薪或越山往杉林乡的路径蟊，均成为伯公密集处。《六寮庄
伯公志》曰："由来此地虽平原广阔，砂皮石骨，大硼高崁，皆荒芜

① 林富生:《伯公沟福德祠沿革碑记》，立于庙祠壁上，载张二文:《土地之歌：美
　浓土地伯公的故事》，第342页。
② 不著撰人:《幼稚园伯公碑记》，载张二文:《土地之歌：美浓土地伯公的故事》，
　第348页。
③ 不著撰人:《永安庄伯公新年福汇》，载张二文:《土地之歌：美浓土地伯公的故
　事》，第353页。

之地，无人居住之所。……有日人爱久泽者来投资开凿，名称三五公司南隆农场，专种稻作，招邀南北四处农民前来耕作。当时初开垦面积稀少，仅有五六户人居住，俗称六寮。耕田者怀念安一座伯公，庇佑大家平安，当时用数粒石头安伯公，大家拜拜。"① 弥浓里竹园伯公位于美浓通往杉林乡月眉村的古道上，山径上另有七星伯公、茶亭伯公。

值得特别注意的是，在台湾客家地区，伯公信仰虽屡遭日本殖民统治者的破坏，却仍以顽强的生命力保留至今，彰显其中华文化基因的有序传承。位于美浓通往中坛的共和桥福德祠，其沿革如下：

> 斯本坛创建于民国前五、六年间……时先觉者，前辈吴带福、吴发兴二位信士，竖立河石为神，与乡民信士膜拜。由此神灵显赫，护佑民安，有求必应，神通广大。因民国廿九年日本帝国统治活动，台湾推行"皇民化运动"，强迫废止寺庙神坛，致使百姓惊惶，风声鹤唳。当时庄中先辈众议对策，将福神河石暗中藏起，以供膜拜。延至民国三十四年八月，台湾光复，人民与土地归还祖国怀抱；地方人士众议，将原址改立露天石碑，由此规模为之扩大，香火鼎盛，经过数十星霜。一九八七年四月拓宽共和桥，路基升高，神坛变为低洼狭窄，不便行香膜拜。蒙上安里信士何永昌先生自动捐献地基，以供建祠……②

位于龙山里十穴的十穴龙狮福德祠，其沿革如下：

---

① 不著撰人：《六寮庄伯公志》，载张二文：《土地之歌：美浓土地伯公的故事》，第73页。

② 林富生、刘振源：《共和桥伯公碑记》，载张二文：《土地之歌：美浓土地伯公的故事》，第341页。

本尊十穴福德正神祠百余年前坛址系平地良田，有几位老前辈见此地形优美，想起土地公，便于同治元年（西元1862年）择良时吉日道一大石头作福德正神碑，于夕阳西下时，乡中男女老少前来焚香奉茶。远近人民前来上香，香火日盛，于是老前辈改立神碑。日本时代地方管制，被其废除了。光复后，民国三十六年地方老前辈发起重建福神坛……①

中坛禄兴庄新伯公《福神词典》载：

先贤设立坛所，为合境焚香，互相共济，深蒙蔽佑。不意乙未之岁，日本登台，欺神傲像，废却金纸。迨至丁丑之年，沟桥事变，侵占中国及美英之地，欲成一统，方得称心。更加本台狼心之徒、狗行之辈，滚滚当权，纷纷恃势，拆毁宫庙，灭却福坛，目不堪睹，暗切伤心，无如天不从人愿。至乙酉之岁，降服民国，版图归中，感念尊神。延及丁亥年，集合乡绅之一仝协力，重整坛所，薛迎升座。忖思不足，鸠集庄津牛会份，每逢圣诞，顶祝恩光，立此礼典，永荐馨香，长为设立，爰以为序。②

伯公坛的设立如此，伯公会组织亦如此。如柚仔林伯公会于1946年在庄民共商下恢复运作，《管理人选举通知书》载："兹因本伯公会自于民国二十六年既被日政实施神明会之解废，月将日烈，急及目前，故该伯公会存在之一计，于民国二十八年三月四日第三回总代会

---

① 不著撰人：《十穴龙狮福德祠沿革》，载张二文：《土地之歌：美浓土地伯公的故事》，第348页。

② 刘阿双：中坛禄兴庄新伯公《福神词典》，刘重奎保管并记录，载张二文：《土地之歌：美浓土地伯公的故事》，第234页。

之决议将财产移让农事实行组合经理。今回晓幸既归光复，万物更新，本实行组合当于民国三十五年八月九日合众解散，将伯公会复原重理。是日当众决议管理人选举一案，兹在记明示实施。"柚仔林伯公会同日还重新议定了伯公会章程、祀典目的与日期、组成会员与代表员、会员权利与会务运作等事项。①

不难发现，在日本殖民统治时期，这些伯公坛曾惨遭拆毁，伯公会组织受到破坏，引起庄民的强烈愤慨，致使民众以激烈的言辞——"更加本台狼心之徒，狗行之辈，滚滚当权，纷纷恃势，拆毁宫庙，灭却福坛，目不堪睹，暗切伤心"——痛陈此事。而战后，至1947年，在地方士绅的倡导下重建伯公坛，恭迎伯公升座。而为命名伯公祀典延绵，1948年鸠集村民津沾会份设立伯公会，从中亦可见此间民众在伯公坛灭却、恢复后的殷盼之心。

时至今日，台湾不少客家地区仍沿袭着规模盛大的伯公祭典。如每年的农历二月，美浓河畔都会举办名为"二月祭"的联合祭典，祭典之后则为演戏酬神的"二月戏"活动。"二月祭"祭典包括祭河江、拜天公、祭伯公三部分，恭请的伯公有槟榔园伯公、庄头伯公、柚仔林桥头伯公、南栅门阿弥陀伯公爷、花树下伯公、永桥下伯公、蛮头罗树下伯公、灵山下开基伯公爷爷、得胜公爷爷、里社真官爷爷、杨寮下伯公、合和里福德祠、中圳埔伯公等十三尊。由礼生率众福首齐念《祭河江伯公文》《二月春祈祭文》《祭伯公祝文》等。

2001年祭典《祭河江伯公祝文》曰：

> 维□□□□年岁次辛巳越祭日壬申之良辰，今有二月春祈福首：宋方明、黄焕银、刘敏昌、杨炳芳、刘国松、张文礼、

---

① 柚仔林伯公会《管理人选举通知书》，转引自张二文：《土地之歌：美浓土地伯公的故事》，第221页。

李进贵、罗开雄、刘辛戊、张绍和、钟振庭、刘钦华、黄其添、林荣接统合境人等，情因于二月春祈，虔诚礼拜祭献河江伯公，祈求庇佑合境平安，四时吉庆，五谷丰登。春祈福事，谨以猪首牲仪、庆馐果品、香楮清酌之仪致祭于河江伯公暨列诸位尊神座前。祝言曰：恭维河江伯公尊神威灵显赫，福庇万姓，灵著一方，御灾捍患、物阜民康。主宰河川，上流顺畅，护佑两岸无灾；下流顺畅，禾苗菽粟万物赖以滋长。今逢二月春祈，谨献微莛，祓祭河江，从兹四时吉庆，万汇呈祥。敬陈醴酒，肃整冠裳，以妥以侑，是享。将伏祈降鉴，来格来尝，神灵丕显，默佑无疆。尚飨伏维。

由此可见，"二月祭河江伯公"伴随着客家人传统的从春分至清明的"春祭"，经年累月地举行，折射的是台湾客家人慎终追远的情怀。从时间上来说，它上承中华文化远古时代的河伯、河神信仰；从空间上来看，它源自大陆客家的伯公信仰，深深植根于中华文化的深厚土壤。客家民间信仰与中华文化的力量，于兹可见一斑。

第二节　槟榔、槟榔文化与闽台关系

槟榔是中国南方的常见植物，闽粤民众喜吃槟榔，并形成了特殊的槟榔民俗文化。闽粤民众迁台后，其槟榔啖食方式与礼俗文化也传播至台湾，并以槟榔为媒介形成了典型的闽台物缘文化。本节在前人研究的基础上，努力挖掘新史料，采用历史学与文化人类学相结合的方法，对槟榔的种植区域、食用范围与方法，槟榔文化的成因、表现、特征和功能，以及以槟榔为媒介形成的闽台物缘文化等问题展开系统全面的探索。

一、作为植物的槟榔

槟榔作为一种热带、亚热带药用果木，广泛种植于中国南方及周边国家和地区。贾思勰《齐民要术》载："槟榔，信南游之可观：子既非常，木亦特奇"，"性不耐霜，不得北植，必当遐树海南，辽然万里"。[1] 同书引《南方草物状》云："槟榔，三月华色，仍连著实；实大如卵，十二月熟，其色黄"，"剥其子，肥，强不可食，唯种作子。青其子，并壳取实，曝干之，以扶留藤，古贲灰，合食之，食之则滑美。亦可生食，最快好"，"交阯、武平、兴古、九真有之也"。引《林邑国记》云："槟榔，树高丈余；皮似青桐，节如桂竹。下森秀，无柯；顶端有叶。叶下系数房，房缀数十子。家有数百树。"引《南中八郡志》云："槟榔，大如枣；色青似莲子。彼人以为贵异。婚族好客，辄先逞此物。若邂逅不设，用相嫌恨。"引《广州记》云："岭外槟榔，小于交阯者，而大于纳子。土人亦呼为'槟榔'。"[2] 皆言林邑、交阯、九真等地有槟榔，亦有食槟榔之习俗。《梁书·海南诸国列传》又载："干陀利国（在今马来半岛）在南海洲上，其俗与林邑、扶南（今柬埔寨）略同，出班布、古贝、槟榔。槟榔特精好，为诸国之极。"[3] 李时珍《本草纲目》亦载："生交州、爱州及昆仑。"[4]

---

[1]　[北魏] 贾思勰:《齐民要术》卷一〇《五谷果瓜菜茹非中国物产者·槟榔》，载 [北魏] 贾思勰著，石声汉校释:《齐民要术今释》，中华书局，2009，第 1054—1055 页。

[2]　[北魏] 贾思勰:《齐民要术》卷一〇《五谷果瓜菜茹非中国物产者·槟榔》，载 [北魏] 贾思勰著，石声汉校释:《齐民要术今释》，第 1055、1056、1056、1056 页。

[3]　[唐] 姚思廉:《梁书》卷五四《诸夷列传》，中华书局，1973，第 794 页。

[4]　[明] 李时珍:《本草纲目》卷三一《果部三》，人民卫生出版社，1982，第 1830 页。

　　槟榔不仅分布地域辽阔，品种也极为繁多。《广东新语》云："按本草以小而味甘者为山槟榔，大而味涩者为猪槟榔，最小者曰蒳子，又名公槟榔，圆大者名母槟榔。雷氏言：尖长有紫文者名槟，圆大而矮者名榔，榔力大，槟力小，今医家亦不细分，但以状作鸡心，稳正不虚，内有锦文者为佳。"①

　　南方人对槟榔情有独钟，嚼食槟榔甚至成为一种嗜好。《诸蕃志》载："槟榔产诸蕃国及海南四州，交趾亦有之。木如棕榈，结子叶间如柳条，颗颗丛缀其上，春取之为软槟榔，俗号槟榔，鲜极可口；夏秋采而干之，为米槟榔；渍之以盐，为盐槟榔；小而尖者，为鸡心槟榔；大而匾者，为大腹子。食之可以下气。"②《广东新语》则载："槟榔，产琼州，以会同为上，乐会次之，儋、崖、万、文昌、澄迈、定安、临高、陵水又次之，若琼山则未熟而先采矣。会同田腴瘠相半，多种槟榔以资输纳。诸州县亦皆以槟榔为业，岁售于东西两粤者十之三，于交趾、扶南十之七，以白心者为贵。暹罗所产曰番槟榔，大至径寸，纹粗味涩，弗尚也。三四月花开绝香，一穗有数千百朵，色白味甜，杂扶留叶、椰片食之，亦醉人。实未熟者曰槟榔青。青，皮壳也，以槟榔肉兼食之，味厚而芳，琼人最嗜之。熟者曰槟榔肉，亦曰玉子，则廉、钦、新会及西粤、交趾人嗜之，熟而干焦连壳者曰枣子槟榔，则高、雷、阳江、阳春人嗜之。以盐渍者曰槟榔咸，则广州、肇庆人嗜之。日暴既干，心小如香附者曰干槟榔，则惠、潮、东莞、顺德人嗜之。"③

　　由此可见，从中国岭南、滇南，到中南半岛、南洋群岛，到印巴次大陆，几乎整个东南亚及南亚地区皆产槟榔，且品种很多，亦有嚼

①　［清］屈大均：《广东新语》卷二五《木语》，中华书局，1985，第630页。

②　［宋］赵汝适：《诸蕃志》卷下《志物》，载［宋］赵汝适著，杨博文校释：《诸蕃志校释》，中华书局，1996，第186页。

③　［清］屈大均：《广东新语》卷二五《木语》，第628—629页。

食槟榔的习惯，这甚至成为上流社会的一种时尚。《诸蕃志》载：细兰王"日啖槟榔"，"二人常捧金盘从，承王所啖槟榔滓。从人月输金一镒于官库，以所承槟榔滓内有梅花脑并诸宝物也"；占城王每朝坐，"轮使女三十人持剑盾或捧槟榔，官属谒见，膜拜一而止，白事毕，膜拜一而退"。[①]

关于槟榔的食法，《岭外代答》曰："其法，斫而瓜分之，水调蚬灰一铢许于萎叶上，裹槟榔咀嚼，先吐赤水一口，而后啖其余汁。少焉，面脸潮红，故诗人有'醉槟榔'之句。无蚬灰处，只用石灰；无萎叶处，只用萎藤。广州又加丁香、桂花、三赖子诸香药，谓之香药槟榔。"[②] 黄仲昭《八闽通志·泉州·药之属》载："芙蕾俗名蒌叶。蔓生，叶如薯而差大，味辛香，土人取其叶合槟榔、蚶壳灰之食，温中，破痰，消食，下气。出晋江县。"[③] 明末崇祯《海澄县志》亦载："扶留藤。《南方草木状》曰：槟榔以扶留藤、古贲灰并食，则滑美，下气消谷。今俗呼为蒌叶，婚姻皆用之。"[④]

《广东新语》云："当食时，咸者直削成瓣，干者横剪为钱，包以扶留，结为方胜，或如芙蕖之并蒂，或效蛱蝶之交翾，内置乌爹泥石灰或古贲粉，盛之巾盘，出于怀袖，以相酬献。"[⑤] 又云："凡食槟榔，必以萎叶为佐。或霜雪盛，少萎叶，亦必屑其根须。或以山萎藤代之，而以蚌灰为使，否则槟榔味涩不滑甘，难发津液，即发亦不红。凡食槟榔，以汁红为尚，然汁不可吐，吐则无余甘。先忍萎叶之辣，

① [宋] 赵汝适：《诸蕃志》卷上《志国》，载 [宋] 赵汝适著，杨博文校释：《诸蕃志校释》，第 51、8 页。

② [宋] 周去非：《岭外代答》卷一〇，载 [宋] 周去非著，杨武泉校注：《岭外代答校注》，中华书局，1999，第 235 页。

③ [明] 黄仲昭修纂：《八闽通志》卷二六《食货》，第 541 页。

④ [明] 梁兆阳等修：(崇祯)《海澄县志》卷一一《风土志》，崇祯六年刻本。

⑤ [清] 屈大均：《广东新语》卷二五《木语》，第 629 页。

乃得槟榔之甘。槟榔之甘，生于蒌叶之辣。"① 又云："若夫灰少则涩，叶多则辣，故贵酌其中；大嚼则味不回，细咽则甘乃永，故贵得其节。善食者以为口实，一息不离；不善食者汁少而渣青，立唾之矣。予尝有《竹枝词》云：日食槟榔口不空，南人口让北人红。灰多叶少如相等，管取胭脂个个同。"②

由于食用槟榔之风日盛，连装盛槟榔的器具都讲究起来。《广东新语》"槟榔合"条云："广人喜食槟榔，富者以金银、贫者以锡为小合。雕嵌人物花卉，务极精丽。中分二隔，上贮灰脐、蒌须、槟榔，下贮蒌叶。食时先取槟榔，次蒌须，次蒌叶，次灰，凡四物各有其序。蒌须或用或不用，然必以灰为主，有灰而槟榔蒌叶乃回甘。灰之于槟榔蒌叶，犹甘草之于百药也。灰有石灰、蚬灰，以乌爹泥制之作汁益红。灰脐状如脐有盖，以小为贵。在合与在包，为二物之司命。包以龙须草织成，大小相函，广三寸许，四物悉贮其中，随身不离，是曰槟榔包。以富川所织者为贵，金渡村织者次之，其草有精粗故也。合用于居，包用于行。"③

食槟榔的历史在中国可谓十分悠久，早在两千多年前司马相如的《上林赋》就曾出现槟榔的身影："留落胥余，仁频并闾"，所谓"仁频"就是槟榔树。东汉杨孚《异物志》说："古贲灰，牡蛎灰也，与扶留、槟榔三物合食，然后善也。"④《南史》则载有刘穆之求食槟榔及后来用金盘盛槟榔宴请宾客的故事："穆之少时，家贫诞节，嗜酒食，不修拘检。好往妻兄家乞食，多见辱，不以为耻。……穆之犹往，食毕求槟榔。江氏兄弟戏之曰：'槟榔消食，君乃常饥，何忽须

---

① [清] 屈大均:《广东新语》卷二七《草语》，第 697 页。
② [清] 屈大均:《广东新语》卷二五《木语》，第 629 页。
③ [清] 屈大均:《广东新语》卷一六《器语》，第 457 页。
④ [汉] 杨孚撰，[清] 曾钊辑:《异物志》,《丛书集成初编》第 3021 册，商务印书馆，1936，第 11 页。

此？'……及穆之为丹阳尹，将召妻兄弟……及至醉饱，穆之乃令厨人以金柈贮槟榔一斛以进之。"① 可见，槟榔很早就成为待客之物了。

唐宋时期，嚼食槟榔是宫廷与民间的共同爱好。据说，唐德宗李适某次外出巡幸，当地有百姓贡献槟榔，他十分高兴，竟赏赐献槟榔者以文职官位，所以槟榔又有"文官果"的别称。南宋王象之《舆地纪胜》记琼州云："琼人以槟榔为命，产于石山村者最良。岁过闽、广者，不知其几千百万也。"② 周去非《岭外代答》亦云："自福建下四川与广东、西路，皆食槟榔者。客至不设茶，唯以槟榔为礼。""唯广州为甚，不以贫富、长幼、男女，自朝至暮，宁不食饭，唯嗜槟榔。富者以银为盘置之，贫者以锡为之。昼则就盘更啖，夜则置盘枕旁，觉即啖之。中下细民，一日费槟榔钱百余。有嘲广人曰'路上行人口似羊。'"③

清代，啖食槟榔之风在闽粤地区较之前有过之而无不及。闽人施鸿保《闽杂记》卷十"槟榔称口"云："闽人称槟榔一包为一口。按《北户录》：'梁陆倕、谢安，成王赐槟榔一千口。'则此称由来远矣。"④槟榔一直也是不少地方献给朝廷的贡品，后妃常有随身携带槟榔盒子的习惯，甚至中外使臣谒见皇帝时，也会嚼食槟榔，马戛而尼《乾隆英使觐见记》载："有人指给我们看另一些肤色黝黑的使臣，他们也是在这天上午觐见皇帝。他们头上包着头巾，光着脚，口中嚼着槟榔。"⑤

① [唐]李延寿：《南史》卷一五《刘穆之传》，中华书局，2011，第 427 页。
② [宋]王象之：《舆地纪胜》卷一二四《广南西路·琼州》，第 3563 页。
③ [宋]周去非：《岭外代答》卷一〇，载[宋]周去非著，杨武泉校注：《岭外代答校注》，第 235—236 页。
④ [清]施鸿保：《闽杂记》卷一〇，载[清]周亮工、[清]施鸿保：《闽小记·闽杂记》，第 159 页。
⑤ [法]佩雷菲特：《停滞的帝国——两个世界的撞击》，王国卿、毛凤之等译，生活·读书·新知三联书店，1995，第 252 页。

除中国外，嚼食槟榔这一习俗还流行于印度、巴基斯坦、斯里兰卡、马尔代夫、孟加拉国、缅甸、泰国、马来西亚、柬埔寨、越南、菲律宾、老挝、印尼以及南太平洋的众多岛屿。据世界卫生组织统计，目前全世界有四五亿人嚼食槟榔，其人数之多，仅居于烟草、酒精、咖啡之后，堪称一种大众爱好。[①]

二、作为文化的槟榔

槟榔广泛种植于中国南方及周边国家与地区，因其具有轻微兴奋与麻醉、辟瘴、消食等功能，嚼食槟榔成为一种大众爱好。又因"槟""榔"的谐音和槟榔、扶留相契等种种象征寓意，而衍生出一系列与槟榔有关的婚丧节庆、祀鬼敬神、男女传情、调解纠纷、人群聚合等习俗，槟榔作为美好事物的象征渗透到众多的文化生活领域。槟榔礼俗的普遍性、大众性、象征性、生活性、草根性等特征，也催生了诸多与槟榔密切相关的民间文学作品。[②]

嚼食槟榔会令人头晕脸红、醺醺然，日久容易上瘾，故有"槟榔浮留，可以忘忧"之谚[③]，苏东坡有"暗麝着人簪茉莉，红潮登颊醉槟榔"之诗[④]，朱熹亦有"初尝面发红"之句。《广东新语》云："入口

---

① 参见杨雪：《小小槟榔遍世界》，《光明日报》2013 年 2 月 4 日，第 12 版。

② 关于槟榔与槟榔文化的研究，前人有过一些探讨和零星报道。相关文章可参看：王四达：《闽台槟榔礼俗源流略考》，《东南文化》1998 年第 2 期；钟敬文：《啖槟榔的风俗》，载钟敬文著，巴莫曲布嫫、康丽编：《谣俗蠡测》，上海文艺出版社，2001，第 184—186 页；郭联志：《闽东南的嚼槟榔习俗》，《闽台文化交流》2006 年第 1 期；杨雪：《小小槟榔遍世界》，《光明日报》2013 年 2 月 4 日，第 12 版。

③ [清] 屈大均：《广东新语》卷二七《草语》，第 697 页。

④ 宋僧惠洪《冷斋夜话》云："东坡在儋州耳……有蛮女插茉莉，嚼槟榔，戏书姜秀郎儿几间问曰：'暗麝着人簪茉莉，红潮登颊醉槟榔。'" [宋] 周去非：《岭外代答》卷一〇，载 [宋] 周去非著，杨武泉校注：《岭外代答校注》，第 236 页。

则甘浆洋溢，香气薰蒸，在寒而暖，方醉而醒，既红潮以晕颊。"① 这些都是形容嚼食槟榔后的种种美妙体验。

嚼食槟榔的轻微兴奋与麻醉作用，使槟榔成为仅次于烟草、酒精、咖啡之后的一种大众爱好。不少人嗜食槟榔，而宁可断炊。槟榔很自然地成为一种待客的食品。《广东新语》曰："粤人最重槟榔，以为礼果，款客必先擎进。"②《南中八郡志》载："槟榔土人以为贵，款客必先进。"钟敬文说："吾邑邑志云：'昔粤中之款客，无槟榔不为欢。'观此，可知吾粤人不但以槟榔为日常食品，且也视为款待嘉宾的要物。闻一般南洋客云：'在那里有些地方，现在还盛行着这种风俗，客到必须敬以槟榔，这乃极平常的礼数，如现下内地把烟茗款客没有异样。'"③ 可见，以槟榔待客是民间常见做法，和现在的奉茶敬烟极为相似。

不仅如此，嚼食槟榔会促进人体血液循环，女士吃了唇颊红赤，倍增妩媚，而易引发诗人诗兴。苏东坡有"两颊红潮增妩媚，谁知侬是醉槟榔"，清末民初台湾才女蔡碧吟亦有"两颊桃红欲泛晕，儿家丰韵在槟榔"。槟榔常用作男女传情的媒介。《红楼梦》中，贾琏借槟榔挑逗尤二姐：贾琏垂涎尤二姐，但又不敢造次。他看见尤二姐手里拿着一条拴着荷包的绢子摆弄，就搭讪着往腰里摸了摸，说道："槟榔荷包也忘记带了来。妹妹有槟榔，赏我一口吃。"尤二姐说："槟榔倒有，就只是我的槟榔从来不给人吃。"贾琏便笑着，想要靠近身去拿。尤二姐怕有人看了不雅观，便连忙一笑撂了过去。贾琏接在手里，都倒了出来，拣半块尤二姐吃剩下的，撂在口里吃了，又将剩下的都揣了起来。显然，在这里，槟榔充当了男女传情的媒介。

---

① [清]屈大均：《广东新语》卷二五《木语》，第 629 页。
② [清]屈大均：《广东新语》卷二五《木语》，第 629 页。
③ 钟敬文：《啖槟榔的风俗》，载钟敬文著，巴莫曲布嫫、康丽编：《谣俗蠡测》，第 184 页。

槟榔的名字，即为"宾"与"郎"的谐音，宾、郎是我国古代对贵客的称呼，"郎"还是成年男子的尊称。《广东新语》云："予谓宾与郎皆贵客之称。嵇含言，交广人客至，必先呈此果，若邂逅不设，用相慊恨。槟榔之义，盖取诸此。越谣云：一槟一榔，无荖亦香；扶留似妾，宾门如郎。宾门即槟榔也。又云：槟榔为命赖扶留。"[①] 所以，槟榔自然而然成为尊贵、英俊、挺拔的青年男子的一种象征。湖南民歌《采槟榔》云："高高的树上结槟榔，谁先爬上谁先尝，谁先爬上我替谁先装。少年郎，采槟榔，小妹妹提篮抬头望，低头又想呀，他又美，他又壮，谁能比他强，赶忙来叫声我的郎呀。青山高呀，流水长，那太阳已残，那归鸟儿在唱，叫我俩赶快回家乡。那太阳已残，那归鸟儿在唱，叫我俩赶快回家乡。"[②] 在这里，槟榔暗喻了少男少女两情相悦、相互吸引的浪漫情思。

槟榔不与椰树间栽，则花而不实，或曰种槟榔必种椰，有椰则槟榔结实必繁。清代孙元衡诗曰："竹节棕根自一丛，连林椰子判雌雄；醉醒饥饱浑无赖，未必于人有四功。""扶留藤脆香能久，古贲灰匀色更娇；人到称翁休更食，衰颜无处着红潮。"[③] 槟榔与荖叶，"（扶留）其藤缘墙而生，槟榔树若笋竹竿，至颠吐穟。二物为根不同，所生亦异，而能相成至味若此"[④]。

槟榔与椰子须相配合而生长，而与扶留则须相配合而食用，缺一不可，自然容易让人产生与人类两性相关的种种联想，衍生成夫妻相契的象征意义。以故，"俗聘妇，必以二物及山辣、椰子、天竺、桂

---

① [清]屈大均：《广东新语》卷二五《木语》，第630页。

② 《采槟榔》，湖南民歌，奚秀兰演唱，载彭约智编著：《老歌经典》，内蒙古人民出版社，1999，第76—77页。

③ [清]范咸等修：《重修台湾府志》卷二五《物产二》，载[清]蒋毓英等撰：《台湾府志三种》，中华书局，1985，第2285—2286页。

④ [清]屈大均：《广东新语》卷二七《草语》，第697页。

皮、蒟子为庭实。蒟子，蒌之实也。状如桑葚，熟时色正青"。"蒌与槟榔，有夫妻相须之象，故粤人以为聘果。寻常相赠，亦以代芍药。予诗：欢作槟门花，侬作扶留叶；欲得两成甘，花叶长相接。又云：赠子槟榔花，杂以相思叶；二物合成甘，有如郎与姜。相思树其叶可食，而蒌亦名相思叶云。"① 在此，借槟榔把人间的男女之情抒发得淋漓尽致。

槟榔结果累累，离离多子，连着槟榔花序，有多子多福的寓意，寄寓了人们美好的祝愿，这是人们选中槟榔作为礼物的一个重要原因。在传统的农业社会，多子意味着多福，多子意味着人多力量大、人多势众、宗族兴旺，家族或宗族能成为地域社会的强势群体。所以，多子多孙往往成为中国传统妇女的理想人生。因而在众多婚俗中，具有象征意义的枣子、带子等带有"子"的物品就备受青睐，为女子出嫁整容上笄的是多子多孙的好命老妇，提灯笼的带头人亦须为多子多孙的长福之人。在这种人类思维深处相似原则的指引下，结果累累、离离多子的槟榔很自然地成为一种首选定情物和婚庆物，从而在婚丧礼俗中扮演了极为重要的角色。《琼州府志》载："以槟榔为命，四州皆产，文昌、琼山、会同特多，人无贫富，皆酷嗜之以消瘴，能忍饥而不能顷刻去此，亲朋往来非槟榔不为礼。至婚礼媒妁，通问之初，洁其槟榔，富者盛以银盒至女家，非许亲不开盒，但于盒中手占一枚，即为定礼。凡女子受聘者，谓之吃某氏槟榔。"② 这意味着槟榔在民俗中，还是订婚的信物，表示鸡心形的槟榔，是订婚的好物。这种风俗，延及闽广。直至民国前后，订婚仍需向女家送槟榔。于今闽广一带，订婚送礼，男方还得向女家送去生橄榄以代槟榔。结婚后，新娘子捧橄榄招待客人，仍是说："请吃槟榔。"《广东新语》云："聘

---

① ［清］屈大均：《广东新语》卷二七《草语》，第 697 页。

② 卢建一点校：《明清东南海岛史料选编》，福建人民出版社，2011，第 446 页。

妇者施金染绛以充筐实，女子既受槟榔，则终身弗贰，而琼俗嫁娶，尤以槟榔之多寡为辞。"[①] 宋《方舆胜览》谓"槟榔代茶"："槟榔消瘴，今宾客相见，必设此为重。俗之昏聘，亦借此为贽焉。"[②] 明《八闽通志》卷三《泉州府》载：民淳讼简，俗尚俭朴，多好佛法，重婚姻丧祭，槟榔为礼。""槟榔为礼"下夹注云："闾里朋友，吉凶庆吊，皆以槟榔为礼。"[③] 钟敬文也说，邑人婚事，必用槟榔置锡盒中，和其他的礼物送之女家。[④]

从这些婚俗不难发现，槟榔在这里超越现实，升华为"神圣的生命之树"，被赋予幸运、吉祥、美好的内涵，而与新婚的喜庆、幸福、祥和交相辉映。这些婚俗也见于南方少数民族地区以及周边国家与地区。按照黎族的传统婚俗，男方向女家求婚，聘礼之中必须有槟榔。女家若同意婚事便将聘礼收下。民间称这种求婚习俗为"放槟榔"。傈僳族青年男女的爱情信物中亦有槟榔，槟榔表示男青年爱着姑娘，想把她含在口中；姑娘若接受，就把槟榔嚼吃掉，拒绝的话就再加上一截辣椒，将槟榔等退还。九真"欲婚先以槟榔子一函诣女，女食与男婚"，麻六甲"嫁娶以槟榔为礼，多至二百盘"，大泥国"婚聘之资先以椰子酒，槟榔次之"，渤泥"婚聘先以酒，槟榔次之，指环又次之，然后以吉贝布或量出金银以成礼"。而在尼泊尔，尼瓦尔族的妇女如果与丈夫闹翻了，只要在丈夫的枕头下放两枚槟榔，不用办理任何手续，便可以宣告离婚。[⑤]

在传统时期，中国南方地区和东南亚各国，瘴疬盛行，无数人被

---

① ［清］屈大均：《广东新语》卷二五《木语》，第 629 页。

② ［宋］祝穆撰，［宋］祝洙增订：《方舆胜览》卷一二《泉州》，第 207—208 页。

③ ［明］黄仲昭修纂：《八闽通志》卷三《地理》，第 44 页。

④ 参见钟敬文：《咬槟榔的风俗》，载钟敬文著，巴莫曲布嫫、康丽编：《谣俗蠡测》，第 185 页。

⑤ 参见春云：《千奇百怪的离婚方式》，《东南西北》2005 年第 6 期。

夺去宝贵的生命，防瘴、治瘴一直是关乎南方民族生存的重要问题。槟榔不仅以其食用价值和食用方式激发了人们的美好想象，也因其药用效果赢得人们的重视、信仰，甚至成为巫术手段的神秘崇拜，在超自然的领域发挥了独特的作用。槟榔是传统的药材，它的花、种子和果实均可入药。槟榔在中医药学上用为消积、杀虫、下气行水药，主治虫积、脘腹胀痛、水肿脚气等症，也可作为驱虫药，或说其能辟除瘴气，治疗疟疾。周去非《岭外代答》载其能"辟瘴，下气，消食"，"下气及宿食，消谷"。① 王象之《舆地纪胜》载："槟榔代茶，所以消瘴。"② 《本草纲目》称其可以"疗诸疟，御瘴疠"③。蒋毓英《台湾府志》载："槟榔。向阳曰槟榔，向阴曰大腹，实可入药，丛似椰而低，实如鸡心而差大，和蒌藤食之能醉人。粤甚盛，且甚重之，盖南方地湿，不服此无以祛瘴。"④ 《广东新语》曰："亦珠汗而微滋，真可以洗炎天之烟瘴，除远道之渴饥，虽有朱樱、紫梨，皆无以尚之矣。"⑤

潮州地区历史上瘴疠疫疾猖獗，槟榔因其祛瘴气、消谷气、通上气、宽中气之功能，而幻化为民众祈保健康长寿的护身符、增福添寿的神圣物。潮人春节拜年，主人迎宾至厅堂后，会恭恭敬敬地说声"请槟榔"。故"请槟榔"含祝愿健康长寿之意。潮家男娶女嫁，新郎新娘要一起向上辈人敬奉槟榔，"青娘母"要唱祝颂歌（俗称"四句"），如"捧起槟榔到厅来，奉敬诸位老叔台""来请槟榔增福寿，儿孙代代中秀才""槟榔捧起到厅边，敬请诸位老姑姨"等。

① ［宋］周去非：《岭外代答》卷一○，载［宋］周去非著，杨武泉校注：《岭外代答校注》，第235—236页。

② ［宋］王象之：《舆地纪胜》卷一三○《福建路·泉州》，第3734页。

③ 李时珍：《本草纲目》卷三一《果部三》，第1831页。

④ ［清］蒋毓英修：《台湾府志》卷一《风信》，载［清］蒋毓英等撰：《台湾府志三种》，第78页。

⑤ ［清］屈大均：《广东新语》卷二五《木语》，第629页。

在粤东客家地区的葬俗中，第二天"化灵"时要包一个"槟榔"（用红纸包几粒米代替，折叠成三角状。红好事则折成方块状）给他们，凡来吃饭者，饭后均发一条红线（长命线），外家亲戚一般是发一条手巾。[1] 据潮州人报告说，那里现在虽已没有啖槟榔的风俗，可是，每于祀奉鬼神之时，必用蒌叶裹作旧日槟榔包的形状，列于祭品之中。《广东新语》载"至持以享鬼神，陈于二伏波将军之前以为敬"[2]，即为一例。

这一风俗也见于福州地区。《闽杂记》载："胡天妹像，塑一美妇，一手解衣，一手作招人之状，凡有所悦女子，祷其像，亦取炉中香灰撒所悦身上，事谐后以烟丝、槟榔、光饼等祀之。"[3]

在啖食槟榔的国家和地区，也多有将槟榔做供品的。在泰国，槟榔是祈雨时的献品，有时也用来驱除邪灵，特别是生病怀孕的时候。在特罗布里恩德地区，当地少数民族在装备独木舟时的 YAWARAPU 咒语开头就说："槟榔子，槟榔子，女槟榔子；槟榔子，槟榔子，男槟榔子；仪式里的槟榔子！"咒语一开头便提到槟榔，因为槟榔是他们期望在库拉交易中得到的重要物品。此外，槟榔也是当地少数民族施法的对象，他们会把施过法的槟榔赠给他们的库拉伙伴，希望他们踊跃和他们交易。至于咒语究竟是希望取得槟榔，还是希望库拉伙伴多和他们交易，当地少数民族也无法确定。[4] "巫师在仪式中摘下薄荷枝后，便把它带回家去。他在船员（*usagelu*）中找一个帮手，嘱

---

① 参见薛凡昇：《兴宁市宋声镇茂兴村民俗》，载房学嘉主编：《梅州河源地区的村落文化》，国际客家学会、海外华人研究社、法国远东学院，1997，第 130 页。

② [清] 屈大均：《广东新语》卷二五《木语》，第 629 页。

③ [清] 施鸿保：《闽杂记》卷七，载 [清] 周亮工、[清] 施鸿保：《闽小记·闽杂记》，第 105 页。

④ 参见 [英] 马凌诺斯基：《西太平洋的航海者》，梁永佳、李绍明译，华夏出版社，2002，第 173—174 页。

咐他用一个小陶锅（*bulami*）把椰油煮开。*toliwaga* 把薄荷叶放在椰油中煮，并念诵如下咒语（KAYMWALOYO 咒语）：'没有槟榔，没有 *doga*（用野猪獠牙造的饰物），没有槟榔子！我改变他头脑的力量；我的 *mwasila* 法术，我的 *mwase*、*mwasare*、*mwaserewai*。'最后一句是基里维纳巫术中最典型的文字游戏。这咒语的开头十分难解，其意义可能是'任何槟榔子、任何 *doga* 饰物，都不及我的 *mwasila* 的法力高强。它改变了我伙伴的头脑，对我大大有利'。"[①] 船队的领袖站起来对岸上的群众发话，"警告其他村子的人要保持距离，不要在夜间来锡纳卡塔，也不要单独来访。这时，内陆某村的头人会站起来接上这些话说：'酋长，我们不会。您不在的时候，您的村子会原封不动。您在的时候，我们来拜见您。您出海了，我们会呆在自己的村子里。您回来之后，我们再来拜望。也许您会给我们槟榔、西米、椰子，也许您会库拉给我们项圈'"。[②] *toli'uvalaku* 给同行的人分派食物，使他们无论遇到怎样的困难，都要完成航程。正如当地少数民族所说："我们不能在 *uvalaku* 中后退，因为我们吃过 *toli'uvalaku* 的猪肉，嚼过 *toli'uvalaku* 的槟榔。"[③]

在更直接的社会势力的冲突较量中，槟榔也充当了某种信物与吉祥物。陈盛韶《问俗录》载：无赖子弟捧送槟榔，且羡慕之，谓："真不愧为大哥。"[④] 广东民间有"千两官司，为一口槟榔"之说。《广东新语》曰："有斗者，甲献槟榔则乙怒立解。"[⑤]《厦门志》载："乡村民气亦较漳、泉为驯。间以负气相角，睚眦小忿，一叶槟榔，两家

---

① [英] 马凌诺斯基：《西太平洋的航海者》，第 176 页。
② [英] 马凌诺斯基：《西太平洋的航海者》，第 179 页。
③ [英] 马凌诺斯基：《西太平洋的航海者》，第 182 页。
④ [清] 陈盛韶：《问俗录》，刘卓英标点，书目文献出版社，1983，第 131 页。
⑤ [清] 屈大均：《广东新语》卷二五《木语》，第 629 页。

解释；即宿怨积恨，亦可杯酒言消。"[1] 其时，漳俗口角，理短者捧冬瓜苤叶，由家长地保，登门谢过，此俗一直延至民国初年，民国十年（1921）渐废，改罚饼炮灯彩，谓之四色，重大则罚演戏。在这里，槟榔超越了食用、药用价值和神秘崇拜力量，而成为现实社会团结、凝聚、和谐的一种精神力量。

千百年来，槟榔以其食用价值与药用效果为世界所瞩目，亦因其象征意义而成为人们生产、生活中不可或缺的一种精神力量。同时，槟榔以其普遍性、大众性、神圣性、象征性，而获得民间文学的青睐，成为儿歌、谜语、山歌、民歌、竹枝词、民间故事、民谚俗语等吟咏的题材。

儿歌。我们在田野调查中发现儿歌《月光光》多与槟榔有关。广州地区的《月光光》："月光光，照地堂，年卅晚，摘槟榔。槟榔香，摘子姜；子姜辣，买蒲达；蒲达苦，买猪肚；猪肚肥，买牛皮；牛皮薄，买菱角；菱角尖，买马鞭；马鞭长，起屋梁；屋梁高，买张刀；刀切菜，买箩盖；箩盖圆，买只船；船沉底，浸死两个鬼仔：一个蒲头，一个沉底；一个摸茨菇，一个摸马蹄。"也有简化了的《月光光》："月光光，照地堂，年三十晚，摘槟榔。槟榔香，二哥娶二娘。二娘头发未曾长，迟得几年梳大髻，笛笛打打娶番归。""月光光，照地町。排靠椅，捧槟榔。捧被爷食爷欢喜，捧被奶食奶心凉。"

谜语。台湾地区也有谜语涉及槟榔。如"一出世来到汝家，毋食槟榔毋食茶，有脚毋踏黄金土，有手毋采牡丹花"，谜底为目珠。[2]它把人影在眼中的形象，至为鲜活地表现出来，也让我们了解，当时的生活是要吃槟榔和茶的。

---

[1] 厦门市地方志编纂委员会办公室整理：《厦门志》卷一五《风俗》，鹭江出版社，1996，第514页。

[2] 参见何石松编著：《客家谜语（令子）欣赏》，五南图书出版公司，2003，第154页。

山歌、民歌、竹枝词。前述湖南民歌《采槟榔》是一例，客家山歌也是一例："槟榔好食对剖开，一丛□叶一丛灰；有情阿哥领一口，无情阿哥面撇开。""槟榔好食不用灰，两侪边双不用媒；用到媒人工程大，两人有意带归来。""槟榔好食不用灰，两人恁好不用媒；两人系有缘分，有缘分就进前来。"[1]"自从唔识到哥家，也无槟榔也无茶；总爱两人心生甲，白水当作冰糖茶。"[2]"哮食槟榔不用灰，有心恋妹不用媒；用得媒人人知道，系涯姻缘你就来。"[3]

《竹枝词》更是一例。《羊城竹枝词》曰："侬是爱渠纤指甲，亲将蒌叶裹槟榔。"陈坤《卖槟榔》云："种得槟榔花正香，离离多子熟槟榔；槟榔要与浮留配，咀嚼才知好味长。"[4]黄遵宪《卖香橼》云："第一香橼第二莲，第三槟榔个个圆，第四芙蓉五枣子，送郎都要得郎怜。"[5]此处以"橼"谐"缘"，以"莲"谐"恋"，以"榔"谐"郎"，以槟榔圆谓人团圆，以"芙蓉"谐"夫荣"，以"枣子"谐"早子"，堪称语意双关的典型。

民间故事。民间传说《蛇郎》中有这样的情节：蜂儿替蛇郎捧礼物到它丈人家里，口中说道："蛇郎喊我擎槟榔，擎上凳？擎落床。"蛇郎的妻听了应道："会个擎上凳，甑个擎落床。"

在越南，流传着这样的故事：一对双胞胎兄弟两人同时爱上了一位女子，两个兄弟感情十分好，他们为了成全对方不约而同地选择投河自杀，哥哥死后化为石灰岩，弟弟化为岩石旁的槟榔树，那位女子受兄弟情义的感动而投河，化为攀附在树上的青藤。国王得知了这件

---

① 彭素枝：《台湾六堆客家山歌研究》，第 137 页。

② 赖碧霞编著：《台湾客家民谣薪传》，乐韵出版社，1993，第 194 页。

③ 赖碧霞编著：《台湾客家民谣薪传》，第 198 页。

④ 黄时鉴、[美]沙进主编：《十九世纪中国市井风情——三百六十行》，上海古籍出版社，1999，第 220 页。

⑤ 黄时鉴、[美]沙进主编：《十九世纪中国市井风情——三百六十行》，第 248 页。

事，叫人采了石灰、叶子回来，与槟榔果一起食用，觉得美味异常。自此越南便有了嚼槟榔这个习俗。[①]

三、槟榔与闽台物缘文化

伴随着闽粤民众移居台湾，闽粤民间的槟榔啖食方式与礼俗文化也传播到台湾，并以槟榔为媒介形成了典型的闽台物缘文化。这种物缘文化正是闽台文化根与叶、源与流关系的生动展现。

闽粤移民大规模迁台之前，台湾少数民族鲜有啖食槟榔之习。历代史籍关于"夷洲""流求""求""留求"的记载中，也罕见槟榔一物，甚至清康熙《台湾府志》、乾隆《台湾府志》仍无关于"番人"槟榔习俗的记载。[②] 直至清中后期，提及"番人"食槟榔和槟榔礼俗的文献逐渐增多。如《台东州采访册》载："番俗婚配皆由男女自择，父母不能为之主。南路埤等社，皆男自择女，悦之，则时至女家，馈女以烟，以槟榔；女亦悦之，乃告父母挽亲戚说合，以布及米粿、槟榔等物为礼，而赘于女家。"[③] 林惠祥《台湾番族之原始文化》一文记载："番人""嗜槟榔，唇齿皆红污"，还将"得嚼槟榔子"作为成丁之后的一种权利。[④] 这些习俗，可能是比较开化的"熟番"学习自闽粤移民："番儿学唐人，亦解把锄犁；时清风日好，鸡犬皆嬉嬉；槟

---

① 参见杨雪:《小小槟榔遍世界》,《光明日报》2013 年 2 月 4 日, 第 12 版。

② 参见王四达:《闽台槟榔礼俗源流略考》,载福建师范大学闽台区域研究中心编,林国平分册主编:《闽台区域研究丛刊》第一辑,海洋出版社,2001,第 37 页。

③ [清] 胡铁花纂辑:《台东州采访册·风俗》,《台湾文献丛刊》第 81 种,台湾大通书局,1984,第 50 页。

④ 参见林惠祥著,蒋炳钊编:《天风海涛室遗稿》,鹭江出版社,2001,第 90、93 页。

槟簇凤尾，猱采同儿戏……"①

明末清初，闽粤移民大规模迁台，这些移民在原乡已有啖食槟榔的好尚，台地又多瘴气为害，而"槟榔可以辟瘴，故台人多喜食之。亲友往来，以此相馈。槟榔之子色青如枣，剖之为二，和以蒌叶石灰，啖之微辛，既而回甘。久则齿黑。槟榔之性，弃积消湿，用以为药。近时食者较少，盈盈女郎，竞以皓齿相尚矣。槟榔之干，其杪如笋，切丝炒肉，味尤甘美。台人谓之'半天笋'"②。周玺《彰化县志》云："唯槟榔为散烟瘴之物，则不论贫富，不分老壮，皆嚼不离口，所以有黑齿之讥也。"③范咸等《重修台湾府志》卷十八《物产》载："台地多瘴，三邑园中多种槟榔，新港、萧垄、麻豆、目加溜湾最多尤佳，七月渐次成熟，至来年三四月则继用凤邑琅峤番社之槟榔干。"以故张鹭洲有诗云："丹颊无端生酒晕，朱唇那复吐脂香；饥餐饱嚼日百颗，倾尽蛮州金错囊。"④台湾知府孙元衡《过他里雾》诗云："翠竹阴阴散犬羊，蛮儿结屋小如箱；年来不用愁兵马，海外青山尽大唐。""旧有唐人三两家，家家竹径自回斜；小堂盖瓦窗明纸，门外槟榔作新花。"⑤《小琉球漫志》所载《海东颂》诗云："槟榔之树，匝叶蓬蓬；我公所植，谁敢不恭？"《宜亭诗》又云："槟榔皆手植，父

---

① [清]范咸等修：《重修台湾府志》卷二五《艺文六》，载[清]蒋毓英等撰：《台湾府志三种》，第2800页。

② 连横：《台湾通史》卷二二《风俗志》，《台湾文献丛刊》第128种，台湾大通书局，1984，第607页。

③ [清]周玺纂辑：《彰化县志》卷九《风俗志》，第289页。

④ [清]范咸等修：《重修台湾府志》卷一八《物产二》，载[清]蒋毓英等撰：《台湾府志三种》，第2286—2287页。

⑤ [清]范咸等修：《重修台湾府志》卷一四《风俗二》，载[清]蒋毓英等撰：《台湾府志三种》，第2138页。

老重流连。"① 可见，这些槟榔皆为闽粤移民所栽种。清初户部员外郎伊福讷在台湾写的《即事偶成》诗云："饱啖槟榔未是贫，无分妍丑尽朱唇；颇嫌水族名新妇，却爱山蕉号美人；剧演南腔声调涩，星移北斗女斗真；生憎负贩犹罗绮，何术民风使大淳。"② 说明当时台人已普遍嚼食槟榔，连新入台湾的北方人也不免入乡随俗。清人朱自诗云："蒌叶包灰细嚼初，何殊棘刺强含茹；新秋恰进槟榔枣，两颊浮红亦自如。"诗后注云："台北槟榔干即大腹皮，裹以蒌叶、石灰，食之刺口。唯初出青色大如枣，名槟榔枣，不用蒌叶，唯夹浮留藤及灰食之，甚佳。"③《赤嵌笔谈》云："枣子槟榔，即广东鸡心，粤人俟成熟取子而食，台人于未熟食其青皮，细嚼麻缕相属，即大腹皮也。中心水少许，尚未成粒，间有大者，剖视其实，与鸡心无二。或云粤人食子、台人食皮。"④ 可知粤人吃槟榔籽，台人吃槟榔皮。

在台湾地区，"家无斗米，服值千缗，饘粥弗充，槟榔不离于口，习俗相沿，饿死不变"⑤。时至 20 世纪 60 年代，台湾美浓地区的妇女多有嚼槟榔的习惯，老妇人甚至备有一木杵以捣碎槟榔，家家户户客厅总有一缸石灰、槟榔、蒌叶，自用或招待来宾。⑥ 现今，台湾的大街小巷，到处有专卖槟榔的槟榔铺。台湾中南部吃槟榔的风气很盛，甚至不少公职人员和教师都在办公室或教室里口含槟榔咀嚼。

① [清] 朱仕玠撰：《小琉球漫志》卷二《海东纪胜》，《台湾文献丛刊》第 3 种，台湾大通书局，1984，第 20、21 页。

② [清] 范咸等修：《重修台湾府志》卷二五《艺文六》，载 [清] 蒋毓英等撰：《台湾府志三种》，第 2782—2783 页。

③ [清] 朱仕玠撰：《小琉球漫志》卷四《瀛涯渔唱（上）》，第 38 页。

④ [清] 范咸等修：《重修台湾府志》卷一八《物产二》，载 [清] 蒋毓英等撰：《台湾府志三种》，第 2286 页。

⑤ [清] 蓝鼎元：《鹿洲初集》卷二《与吴观察论治台湾事宜书》，《鹿洲全集》，蒋炳钊、王钿点校，厦门大学出版社，1995，第 47 页。

⑥ 参见张二文：《土地之歌：美浓土地伯公的故事》，第 45 页。

台湾的槟榔礼俗与闽粤原乡也并无二致。如以槟榔为待客之物，清康熙中台湾海防同知齐体物《台湾杂咏》诗曰："酿蜜波罗摘露香，倾来椰酒白于浆；相逢歧路无他赠，手捧槟榔劝客尝。"①

槟榔亦为婚俗的礼物，俗用槟榔为聘。《重修台湾府志》载："礼榔双座，以银为槟榔形，每座四圆，上镌'二姓合婚、百年偕老'八字，收'二姓合婚'一座，回'百年偕老'一座，贫家则干槟榔以银薄饰之。"②《台湾竹枝词》中还常见有槟榔用于订婚礼仪的描写，如周莘仲《台湾竹枝词》（之四）诗云："红罗捡点嫁衣裳，艳说糍团馈婿乡。十斛槟榔万蕉果，高歌黄竹女儿箱。"③

在台湾，槟榔同样成为调解纠纷、赔礼道歉的礼物和信物。高拱乾等所修《台湾府志》载："有一朝之忿，即以槟榔睦之，无负戴之班白"，"（槟榔）可以祛瘴，人有故则奉以为礼"。④《彰化县志·风俗志》云："土产槟榔，无益饥饱，云可解瘴气。荐客先于茶酒。闾里雀角，或相诟谇，大者亲邻置酒解之，小者辄用槟榔，数十文之费，而息两家之一朝忿焉。"⑤旧时台湾民间社会，对所调解的案件，原则上应满足理直者的合理要求，但当损害轻微，或无法用钱估量时，就以罚戏、罚酒席、分槟榔等方式息事宁人。所谓罚戏，即让理亏者出资演戏，以供大家观赏，并在戏台前标明某人受罚事由。所谓罚酒席，即由理亏者用酒席招待理直者的家属亲邻和参加调处的人，并当

---

① [清]范咸等修：《重修台湾府志》卷二三《艺文四》，载[清]蒋毓英等撰：《台湾府志三种》，第2701页。

② [清]范咸等修：《重修台湾府志》卷一三《风俗》，载[清]蒋毓英等撰：《台湾府志三种》，第2071页。

③ 周长庚：《台湾竹枝词》，载丘良任、潘超、孙忠铨等编：《中华竹枝词全编》第七册，北京出版社，2007，第455页。

④ [清]高拱乾等修：《台湾府志》卷七《风土》，载[清]蒋毓英等撰：《台湾府志三种》，第859—860、896页。

⑤ [清]周玺纂辑：《彰化县志》卷九《风俗志》，第292页。

面道歉。分槟榔则为一种特殊的风俗。林树梅《台阳竹枝词》有诗并
注云:"闽兄罗汉满街坊,自诩英雄不可挡。与己无仇偏切齿,杀身
轻易为槟榔(闽兄、罗汉脚皆恶少,每睚眦微隙,辄散槟榔,一呼哄
集,当衢械斗)。"①

凡此种种,都说明台湾的槟榔文化源自闽粤。由于闽人移民规
模远胜于粤人,故台湾文化受闽文化影响也更大。②台湾"风俗、饮
食、器用同于泉漳"③,"祭祀则有清明、普度之仪,冠昏则唯酒、布、
槟榔之属"④,在台湾槟榔文化中"台人食皮",而"粤人食子"⑤。颇为
有趣的是,随着闽台文化交流的持续深入,台湾槟榔文化亦有回迁之
势,闽南厦漳泉街头赫然出现"台湾槟榔",不少商家亦备有槟榔供
客人食用,是为闽台物缘文化互动之新证。

大自然是一个环环相扣、共存共荣、互补共生的统一体,任何植
物都有其相共生的环境和相伴生的文化。从龚胜生、梅莉、晏昌贵等
人关于瘴病的分布区研究看,槟榔的种植区和啖食区与瘴病的分布区
存在着相互重叠的现象。⑥这一现象与日本学者中尾佐助在《照叶树
林文化论》一书提出的"照叶树林带"理论颇有异曲同工之处。这一
理论认为,如果某一种植物在世界各地都有分布,但某地分布比较集

---

① [清]林树梅:《啸云诗钞》卷三,《啸云诗文抄》,第 239 页。

② 参见王四达:《闽台槟榔礼俗源流略考》,载福建师范大学闽台区域研究中心
　编,林国平分册主编:《闽台区域研究丛刊》第一辑,第 39 页。

③ [清]朱仕玠撰:《小琉球漫志》卷六《海东剩语》,第 52 页。

④ [清]陈文纬主修,[清]屠继善总纂:《恒春县志》卷八《风俗》,第 136 页。

⑤ [清]范咸等修:《台湾府志》卷一八《物产二》,载[清]蒋毓英等撰:《台湾府
　志三种》,第 2286 页。

⑥ 参见龚胜生:《2000 年来中国瘴病分布变迁的初步研究》,《地理学报》1993 年
　第 4 期;《中国先秦两汉时期疟疾地理研究》,《华中师范大学学报(自然科学
　版)》1996 年第 4 期。梅莉、晏昌贵、龚胜生:《明清时期中国瘴病分布与变
　迁》,《中国历史地理论丛》1997 年第 2 期。

中，则相应的植物文化在该地也会比较丰富。槟榔分布于世界各地，尤集中分布于我国的琼、桂、云、黔、川、湘、鄂、粤、闽等地，其因可解瘴气的药用功能，而成为"蛮烟瘴雨之乡"的南方，特别是闽赣、两湖、桂粤、滇川黔等地的珍品。闽台地区地缘相近、地理环境相似，历史上同属"瘴疠之乡"，由此产生的物缘与文缘亦属当然。

槟榔以其植物特性、食用价值和药用效果，而被人们赋予丰富的象征含义，寄寓一定的想象，而渐次发展为中国南方槟榔文化，这种文化贯穿于中国南方区域社会的衣食住行、婚丧节庆、休闲娱乐等生活与习俗。槟榔又因其广泛性、普遍性、大众性、象征性、生活性、草根性等特征，而成为文学创作的常见题材，见于山歌、儿歌、民歌、谜语、民谚俗语、童话、民间故事、竹枝词等作品中。伴随着闽粤民众移居台湾，这种槟榔文化也传播到台湾，而成今日闽台物缘文化之新证。由此不难发现，基于共同的地缘、血缘与自然生态，可以进一步衍生出共同的物缘文化与区域文化。

需要说明的是，本节对槟榔的论说是在历史和文化维度上展开的。人类对槟榔的认识具有一个历史的过程，现代科学研究证明长期嚼食槟榔容易导致嚼食者出现耐受、渴求、戒断等症状和口腔疾患，因而有关部门和不少地方提出禁售槟榔类加工食品。本节内容仅限于对历史文化现象的学术讨论，而与槟榔类加工食品的生产、销售和宣传无涉，希望读者诸君明鉴。

第三节　闽台村落儿童"打石仗"游戏及其文化意蕴

在闽台文化研究中，儿童文学、儿童教育、儿童游戏等是饶有兴趣却易被忽略的研究对象和课题。本节以儿童"打石仗"为例，对闽台村落的儿童游戏做初步的探索。闽台村落的"打石仗"，无论从参与对象、参与方式、游戏规则，还是其所包含的观念、思维方式来看，都具有惊人的相似性，从一个侧面反映了闽台文化具有根与叶、源与流的关系，以及共同的中华文化母体渊源与承递关系。

一、传统福建村落的"打石仗"

我们在闽西武平县大禾乡湘村村田野调查时发现，旧时该村每年十一月半的公王醮期间，有一种特殊的风俗，即上村的小孩子和下村的小孩子一定要进行一次掷石子的"战斗"。上村的在乱石角（小地名）的上段，下村的在乱石角下段，或一方在河的左边，另一方在河的右边，喊杀连天，冲来冲去。小孩子们有的被石子击中，有的被抓去当了"俘虏"，胜利者得意扬扬，失败者垂头丧气。[①]

类似的活动，我们在武平县象洞乡横岗村田野调查时也有发现，据当地报告人说，20 世纪 50 年代以前，横岗村与邻村富美村有一种奇特的打石仗活动。横岗村何姓与富美村冯姓在每年正月初二至十五日下午，几乎全村出动，男女老少一起奔赴打石战场。石战开初，双方各有一伙十几岁的男孩蹦蹦跳跳东寻西找地捡寻小石块，接着便手拿石块频频向对方打出去，且边打边骂，大声叫骂"乌龟出来"。双方先以小孩辱骂激怒对方，待骂到双方发怒时，就渐有青壮年男子出阵，手握鹅卵石打击对方人群。当两村青壮年男子倾村出动时，"打石仗"就走向高潮。这时双方男女老少组成的呐喊助威队伍，亦人头攒动地围着呼喝壮威，高喊着"唔怕呀，嗬、嗬！"，呐喊声如海水怒潮，一浪高过一浪，此起彼落，震天动地。战场上对阵的掷石者，在助威声中斗志昂扬地频频掷击对方阵地。打出的石头在空中穿梭，发出飞石的"呼呼"声响。躲石时人们跳来跃去，时聚时散，时进时

―――――――――――

[①]　参见刘大可：《中心与边缘：客家民众的生活世界》，第 105 页。

退，边躲开对方打来的石子，边向对方掷石头，真是眼疾手快、脚步敏捷。双方各自看准对方的弱点，利用自己有利的地形，时而蜂拥出击，时而疏散避开；时而敌退我进，时而敌进我退，队伍趋前退后如海潮一样，潮起潮落。远看，空中飞石如鸟飞、雹落，也有空中对撞而下落者，如陨石下坠，真是惊险而壮观。[①]

不仅如此，我们在闽西上杭县田野调查时，据报告人唐鉴荣说：每年中秋时节，从农历八月十二日开始，县城岗背街的小孩以火壁巷为界分成上、下两方，成群结队在瓦子坪互相扔瓦片，瓦片密集交火，蔚为壮观。有的小孩即使被瓦片击伤，仍轻伤不下火线，酣战不休。其家长不会加以劝止，而只是以香灰为其涂抹伤口，就让其继续战斗。到了八月十五日，扔瓦片的活动就停止了。相传，小孩们每年举行了这种扔瓦片的活动，就可以免除瘟疫。为了图吉利，父母亲也就乐于让孩子们参加这种活动。据上杭县钟巨藩、江梓明等多位报告人说，他们的许多熟人都曾亲自参与过这项活动。一位世居岗背街的妇女也证实了这一说法，并清晰地回忆了当年她中秋节前看小伙伴们互扔瓦片的场景，只不过当时她还是一个小女孩，比较少参与这类激烈的扔瓦片的战斗罢了。[②]

这一活动更见于福建各地的文献记载。陈盛韶《问俗录》云："元旦日，两村相率斗石为戏，厥后父兄俱至。始不过十余人，后乃数百人。有成伤者、血出者，捧头而走。昇而归，妇子嘻嘻欢笑盈庭，曰：'庶几终年无灾病矣。'此风文贤里最盛。历年已久，未闻命案，斗案亦鲜。血去惕出，是之谓欤？然唯石累累，致良田变为石田，奈

---

① 参见练家声：《象洞的打石战与台湾的石战比赛》，载中国人民政治协商会议福
　建省武平县委员会文史资料委员会主编：《武平文史资料》第 13 辑，1994，第
　135—136 页。

② 参见唐鑑荣：《上杭县瓦子坪考辨》，载福建上杭客家联谊会编：《上杭客家》第
　6 期，第 1—2 页。

何弗禁？"①《漳州府志》载："石码及海滨又有持石头相扑，折肱破脑，有司历禁之，终不可止。谓之掷石之戏。"②《厦门志》亦载："海滨如石码各处，有掷石之戏，折肱破脑以为乐。"③《郑丽生文史丛稿》亦记："漳、泉、兴化各属滨海之地，每逢新年有掷石卜兆之习，石码尤盛。始则群孩各据一方，互掷小石，或以头面见血为祥，或以掷不着身为祥；继而丁壮附和，各数十百人，分垒布阵，如临大敌，重伤巨创，亦所不恤。因而滋衅生端，酿成械斗，官府虽严加禁止，然积重难返，视为岁时乐事也。"④

由上可见，福建各地的"打石仗"在基本情节上颇为雷同，但在具体细节上又略有不同。其不同之处表现在两个方面：一是时间不同，闽西武平县湘村的"打石仗"时间为打醮当天，横岗村的在正月，上杭县城为中秋节前，而闽南厦、漳、泉及兴化等地多为元旦日或新年；二是参与者有差异，闽西武平、上杭多为儿童游戏，而闽南厦、漳、泉及兴化等地始为儿童游戏，终则丁壮介入，甚至酿成群体械斗。

二、旧时台湾村落的"打石仗"

台湾屏东县的佳冬、云林县的笨港、彰化县的鹿港、台中县的梧栖等地也多有"打石仗"。台湾地区"打石仗"的由来有多种说法，概而言之，大约在二百多年前，有一些放牛的孩子常在放牛时玩"打石仗"游戏，后来这种游戏就逐渐普遍，在清光绪二十年（1894）前后最盛行，演变为几个村落的对抗。其后又逐渐衰落，只残存小规模

---

① ［清］陈盛韶：《问俗录》，第 81 页。

② 王君定抄：《宓庵手抄漳州府志》，漳州市图书馆，2005，第 915 页。

③ 厦门市地方志编纂委员会办公室整理：《厦门志》卷一五《风俗》，第 509 页。

④ 福建省文史研究馆编：《郑丽生文史丛稿》，海风出版社，2009，第 108 页。

的"打石仗"。①

旧时，台湾地区的"打石仗"以东港佳冬最为典型，参加团体如下：

东港佳冬庄　下埔头一保、石光见三保　一团（客家人村落）
东港佳冬庄　佳冬二保、昌隆二保　一团（客家人村落）
东港林边庄　竹子脚村落　一团（福建人村落）
潮州新埤庄　新埤村落　一团（客家人村落）
潮州枋寮庄　水底寮村落　一团（福建人村落）
同　　　上　北旗尾村落　一团（同上）

如上所示，竹子脚的对新埤团，是福建人与广东人之间的战斗。这种情形到后来已经有所改变，例如下埔头和石光见所组成的一团是客家人，而佳冬和昌隆所组成的一团也是客家人。下埔头和石光见组成一团对抗佳冬团时，昌隆的一团有时也会保持中立。"打石仗"的战场，主要是在草地、墓地、田地等处开始，往后就随着战况而前进、后退，或以道路为界互相对抗，或以房屋为据点展开攻防战，或进入稻田展开野战。下埔头与石光见对佳多的对抗，是在半见与下埔头之间进行的，双方以田间的稻路为界展开激战，有时也以下埔头的街头为界，分成东南、西南两大阵营对垒。"打石仗"时，若有保持中立的一方，为了增加趣味性，其往往会在某方快要战败时加入该方，以联合对抗占优势的一方。②

"打石仗"最盛行的时期，据说是在清光绪二十年（1894）前后。

---

① 参见［日］铃木清一郎：《增订台湾旧惯习俗信仰》，冯作民译，台湾众文图书公司，1989，第540页。

② 参见［日］铃木清一郎：《增订台湾旧惯习俗信仰》，第542—543页。

参加"打石仗"的团体，其组织一如军队，总指挥俨然以大将自居，并设有参谋长等职位，双方在平时都加强练武。端午节一到，各村落的参战团体，就立刻总动员，村中男女老幼齐上阵，一起敲锣打鼓，男人都到指定的地方后，"打石仗"就算开始。妇女们拿着各种桶到处捡石头，然后冒着被对方石头击伤的危险，负责运送"弹药"到第一线给男人使用。当某一方战胜往前推进时，运送"弹药"的妇女也跟着前行，反之则随着后退，其情其景一如两国交战。双方的战况十分惨烈，负伤的比比皆是，有时甚至造成死亡。

"打石仗"的当天正好是端午节，家家户户不但都包了粽子，而且还备有大鱼大肉等上好的酒菜。根据约定俗成的规定，"打石仗"战胜的一方可以进入战败一方的村落，毫不客气地享用粽子和酒菜，有时甚至连吃带抢，把对方的锅给砸破。对于这些暴行，战败的一方不许有半句的怨言，只能眼睁睁在旁看着。颇为值得称道的是，战胜者的暴行也仅限于此，从来没有发现强奸或掠夺其他财物的情况，败者也不会怀恨在心，把对方当仇敌看待。

在"打石仗"过程中，双方参战者只限于投石作战，绝对不允许用其他武器格斗。如果某一方善于投石的勇士多，往往会给对方造成重大伤害，对方也就不得不忍痛败退，把胜利拱手相让。当败方退却时，凡是因为跑得慢而被对方俘虏的，允许战胜者用脱裤子的方式对其加以羞辱。每当一场盛大的"打石仗"结束之后，最少有几名、十几名，甚至几十名轻伤者。但他们都认为，因"打石仗"而负伤，是一件不光彩的事，所以当事者个个坚守秘密。即使必须治疗，也尽量躲避熟人，舍近求远。颇为有趣的是，那些被俘虏者和负伤者并不认为这是一种凶兆。相反，他们大都认为只要参加了这种"打石仗"，一整年都会无灾无病、平平安安。[1]

---

[1]　参见 [日] 铃木清一郎:《增订台湾旧惯习俗信仰》，第 543—544 页。

三、"打石仗"的文化意蕴

闽台村落的"打石仗"由儿童游戏逐渐向成人游戏演化，体现了多方面的文化意蕴。

首先，闽台村落的"打石仗"无论从参与对象、参与方式、游戏规则，还是其所包含的观念、思维方式来看，都具有惊人的相似性。值得注意的是，这种游戏还见于广东、江苏、辽宁等地和滇黔一带的布依族。据广东省报告人王心灵说：在粤东梅县松源镇郊，王、郑两姓分住两个自然村，松源河在其中间流过，把松源盆地平原分成两块，彩山郑姓在南边，寺边王姓住北边。每年端午节，两村村民都要在各自村庄的河岸往对方扔石头，相互扔来扔去，直至有人被石块打伤流血，双方才大快而归。[①] 在广州郊区的农村，相邻两个村落的小孩要在正月初十、十一两天掷石子对打，据说赢了的村子新年会更好。在江苏吴县，旧时清明节当天有成群结队"打石仗"的习俗，打石仗的地点为以"老虎口"小河为界的太湖滩。清明日，家家户户早上祭祖完毕，便扶老携幼从四面八方到吴舍、柳舍两地的太湖滩。当地民众早早地准备了食物，招待亲朋好友。平常冷清、荒凉的太湖滩，临时会开设茶摊、酒馆、小吃店，做生意的、踏青的、烧香拜佛的，人来人往，人山人海，形成每年一度的"赶清明场"。上午，在各自村庙内烧香后，吴舍、柳舍两村的打石手开始对仗，观战者便退出该区域，以免误伤。吴舍村南方的邻村，如渡村、塘桥、西塘、黄墅等，它们的打石手加入吴舍一方；柳舍村北边的石舍、东陆、西陆等村，它们的打石手则加入柳舍一方。双方打石手均自愿参加，互不邀请，伤亡自负。但有一个不成文的规矩，即打石手必须加入约定俗成的一方，不能随意选择。他们往往自动组合，自成队伍，配合整体

---

① 参见王心灵：《粤东梅县松源镇郊的宗族与神明崇拜调查》，载房学嘉主编：《梅州地区的庙会与宗族》，第141页。

对仗。每方都有多名受人尊敬、手法精准的"打石仗"高手,他们每年都会参加。①

在辽宁省,亦有论者报告说,在阜新县与黑山县之间,有以20米宽的自然沟为界的宝鞍山和望宝山,沟两边分别有王四营子村、四芳名村。千百年来,两村一直流传着"克仗斗石"之习。端午一大早,先由两村一些十来岁的小男孩到山上扔石头"叫阵",到了上午十点钟左右,再由年轻小伙子替换小男孩上阵,打石战正式开始。中午时间则休战吃饭。下午两点钟后,全村男女老少又开始络绎不绝地上山。而当人群接近宝鞍山、望宝山之间的自然沟时,人流就自然地分为两队:年轻小伙子就顺着山坡走向自然沟而投入石战,妇孺老弱则助阵看热闹。当地人将石称为"飞镖",把技术好的投石者叫作"镖头",以示尊敬。按照约定俗成的规矩,两村应以"飞镖"攻占对方的山头,投石者一旦被"俘",就得被人拉起四肢在山顶上"墩屁股蹲儿",而年轻的姑娘、媳妇和年长者则担负起给"前线"运送石头的责任。人们前呼后拥地随着本村"战士",忽前忽后、忽左忽右地涌动。一时间,只见乱石穿空,震天动地的呼喊声、欢笑声和惊叫声不绝于耳。到下午四五点钟,打石战开始达到高潮。此时,双方都已来回扔了几十次甚至上百次的石头,山坡上全是飞来石。按规矩,只有控制了这两座山中山沟泉眼的一方,方可喝水休息;否则,就只能不断地将"战斗"继续下去。②

凡此,从一个侧面反映了闽台文化具有根与叶、源与流的关系,以及它们共同的中华文化母体渊源与承递关系。

其次,闽台村落的"打石仗"体现了人群聚居的竞争性。这种竞

① 参见陈俊才:《清明打石仗》,《江苏地方志》1995年第3期。
② 参见黄兆森:《中秋瓦战风俗和端午石战风俗与上杭瓦子街》,载福建省上杭县客家联谊会编:《上杭客家》第6期,第103—104页。

争性在福建地区体现的主要是宗族房系的竞争，而在台湾地区则演变为族群的竞争。"打石仗"期间的族群对垒，反映了现实中的族群纷争。原来，和台湾其他地方不一样，佳冬庄地方，客家移民特别多，福佬移民来得晚。这也就是说，当客家人移居台湾时，台湾平地的肥沃土地，几乎都已经被福佬人占领。客家人和福佬人向有分类械斗，连年不断地进行乡土争夺战。这些迁来台湾的移民，来自不同的故土原乡，语言、风俗、气质也都不相同，却比邻而居，从事开垦。他们为了加强自己团体的战斗力量，就各自供奉自己从家乡迎来的神明，希望利用这种神明信仰来扩大势力范围，借以巩固、壮大对付外敌的力量。如漳州人供奉开漳圣王、保生大帝，泉州人供奉广泽尊王、闽王王审知，客家人供奉三山国王、定光古佛，其目的都是在壮大自己，对抗外敌。清康熙六十年（1721），漳州人朱一贵在南部掀起反清复明活动，由于他是福建人，结果全台湾的福建人都群起响应。反之，居住在下淡水溪平原的客家人，虽然也赞成反清复明，但是为了和福建人作对，竟然联合十三大庄六十四小庄的一万三千多人，组织"义军"，帮助清军作战，助成清政府讨平朱一贵反清复明活动。现在潮州镇竹川庄的忠义亭，就是为供奉当年战死的客家人而建。其实，所谓"朱一贵之乱"，在一定程度上说其是闽粤分类械斗亦不为过。在这种充满了纷争的时代，每个人都必须培养战斗能力和尚武精神，而"打石仗"就是一种廉价而方便的战斗训练，因为"打石仗"也带有战略战术演习等意义，抱着此种目的参加"打石仗"的人很多，所以很多地方每年五月初五都表演这种端午石战。

闽台村落的"打石仗"还具明显的娱乐功能，一定程度上体现了民间社会的狂欢精神。从闽西村落的"打石仗"看，娱乐色彩较强，为一比较纯粹的游戏。如闽西武平县象洞乡的石战双方是只隔着一条小溪的毗邻村落，分别居住着何、冯两姓，历来通婚、结友者甚多，人们往来密切，生产上互相支持，生活上互相帮助，经济上互有借贷，两姓之间亲如兄弟。可是在石战场上，人如蜂拥，他们就不分亲朋好友，只知两阵对峙，毫无礼让，狠狠掷石飞击，一心击败对方。于是被石头打得头破血流者有之，鼻青脸肿者亦有之，手脚起疙瘩者更有之。但只要"打石仗"一结束，双方伤痕累累的亲友又聚在茶桌酒席上称兄道弟，猜拳行令，亲热如故，常令外人大惑不解。他们之间的"打石仗"没有利害冲突，不是什么争夺战，更无关仇恨，而是节日期间的一种游戏。在闽南及沿海地区，由于成人的介入，"打石仗"发展成一种儿童、成人共同参与的游戏。而在台湾，这种游戏更加正式，甚至会模拟两国交战的场景，只是少了战争的血腥与暴行。但从只限于使用石子，禁止刀枪等其他武器，到侵入对方村落抢夺酒食，以及对战俘的"脱裤子"惩罚和俘虏者、负伤者都不认为这是一种凶兆看，"打石仗"在本质上还是一种游戏，充满了娱乐的色彩和喜庆的气氛。这种游戏从单纯的儿童游戏到儿童、成人共同参与，再到台湾地区的男女老少全员参与，甚至模拟战场，愈益体现了"打石仗"在民间社会由一般性的娱乐活动逐渐演变为男女老少全民参与的节日狂欢。

　　这种举村欢腾娱乐的"打石仗"在某种程度上也在展演着一个村落、一个宗族的生命力。关于闽西武平县象洞乡横岗、富美两村的"打石仗"，在当地还有另一种说法，即两村地势平坦犹如象棋盘，两村间隔的一条小溪则如同楚河汉界，两岸有许多较平整的田块如棋盘格局。"打石仗"时，石子掷出，似下棋时走"车"调"炮"；参战人员进进出出，似棋子走前挪后；人们避石时左右跳跃，似跳"马"飞"象"；双方对击占领阵地，似弈棋分胜负。"打石仗"使棋盘似的土地上的人们生龙活虎般地腾跃起来。这种模拟对弈象棋的"打石仗"和模仿阴阳的争斗，可以促进阴阳之合以生化万物，促进人类与万物的繁殖。因此，"打石仗"亦象征着人丁兴旺、宗族旺盛的生命活力。

　　闽台村落的"打石仗"还是原始思维的历史遗存和原始战争的折

射。就原始思维的历史遗存而言，上古荒蛮时代，人们敬畏大自然，产生了原始的祭祀和宗教。人们往往把敌人视为灾祸和瘟疫的化身，倘若把这些不吉利的东西驱除给了敌人，自己将获得平安。"打石仗"实则是现实中的一种驱傩形式。因此，闽西武平县象洞乡有"当年堪舆先生说横岗何姓祠堂是龙形，富美冯姓祠堂是虎形。龙虎必须相斗，双方才能人丁兴旺；如不相斗，两村就会发生瘟疫。两村人士信以为真，遂兴起了这样的石战"的传说。[①] 台湾地区素有从"打石仗"这天起至第二年五月初五新的"打石仗"开始，会全年好运、无灾无病的说法。"人们认为在那天参加了打石仗，这一年中他们将会平安地生活着，远离天灾人祸和疾病。"[②] 现实生活中偶然的例子印证了这一说法，使得这一游戏更加盛行。据说，台湾县屏东佳冬庄石光见的一个人，患了恶性疟疾，身上忽冷忽热。当时并无特效药，他只好躺在床上呻吟，等待自己康复。这年端午节时，他听说附近正在进行大规模的石战，于是就抱病加入战团。他由于努力奋战，流了一身大汗，汗落以后他的病竟然霍然痊愈。这个消息传开之后，参加石战的人越发增多，每年都有盛大的石战。[③] 此外，还有一种说法，"打石仗"之所以要在五月初五进行，是因为台湾民众相信，这一天的草木几乎都可做药，即使在"打石仗"时负伤，随便把草揉一揉涂在伤部就可治好。前人很早就对此有所认识，如林象《自怡轩诗·清漳杂咏》云："元春佳日好优游，底事喧呼掷石头。此地战争多疫疠，乡傩古意急宜修。"[④] 由此可见，这种在特定节日，如正月、清明、端午、中秋、醮会等，举办的具有战阵特色的"打石仗"，实为上古巫傩文

---

① 参见练家声：《象洞的打石战与台湾的石战比赛》，载《武平文史资料》第13辑，第137页。

② ［日］铃木清一郎：《增订台湾旧惯习俗信仰》，第540页。

③ 参见［日］铃木清一郎：《增订台湾旧惯习俗信仰》，第540—541页。

④ 福建省文史研究馆编：《郑丽生文史丛稿》，第108页。

化、原始傩仪驱鬼逐疫意念的一种历史遗存。

就原始战争折射而言，由于人类最早使用的工具之一就是石头，"打石仗"起源于原始社会的狩猎与部落战争就不难理解。十五世纪的诗人就曾指出投石器的技术是一个优秀兵士的课业之一："请你用投石器或手来抛石头，这时常有用，当没箭可射的时候。石头抛得多而用尽力气，人就像带上了铁镣铐，不能站立；而石头本身到处可见，自身携带投石器也毫不费难。"① 这些投石、抛石、掷石等以简陋武器展开的原始战争，恰恰保留在许多地区的儿童游戏中。如闽东《柘洋方志》载："中秋夜曳石之俗……人各集一队，选一平面石，方二三尺许，石旁夹以硬木，复以麻绳纠之使紧固。前方系以大麻绳，长数十丈，需强有力者百数十人纤之快跑。后方系麻绳只丈余，选一二扶绳护之。石上坐一健儿，为号令进止者。至小孩则纤小石成一小队，行止如前式。大小约十余队，沿街呐喊，观者塞途。间或两石对冲，则互相争道，摩拳擦掌，甚至各受重伤而不恤。如此蛮动，俗反称为太平石。"②

论者曾将此作为抗倭遗俗进行解释："旧传明嘉靖三十二年八月，倭寇扰宁，戚南塘参将援兵出安、宁两邑殆尽，郡城几空；倭寇拟于中秋夜乘虚攻城。参将不得已以曳石计疑之，满城灯光，人声、石声隆隆，腾于郊野外，倭寇至塔旺街，闻声急退。明日戚营大兵回郡，而城以保全，故曰太平石。历二三百年而俗不变。后有良有司亦顺民情而不忍禁云。"③ 其实，将其解读为抗倭空城计遗俗，不如理解为原始战争遗风更加符合实际，因为这一特定节日的曳石游戏还隐含

① ［英］爱德华·泰勒:《原始文化》，连树声译，广西师范大学出版社，2005，第59页。
② 福建省柘荣县地方志编纂委员会整理:《柘洋方志》，1985，第224—225页。此志系据民国版《霞浦县志》整理。
③ 福建省柘荣县地方志编纂委员会整理:《柘洋方志》，第225页。

驱鬼逐疫的意念与仪式。李大琛《中秋夜拽石歌》云："秋夜月白如玉，天街游路屈曲，忽闻迎路声铿轰，何处飞来石碌碌？大石蹒跚横巨鳌，六丈麻绳巧约束，蜂屯蚁聚为爪牙，中有健儿黑而秃。立于石之间，眮其目，坦其腹，昂其首，侧其足，前推后挽如轮蹄之辕辐。一声幺喝千雷鸣，蓦地移山走王屋。又疑广陵生夜涛，万阵狂飙卷怒泷……小石见之帖而伏……嘻嘻乎！衔石者冤，鞭石者酷，叱石者名山，枕石者空谷，今之戏石始何人，乃别成秋夜之遗俗？"① 在这里，"中秋夜曳石"似乎是邃古文化的代表者与传承者，生动地再现了原始战争的某种方式和人类部落历史的早期阶段。②

还值得注意的是，这种儿童游戏，日本也有实例。《江源武鉴》载："天文七戊戌年五月五日，蒲生郡与野洲郡，每年均有童子之石战，当年并有成年人出而助战，双方战死百三人。"《嬉游笑览》一书中，有禁止石战之事："文久三年四月二十一日，甲乙人等数十人，群集于比企谷山之麓，自未刻至酉刻，向飞砾，尔后带武具起斗争，夜回等驰向其所，生房张本一两辈，被禁笼之所，残悉以逃亡。关东未有此事，京都飞砾，犹以为浪藉之基，固可加禁遏由之。前武禅室执权之时，有沙汰被六波罗毕，况于镰仓中哉？可奇云云。"此外，三河国阿倍川地方，更在五月初五这天举行石战。③

对此，曾有学者说："大陆似乎也有投石游戏，不过还未见有石战的说法。台湾的石战风俗，是从几百年前形成的，而且时间也和日本相同，都是在五月初五进行，似乎有某种渊源关系。"④ 事实上，从上面的描述与论述看，大陆不仅有投石游戏，更有大量的石战实例，特别是闽南地区的石战与台湾极为相似。此外，记载闽南地区"打石

---

① 福建省柘荣县地方志编纂委员会整理：《柘洋方志》，第250—251页。

② 参见［英］爱德华·泰勒：《原始文化》，第59页。

③ 参见［日］铃木清一郎：《增订台湾旧惯习俗信仰》，第540页。

④ 转引自［日］铃木清一郎：《增订台湾旧惯习俗信仰》，第540页。

仗"的文献，无论《问俗录》，还是《厦门志》《宓庵手抄漳州府志》，它们的成书年代均早于记载日本"打石仗"的《江源武舰》《嬉游笑览》等文献。可见，闽南地区的"石战"起源较之日本早了很多。因此，日本的石战有很大可能源自中国，或是由大陆直接传播而至，或是经由台湾辗转传播而至。

实施闽台五大亲情延续工程，促进两岸同胞心灵契合 *

党的十九大报告写入"两岸一家亲"理念，成为新时期发展两岸关系的重要指引。福建和台湾具有地缘近、血缘亲、文缘深、商缘广、法缘久的"五缘"优势，台湾先人多数是福建移民，两岸民众从古至今都是"命运与共的骨肉兄弟，是血浓于水的一家人"。福建要充分把握这种全国独一无二的优势，通过实施闽台亲情延续工程，将"两岸一家亲"理念贯穿于具体的对台工作中，为新时期对台工作作出更大贡献。

一、乡音唤乡亲工程

一是在东山岛建立"两岸闽南乡亲交流合作先行区"。闽南文化是台湾文化的主体，闽南人的开拓进取精神、重义重利思想主导着台湾社会的发展。东山岛与台湾岛隔海相望，自古就是大陆与台湾通航通商的重要港口，又是台胞的重要祖居地、闽南文化资源的集中地，具有独特的"陆桥缘""关帝缘""玉二妈缘""歌册缘"等。近年来，

---

* 本文写于 2018 年 6 月。

东山县共接待了台湾640多家关帝、妈祖、玉二妈等宫庙的500多个进香团、3万多名信众前来朝圣；而东山县关帝、妈祖、玉二妈神像也先后应邀赴台巡游。同时，东山县10多个姓氏宗亲分别组团赴台交流访问，激发了台胞的"根亲"思念，密切了两岸亲情交流。在东山岛建立"两岸闽南乡亲交流合作先行区"，可凸显浓厚的闽南乡音、乡情，使之成为海峡两岸民众的共有精神家园，让两岸民众在亲如一家的氛围中互动、互信。

二是在上杭县设立"闽台客家始祖园"。台湾客家人具有深厚的客家始祖情结。闽西有丰富的客家祖地文化资源：宁化石壁被称为"客家祖地"；长汀县被称为"客家首府"，汀江被称为"客家人的母亲河"；武平县的白云寺、均庆寺是台湾客家定光古佛信仰的祖庙；上杭县"瓦子坪"被许多海内外客家人认为是他们上祖外迁前的"祖地"，"李氏大宗祠""丘氏总祠"则被东南亚客家人认为是李氏宗亲、丘氏宗亲的"大本营"，共有近20位"客家始祖"与上杭县有密切关系。建议设立以上杭县城为中心、稔田镇为龙头，包括临城、白砂、东一路乡镇和中都镇、下都乡为一体的"闽台客家始祖园"，将其打造为海内外客家人心中的圣地。与"瓦子街"衔接，在县城修建始祖宗祠、始祖文化博物馆、始祖塑像广场，设立始祖文化研究中心等；将稔田镇建成客家始祖文化镇，以李氏大宗祠为轴心，建立民俗风情村、美食街、祖屋书院群等。将闽台客家始祖崇拜景观集中，既便于观光旅游，更利于满足外迁台湾裔孙们寻根谒祖的愿望。

二、共享宗族亲情工程

一是建设闽台族谱大平台，延续闽台共修族谱传统。闽台历来有宗亲共修族谱风气，1987年以后更加兴盛。台湾族人分担编务、承担费用，推出了"大成谱""合谱"一类新版族谱。2007年漳州市成立了漳台族谱对接展馆，展出两地民间族谱近 700 册。龙岩市举办了"闽台渊源关系族谱展""客家族谱展""'寻根与认亲'客家族谱选展"等活动。上杭客家族谱馆收藏有 131 个姓氏、1800 多部、2 万余册的客家族谱，吸引了许多台湾客家乡亲和专家学者前往参观、考察、读谱、寻根与学术交流。2009 年，由海峡两岸有关团体共同主办，上杭客家联谊会和客家族谱馆承办的客家族谱赴台展产生了巨大影响。可在加强藏馆设施建设的基础上，与厦门大学或福建师范大学合作设立博士后科研工作站，将闽台作为一个整体来进行族谱的搜集与整理，提升闽台族谱馆的历史厚度和研究品位，将其打造为集资料建设、学术研究和寻根旅游为一体的闽台文化交流大平台，并牵头在更大范围推动两岸姓氏宗亲族谱的对接与编纂活动。

二是建立常态化机制，鼓励寻根谒祖活动。1987 年台湾当局同意除现役军人和公职人员外，凡在大陆有三等内血亲、姻亲或配偶的民众赴大陆探亲。由此，引发了台湾民众"返乡探亲"热潮，进而演变为共同修建祖祠与祖坟、共同祭祀祖先等的"寻根谒祖"热潮，将两岸民众宗亲联谊推向高潮。近年到上杭祭祖的港台海外后裔中，丘氏同胞 1500 多人次、"张化孙后裔" 7 万多人次。2008 年 1000 余名两岸王氏宗亲在福州闽王陵前祭祀。有的台湾同胞先后数次率领宗亲组团回祖籍地寻根、恳亲祭祖。我们要顺应民心，建立常态化交流合作机制，帮助两岸宗亲以祭拜始祖等形式开展交流。一方面鼓励福建宗亲入岛增进交流，另一方面要举办相关活动吸引台胞回乡共修始祖祠、始祖坟，共同主持春秋两祭。

三、姻亲延续工程

一是鼓励闽台通婚，壮大推进两岸关系和平发展的力量。两岸通婚是社会族群高度融合的象征，它将"两岸一家人"和"两岸一家亲"融为一体，是两岸社会融合的最高境界，有利于两岸民众的文化认同与情感融合。由于"五缘"关系，闽台通婚现象突出，1989年大陆第一例涉台婚姻就在福建登记，1993年起通婚人数稳居全国首位。作为涉台婚姻大省，福建应顺应两岸通婚的新特点、新趋势，创造更加有利的条件鼓励两岸通婚，不断扩大"婚姻—亲戚—血缘"亲情链条，使历史沿袭下来的"闽台一家亲"变得"亲上加亲"，从"远亲"多到"近亲"多。

二是出台系列政策措施，为闽台婚姻家庭提供便利。为"台籍女婿""台籍媳妇"办理特殊身份证；为台胞在入学、就业、创业、就医方面提供优惠待遇；允许两岸婚生子女落户福建后在入学、就业、投资、创业等方面再享受台胞待遇。厦门从2006年开始，一些重点学校开设了台生班，统筹安排台湾学生入学；在一些热门学校预留出一定的名额以解决台生入学问题；台生中考免考政治，高中招生实行一定的加分照顾；专门设立台生奖学金，每年奖励一批在厦就读且品学兼优的台生；对家庭经济困难的台生予以资助。建议将厦门市的台胞子女政策扩大到全省。

四、信众亲近工程

一是将民间信仰交往打造为增强两岸民众亲情的桥梁。亲戚越走越亲，感情越走越近。民间信仰交往是两岸除商业交往以外最为频繁的一种文化交往，也是增进文化认同的重要途径。台湾很多民间信仰源自福建：台湾从湄洲祖庙分灵的妈祖宫庙500多座，信众1000多万人；台湾其他民间信仰的祖庙也多在福建，如广泽尊王的祖庙在南安诗山凤山寺，清水祖师的祖庙在安溪清水岩，保生大帝的祖庙在厦门海沧的青礁慈济宫和龙海角美的白礁慈济宫，临水夫人的祖庙在古田临水宫，开漳圣王的祖庙在云霄县的威惠庙，三平祖师的祖庙在平和县三平寺，等等；而台湾客家人信奉的定光古佛、民主公王，其祖庙分别在闽西的武平、永定等县。改革开放后，台湾信徒参拜这些祖庙的人次多达数百万，成为两岸文化交流的亮丽风景。这种共同的民间信仰，是台湾同胞认同中华文化的表现，我们要充分重视，将民间信仰的交往作为连接两岸民众的桥梁，将"神缘"牌打成"人缘"牌，增进两岸同胞的心灵契合。

二是扩大闽台小众民间信仰交流，做深做细特定区域基层民众工作。以往有关方面比较注重大神大庙之间的交流，而对小神小庙的交流重视不够。实际上，闽台小神小庙之间的交流交往也十分热络，如闽台客家惭愧祖师信仰的交流互动、闽台客家定光古佛信仰的互动发展、闽西永定民主公王信仰的两岸互动等。与大神大庙相比，这些小众民间信仰比较贴近特定基层民众，与特定区域族群或姓氏相联系，其职司及功能与基层民众的日常需求比较接近，更能够满足普通民众的精神需求。此外，由于小众民间信仰信仰范围较小，信众认为神明能对其提供特别的护佑而虔诚有加。值得注意的是，这些小众民间信仰往往与祖先入台迁徙相伴而行，随身护佑，入台后通常又成为移民同乡凝聚的纽带、团结斗争的旗帜、祖籍原乡的象征、日常生活的守护神，其宫庙或祠堂也往往成为移民入台的落脚点、社会文化活动的中心。鉴于此，应充分重视小众民间信仰的作用，鼓励闽台学者共同展开相关研究，深入挖掘小众民间信仰的丰富内涵和深厚渊源，推进两岸小众民间信仰交往。在乡、镇、村有意识地成立涉台小众民间信仰理事会，负责管理小众信仰的日常活动。适当因应台湾同胞到小众民间信仰祖庙或祖祠进香朝拜的需求，修复、扩建相关宫庙和祠堂等活动场所；适当扩大两岸的小众民间信仰交流活动范围。相关部门可出台举措推进闽台庙际互访、轮流举办庙会等交流活动。

五、根亲文化建设工程

闽台民众的族谱记载与口头传说大多声称其先世来自河南光州固始，这是闽台民众称羡中原先进文化的一种心理反应。"固始"从某种意义上成为"中原"的代名词。这种文化心理使得闽台地区祠堂、厅堂的匾联、碑铭或是古文书、谱牒中的人物出身、头衔，以及民间俗信中的祭祀行为、民谚歌谣中的祝贺吉词，到处展现着中原文化的风采。由此营造的氛围，有利于中原先进文化向闽台边陲地区的传播，为中原文化在闽台地区落地生根提供了深厚的文化土壤。改革开放以来，随着两岸关系的发展，越来越多的台湾同胞回到福建寻根谒祖，与祖地同胞共修祖祠、祖墓、族谱，这些宗族活动进一步密切了两岸同胞的联谊交往，加深了台湾同胞对根、祖、脉的认同。他们追寻祖先远源，往往得出"台湾之根500年前在福建，1000年前在河南，台、闽、豫1000年前是一家"，"台湾同胞寻根的起点在闽南，终点则是河南"的结论。固始传说已成为连接包括台湾同胞在内的众多海内外闽籍后裔交流交往的纽带。因此，固始传说作为一种历史记忆、文化认同的符号，关乎闽台关系，关乎海内外闽籍后裔交流交往，关乎众多台湾同胞的寻根情、故乡梦。正因为如此，河南省固始县从2008年开始每年举办"唐人故里·闽台祖地"中原固始根亲文化节，有关机构和科研院所每年召开一次以"固始与闽台渊源关系"为主题的研讨会，先后编撰了《固始移民史料简编》《固始近现代历史简编》《固始移民与两岸文化认同研究》等著作。在福建省福州市，2008年，1000余名两岸王氏宗亲身着汉服聚集在福州闽王陵前，焚香祝祷，同祭闽王王审知。2009年，闽王金身首次入台湾本岛巡安。2010年，以"缅怀闽王历史功绩，促进两岸和平发展"为主题的第二届闽王文化节在福州晋安区王审知纪念馆举行。因此，有必要从"固始寻根"的概念出发，以固始传说为载体，在福建省福州市、漳州市分别建立豫闽台寻根文化交流合作基地，在河南固始县整合中原固始根亲文化资源，做大做强"中原固始根亲文化节"，进一步推动两岸民众的寻根活动，从而更加密切两岸民众的同胞亲情。

参考文献

一、一般古籍

[汉] 杨孚撰，[清] 曾钊辑：《异物志》，《丛书集成初编》第 3021 册，
　　商务印书馆，1936。

[北魏] 贾思勰著，石声汉校释：《齐民要术今释》，中华书局，2009。

[唐] 李延寿：《南史》，中华书局，2011。

[唐] 姚思廉：《梁书》，中华书局，1973。

[宋] 陈振孙：《直斋书录解题》，清乾隆武英殿木活字本。

[宋] 方大琮：《铁庵集》，北京图书馆古籍珍本丛刊本。

[宋] 欧阳修撰：《新五代史》，中华书局，1974。

[宋] 赵汝适著，杨博文校释：《诸蕃志校释》，中华书局，1996。

[宋] 周去非著，杨武泉校注：《岭外代答校注》，中华书局，1999。

[元] 刘将孙：《养吾斋集》，清乾隆翰林院抄本。

[明] 李时珍：《本草纲目》，人民卫生出版社，1982。

[明] 游朴：《游朴诗文集》，魏高鹏、魏定榔、游再生点校，福建人民
　　出版社，2015。

[明] 郑岳纂：《莆阳文献》，北京图书馆古籍珍本丛刊本。

［清］陈盛韶：《问俗录》，刘卓英标点，书目文献出版社，1983。

［清］蓝鼎元：《鹿洲全集》，蒋炳剑、王钿点校，厦门大学出版社，1995。

［清］林树梅：《啸云诗文抄》，陈国强校注，厦门大学出版社，2013。

［清］屈大均：《广东新语》，中华书局，1985。

［清］吴任臣：《十国春秋》，中华书局，1983。

［清］姚莹：《东溟文集》，《续修四库全书》第1512种，上海古籍出版社，2001。

［清］曾国藩：《曾国藩全集》，岳麓书社，2012。

黄典权编：《台湾南部碑文集成》，《台湾文献丛刊》第218种，台湾大通书局，1987。

卢建一点校：《明清东南海岛史料选编》，福建人民出版社，2011。

二、方志文献

［宋］胡太初修，［宋］赵与沐纂：《临汀志》，长汀县地方志编纂委员会整理，福建人民出版社，1990。

［宋］王象之：《舆地纪胜》，中华书局，1992。

［宋］祝穆撰，［宋］祝洙增订：《方舆胜览》，施和金点校，中华书局，2003。

［明］何乔远编撰：《闽书》，福建人民出版社，1994。

［明］洪受：《沧海纪遗》，隆庆二年刻本。

［明］黄仲昭修纂：《八闽通志》，福建省地方志编纂委员会旧志整理组、福建省图书馆特藏部整理，福建人民出版社，1990。

［明］李士淳编撰：《阴那山志》，钟东点校，中华书局，2006。

［明］梁兆阳等修：（崇祯）《海澄县志》，崇祯六年刻本。

［明］罗青霄修纂：（万历）《漳州府志》，陈叔侗点校，福建省地方志

编纂委员会整理，厦门大学出版社，2010。

[明] 王应山纂修：《闽大记》，陈叔侗、卢和校注，福建省地方志编纂委员会整理，中国社会科学出版社，2005。

[明] 夏玉麟、汪佃修纂：《建宁府志》，福建省地方志编纂委员会整理，厦门大学出版社，2009。

[清] 陈同瑛等：《台湾采访册》，《台湾文献丛刊》第55种，台湾大通书局，1984。

[清] 陈培桂：《淡水厅志》，《台湾文献丛刊》第172种，台湾大通书局，1984。

[清] 陈淑均总纂，[清] 李祺生续辑：《噶玛兰厅志》，台湾成文出版社，1983。

[清] 陈文纬主修，[清] 屠继善总纂：《恒春县志》，《台湾文献丛刊》第75种，台湾大通书局，1984。

[清] 杜士晋修：《连城县志》，连城县地方志编纂委员会编，方志出版社，1997。

[清] 方履篯、巫宜福修纂：《（道光）永定县志》，福建省地方志编纂委员会整理，厦门大学出版社，2012。

[清] 郝玉麟主修，[清] 谢道承、刘敬与纂：（乾隆）《福建通志》，乾隆二年刊本。

[清] 胡铁花纂辑：《台东州采访册》，《台湾文献丛刊》第81种，台湾大通书局，1984。

[清] 黄许桂主修，[清] 曾泮水纂辑：《平和县志》，平和县地方志编纂委员会点校，福建省地方志编纂委员会整理，厦门大学出版社，2008。

[清] 蒋毓英等撰：《台湾府志三种》，中华书局，1985。

[清] 李龙官等修纂：（民国）《连城县志》，福建省地方志编纂委员会整理，厦门大学出版社，2008。

[清]李世熊修纂:《宁化县志》, 宁化县志编纂委员会整理, 福建人民出版社, 1989。

[清]刘广聪纂修:(康熙)《程乡县志》, 程志远、王洁玉、林子雄等整理, 广东省中山图书馆, 1993。

[清]倪赞元辑纂:《云林县采访册》, 台湾成文出版社, 1983。

[清]王之正纂修:(乾隆)《嘉应州志》, 程志远、王洁玉、林子雄等整理, 广东省中山图书馆古籍部, 1991。

[清]吴宜燮修, [清]黄惠、李畴纂:(乾隆)《龙溪县志》, 乾隆二十七年刻本。

[清]徐观海修纂:《将乐县志》, 福建省地方志编纂委员会整理, 厦门大学出版社, 2009。

[清]徐景熹修, [清]鲁曾煜纂:(乾隆)《福州府志》, 乾隆二十一年刻本。

[清]杨澜:《临汀汇考》, 光绪四年刻本。

[清]余文仪等主修, [清]王瑛曾总纂:《重修凤山县志》, 台湾成文出版社, 1983。

[清]赵良生、李基益修纂:《(康熙)永定县志》, 福建省地方志编纂委员会整理, 厦门大学出版社, 2012。

[清]周亮工、[清]施鸿保:《闽小记·闽杂记》, 来新夏校点, 福建人民出版社, 1985。

[清]周硕勋纂:《潮州府志》, 乾隆二十八年珠兰书屋刻本。

[清]周玺纂辑:《彰化县志》,《台湾文献丛刊》第156种, 台湾大通书局, 1984。

[清]周钟瑄主修, [清]陈梦林总纂:《诸罗县志》, 台湾成文出版社, 1983。

[清]朱景星修, 郑祖庚纂:《侯官县乡土志》, 福州市地方志编纂委员会整理, 海风出版社, 2001。

[清]朱仕玠撰:《小琉球漫志》,《台湾文献丛刊》第3种,台湾大通
　　书局,1984。

[清]曾曰瑛修,[清]李绂纂:《汀州府志》,王光明、陈立点校,方
　　志出版社,2004。

邓光瀛、丘复修纂:《长汀县志》,长汀县博物馆、政协长汀县委员会
　　文史编辑室重刊,1983。

李厚基等修,沈瑜庆、陈衍等纂:(民国)《福建通志》,民国二十七年
　　(1938)刻本。

林善庆主修:《清流县志》,福建地图出版社,1989。

丘复主纂:《武平县志》,福建省武平县志编纂委员会整理,1986。

丘复总纂:《上杭县志》,唐鉴容校点,上杭县地方志编纂委员会,
　　2004。

瞿海源、李添春编纂:《重修台湾省通志》,台湾省文献委员会,1992。

台湾寺庙整理编委员会编辑部主编:《员林广宁宫宫志》,1993。

王君定抄:《宓庵手抄漳州府志》,漳州市图书馆,2005。

王维梁、刘孜治修纂:《明溪县志》,福建省地方志编纂委员会整理,
　　厦门大学出版社,2008。

厦门市地方志编纂委员会办公室整理:《厦门志》,鹭江出版社,1996。

张义清编:《员林镇志》,彰化员林镇公所,1990。

三、谱牒文献

不著撰人:《蓝氏族谱》,明万历四十二年修,抄本。

不著撰人:《江坑蓝氏族谱》,嘉庆三年抄本。

不著撰人:《龙溪刘氏族谱》,嘉庆十六年修。

不著撰人:《张氏续修房谱》,同治元年焕公房编订。

不著撰人:《福江高氏族谱》,光绪四年重修本。

不著撰人：《再兴张氏族谱》，光绪八年重修，汀郡步云轩刻本。

不著撰人：《院前李氏族谱》，光绪三十年续修，汀郡步云轩刻本。

不著撰人：《黄氏源流家谱》，民国二十年（1931）修。

不著撰人：《武平城北李氏族谱》，民国二十七年（1938）刊本。

不著撰人：上杭《雷氏四修族谱》，民国三十七年（1948）编印。

不著撰人：长汀县《培田吴氏族谱》，光绪三十二年刊本。

邓文金、郑镛主编：《台湾族谱汇编》，上海古籍出版社，2016。

蓝养明等编修：《源头蓝氏族谱》，1987。

廖冀亨：《求可堂家训》，光绪九年永定廖氏刻本。

刘文波：《刘氏盛基公家谱》，1980 年抄录。

刘成崇等编修：《湘湖刘氏族谱》，光绪三年刻本。

闽杭泰拔敦睦堂：《张氏族谱》，道光八年重修本。

上杭丘氏源流研究会编：《上杭丘氏三五郎公世系研究文献资源汇编》，
    2007。

上杭丘氏三五郎公族谱编委会编：《上杭丘氏三五郎公族谱》，2014。

台湾省丘（邱）氏宗亲会编：《丘（邱）氏来台开基各派大宗谱》，
    2009。

汀州严婆田村林氏族谱编撰委员会编：《严婆田林氏族谱》，2002。

武平钟氏宗亲会编：《颍川堂武平钟氏族谱》，2004。

新罗曾氏族谱编委会编纂：《新罗曾氏族谱》，2014。

郑连碧：《柑园郑氏族谱》，1995。

钟大烈录：《颍川钟氏历代宗亲族谱》，手抄本，原稿藏武平县文博园。

周汝攀等编：《周氏家谱》，嘉庆十八年重修本。

四、研究专著

陈香编著：《台湾的根及枝叶》，台北"国家出版社"，1983。

陈支平:《福建族谱》,福建人民出版社,1996。

戴吉强主编:《固始移民史料简编》,河南人民出版社,2010。

房学嘉主编:《梅州地区的庙会与宗族》,国际客家学会、海外华人研究社、法国远东学院,1996。

房学嘉主编:《梅州河源地区的村落文化》,国际客家学会、海外华人研究社、法国远东学院,1997。

福建省文史研究馆编:《郑丽生文史丛稿》,海风出版社,2009。

关山情主编:《台湾古迹全集》,户外生活杂志社,1980。

何石松编著:《客家谜语(令子)欣赏》,五南图书出版公司,2003。

黄荣洛:《渡台悲歌:台湾的开拓与抗争史话》,台原出版社,1997。

黄时鉴、[美]沙进主编:《十九世纪中国市井风情——三百六十行》,上海古籍出版社,1999。

赖碧霞编著:《台湾客家民谣薪传》,乐韵出版社,1993。

连横:《台湾通史》,《台湾文献丛刊》第128种,台湾大通书局,1984。

廖丑:《西螺七嵌与台湾开拓史》,台北前卫出版社,1998。

林惠祥著,蒋炳钊编:《天风海涛室遗稿》,鹭江出版社,2001。

林继富:《清江流域土家族始祖信仰现代表述研究》,人民出版社,2012。

刘大可:《闽西武北的村落文化》,国际客家学会、法国远东学院、海外华人资料研究中心,2002。

刘大可:《传统的客家社会与文化》,福建教育出版社,2001。

刘大可:《闽台地域社会与族群文化新探》,方志出版社,2004。

刘大可:《田野中的地域社会与文化》,民族出版社,2006。

刘大可:《闽台地域人群与民间信仰研究》,海风出版社,2008。

刘大可:《中心与边缘:客家民众的生活世界》,社会科学文献出版社,2012。

刘还月：《台湾的客家族群与信仰》，常民文化事业股份有限公司，1999。

刘小彦主编：《第四届石壁客家论坛论文集》，福建教育出版社，2016。

罗香林：《客家史料汇篇》，南天书局有限公司，1992。

彭素枝：《台湾六堆客家山歌研究》，文津出版社，2003。

乔健：《飘泊中的永恒》，山东画报出版社，1999。

丘良任、潘超、孙忠铨等编：《中华竹枝词全编》，北京出版社，2007。

邱荣裕：《台湾客家民间信仰研究》，翰芦图书出版有限公司，2014。

台湾"世界李氏宗亲总会"编：《李氏源流》，1990。

汪毅夫：《客家民间信仰》，福建教育出版社，1995。

汪毅夫：《中国文化与闽台社会》，海峡文艺出版社，1997。

王明珂：《英雄祖先与弟兄民族——根基历史的文本与情境》，中华书局，2009。

王明珂：《父亲那场永不止息的战争》，浙江人民出版社，2012。

谢重光：《陈元光与漳州早期开发史研究》，台湾文史哲出版社，1994。

谢重光：《闽台客家社会与文化》，福建人民出版社，2003。

谢重光：《闽粤台民间信仰论丛》，海洋出版社，2012。

杨彦杰：《闽西客家宗族社会研究》，国际客家学会、海外华人研究社、法国远东学院，1996。

杨彦杰主编：《闽西的城乡庙会与村落文化》，国际客家学会、海外华人研究社、法国远东学院，1997。

杨彦杰主编：《汀州府的宗族庙会与经济》，国际客家学会、海外华人研究社、法国远东学院，1998。

杨彦杰主编：《闽西北的民俗宗教与社会》，国际客家学会、海外华人资料研究中心、法国远东学院、岭南大学族群与海外华人经济研究部，2000。

杨彦杰编：《闽客交界的诏安》，社会科学文献出版社，2014。

张承敦:《台湾张氏族谱考》,台湾张氏族谱考编纂委员会,1992。

张二文:《土地之歌:美浓土地伯公的故事》,翰林出版事业股份有限公司,2004。

张祖基等:《客家旧礼俗》,台北众文图书公司,1986。

钟敬文著,巴莫曲布嫫、康丽编:《谣俗蠡测》,上海文艺出版社,2001。

中共福建省委文明办、福建地方志编纂委员会、福建省妇女联合会编译:《福建家训》,海峡文艺出版社,2014。

中共福建省委宣传部、中共福建省委文明办、福建省地方志编纂委员会等编译:《福建乡规民约》,海峡文艺出版社,2016。

钟壬寿主编:《六堆客家乡土志》,长青出版社,1973。

朱维幹:《福建史稿》,福建教育出版社,1985。

庄敏信:《第三级古迹彰化定光古佛庙调查研究》,力园工程顾问股份有限公司,1996。

曾汉祥、谭伟伦编:《韶州府的宗教、社会与经济》,国际客家学会、法国远东学院、海外华人资料研究中心,2000。

曾汉祥主编:《始兴县的传统经济、宗族与宗教文化》,国际客家学会、法国远东学院、海外华人资料研究中心,2003。

[日] 铃木清一郎:《台湾旧惯习俗信仰》,高贤治、冯作民编译,台湾众文图书公司,1978。

[日] 铃木清一郎:《增订台湾旧惯习俗信仰》,冯作民译,台湾众文图书公司,1989。

[日] 濑川昌久:《族谱:华南汉族的宗族・风水・移居》,钱杭译,上海书店出版社,1999。

[英] 爱德华・泰勒:《原始文化》,连树声译,广西师范大学出版社,2005。

[英] 马凌诺斯基：《西太平洋的航海者》，梁永佳、李绍明译，华夏出版社，2002。

[英] 托马斯·卡莱尔：《论历史上的英雄、英雄崇拜和英雄业绩》，周祖达译，商务印书馆，2011。

[法] 佩雷菲特：《停滞的帝国——两个世界的撞击》，王国卿、毛凤之等译，生活·读书·新知三联书店，1995。

彰化县文化中心编：《彰化县口述历史一》，1995。

中国人民政治协商会议福建省连城县委员会文史组编：《连城文史资料》第 11 辑，1989。

中国人民政治协商会议福建省上杭县委员会文史资料委员会编：《上杭文史资料》第 29 辑，2005。

中国人民政治协商会议福建省武平县委员会文史资料工作组编：《武平文史资料》第 8 辑，1987。

中国人民政治协商会议福建省武平县委员会文史资料工作组编：《武平文史资料》第 9 辑，1988，第 15 页。

中国人民政治协商会议福建省武平县委员会文史资料委员会主编：《武平文史资料》第 13 辑，1994。

中国人民政治协商会议福建省武平县委员会文史与学习宣传委员会编：《武平文史资料》第 24 辑，2015。

五、研究论文

陈俊才：《清明打石仗》，《江苏地方志》1995 年第 3 期。

陈世松：《明初胶东半岛川滇移民由来考》，《历史研究》2016 年第 5 期。

傅衣凌：《福建畲姓考》，《福建文化》第 2 卷第 1 期，1944 年。

龚胜生:《2000 年来中国瘴病分布变迁的初步研究》,《地理学报》1993 年第 4 期。

龚胜生:《中国先秦两汉时期疟疾地理研究》,《华中师范大学学报（自然科学版）》1996 年第 4 期。

郭联志:《闽东南的嚼槟榔习俗》,《闽台文化交流》2006 年第 1 期。

胡赛标:《永定乐真寺：闽台佛教文化交融的历史见证》,《福建史志》2012 年第 3 期。

黄平芳:《旅游语境下的客家民间信仰重构——以粤东灵村的惭愧祖师信仰为例》,《赣南师范大学学报》2016 年第 5 期。

黄平芳:《惭愧祖师信仰地域范围考察——以梅州地区为中心》,《客家研究辑刊》2018 年第 2 期。

蓝植铨:《大溪的诏安客——从福仁宫定公古佛谈创庙的两个家族》,台湾"中央大学"客家文化研究中心编:《客家文化研究通讯》第 2 期，1996 年 6 月。

刘大可:《传统村落视野下小姓弱房的生存形态——闽西武北客家村落的田野调查研究》,《东南学术》2002 年第 2 期。

刘大可:《闽西客家人迁台与定光古佛信仰》,《台湾研究》2003 年第 1 期。

刘大可:《公王与社公：传统客家村落的保护神》,《世界宗教研究》2003 年第 4 期。

刘大可:《论传统客家村落的纷争处理程序——闽西武北村落的田野调查研究》,《民族研究》2003 年第 6 期。

刘大可:《闽台客家定光古佛信仰的圣迹崇拜——基于武平县的田野调查研究》,《福州大学学报（哲学社会科学版）》2009 年第 5 期。

刘大可:《闽西客家地区的闽王信仰》,《福建论坛》2017 年第 10 期。

刘大可:《闽粤台客家惭愧祖师信仰互动发展与文化认同》,《世界宗教研究》2018 年第 2 期。

刘大可：《闽台客家姓氏的始祖崇拜与文化认同——田野调查与文献记载的比较》，《台湾研究》2021 年第 2 期。

梅莉、晏昌贵、龚胜生：《明清时期中国瘴病分布与变迁》，《中国历史地理论丛》1997 年第 2 期。

邱彦贵：《粤东三山国王信仰的分布与信仰的族群——从三山国王是台湾客属的特有信仰论起》，《东方宗教研究》1993 年第 3 期。

王四达：《闽台槟榔礼俗源流略考》，《东南文化》1998 年第 2 期。

巫能昌：《闽西客家地区的伯公、社公和公王崇拜》，《世界宗教研究》2014 年第 1 期。

谢重光：《三山国王信仰考略》，《世界宗教研究》1996 年第 2 期。

谢重光：《南方少数民族汉化的典型模式——"石壁现象"和"固始现象"透视》，《中共福建省委党校学报》2000 年第 9 期。

谢重光：《惭愧祖师身世、法号、塔号、信仰性质诸问题及其在台湾传播的特点试析》，《世界宗教研究》2012 年第 4 期。

徐晓望：《闽台汉族籍贯固始问题研究》，《台湾研究》1997 年第 2 期。

许嘉明：《彰化平原福佬客的地域组织》，《"中央研究院"民族学研究所集刊》第 36 期，1975 年 2 月。

颜章炮：《晚唐至宋福建地区的造神高潮》，《世界宗教研究》1998 年第 3 期。

杨际平：《从〈颍川陈氏开漳族谱〉看陈元光的籍贯家世——兼谈如何使用族谱研究地方史》，《福建史志》1995 年第 1 期。

杨彦杰：《淡水鄞山寺与台湾的汀州客家移民》，《福建省社会主义学院学报》2001 年第 3 期。

章毅：《祀神与借贷：清代浙南定光会研究——以石仓〈定光古佛寿诞会簿〉为中心》，《史林》2011 年第 6 期。

张志相：《惭愧祖师生卒年、名号与本籍考论》，《逢甲人文社会学报》第 16 期，2008 年 6 月。

张志相:《闽粤志书所见惭愧祖师寺庙与信仰探考》,《逢甲人文社会学报》第 18 期,2009 年 6 月。

王四达:《闽台槟榔礼俗源流略考》,载福建师范大学闽台区域研究中心编,林国平分册主编:《闽台区域研究丛刊》第一辑,海洋出版社,2001。

林翠凤:《台湾惭愧祖师神格论》,海峡两岸宗教与区域文化暨梅山宗教文化研讨会论文,湖南长沙,2010。

邱彦贵:《宜兰溪北地区的三山国王信仰》,"宜兰研究"第二届国际学术研讨会论文,台湾宜兰,1997。

王志文:《客家惭愧祖师神像造型粤东闽西至台湾的转变》,第八届海峡两岸传统民居理论(青年)学术会议论文,江西赣州,2009。

张能波:《鄞江始祖张化孙》,载福建上杭客家联谊会编:《上杭客家》第 2 期,2001。

钟巨蕃:《谈谈李氏南迁始祖李珠的源与流》,载福建上杭客家联谊会编:《上杭客家》第 3 期,2002。

江梓明:《感受上杭"丘氏总祠"》,载福建上杭客家联谊会编:《上杭客家》第 4 期,2003。

严雅英:《上杭瓦子街是客家移民史上的闪光点》,载福建上杭客家联谊会编:《上杭客家》第 6 期,2005。

熊梦麟:《汀州与台湾妈祖的历史渊源》,载汀州天后宫第八届文物古迹修复协会编:《汀州天后宫》,2017。

杨彦杰:《长汀城关妈祖信仰的变迁》,载汀州天后宫文物古迹修复协会第三届理事会编:《汀州天后宫文萃》,2003。

劳格文(John Lagerwey):"Dingguang Gufo: Oral and Written Sources in the Study of a Saint",未刊英文稿。